中国数字营销文丛

IP生态商业制胜法则

袁 俊 姚 俊 周晓亮 著

中国财富出版社

图书在版编目（CIP）数据

IP生态商业制胜法则／袁俊，姚俊，周晓亮著．—北京：中国财富出版社，2019.4

（中国数字营销文丛）

ISBN 978-7-5047-6482-9

Ⅰ.①I… Ⅱ.①袁… ②姚… ③周… Ⅲ.①商业品牌—研究 Ⅳ.①F715

中国版本图书馆CIP数据核字（2018）第042406号

策划编辑 郑晓雯 **责任编辑** 张冬梅 郑晓雯
责任印制 尚立业 **责任校对** 孙会香 卓闪闪 **责任发行** 董 倩

出版发行 中国财富出版社
社　　址 北京市丰台区南四环西路188号5区20楼 **邮政编码** 100070
电　　话 010-52227588转2048/2028（发行部） 010-52227588转321（总编室）
010-52227588转100（读者服务部） 010-52227588转305（质检部）
网　　址 http://www.cfpress.com.cn
经　　销 新华书店
印　　刷 北京京都六环印刷厂
书　　号 ISBN 978-7-5047-6482-9/F·2799
开　　本 710mm×1000mm 1/16 **版　　次** 2019年5月第1版
印　　张 14.25 **印　　次** 2019年5月第1次印刷
字　　数 241千字 **定　　价** 48.00元

|序　一|

秩序与创新——写在《IP 生态商业制胜法则》之前

首先，感谢三位作者的邀约，作为《IP 生态商业制胜法则》的抢先阅读者，感触良多，而感不限于书，更延于势！

生活在一个瞬息万变的商业时代，是当代人的一种荣幸，也是一种挑战，荣幸之处在于纵观人类历史，没有任何一个时代能像当今这般，赋予参与者如此之多的机会；而接踵而来的挑战同样不容忽视，瞬息万变背后的潜台词是未知乃至于颠覆，以往的经验、逻辑、判断、规则，都在格局变化中显得非常脆弱。于是，在当代商业中如何构建一套可以应变的秩序，成为重中之重，于国如此，于行业如此，于企业如此，于个人亦如此。

伴随数字科技渗透，互联网商业的崛起势不可挡，自从业者发现创新力能带来价值回报那一刻，就已注定商业视线的聚焦将放大到规模化重新定义行业边界的创新行为本身，而不会局限在某一种特定的变量。在此背景下，IP 以世人看似熟悉却又偏偏陌生的姿态，悄然登场，让商业市场见证到璀璨如烟花般的赋能动力，也正因此，整个商业领域向 IP 行注目礼是一种必然。

犹如一切新生事物一样，IP 的商业赋能固然精彩绝伦，却也荆棘密布。我们观察到，IP 商业化领域存在着方法论的模糊，存在着跨行业的壁垒，存在着行为规则的混淆。诸多现象是由高速变化带来的，至于这些现象背后，则触动着所有从业者的脑神经。什么样的 IP 商业才是健康的、可持续的、能延展的，并且能为更多关联产业带来系统性赋能效应呢？

本书或许能为此提供一定的思路，通过阅读本书，我感觉到的并不仅仅是信息和知识结构的梳理，更多是基于详实案例的分析，作者试图构建一种能应对 IP 商业力量变化的秩序和规则，且印证于不同 IP 商业领域现象的预判与解读。

秩序的根本是平衡，而每次巨变带来的恰恰是失衡，摸索探讨一系列可以应变的秩序，系应变思维逻辑的成果展现，也是本书作者付出大量心血谱写、沉淀的智慧。

我们呼唤新的商业驱动力，我们呼唤 IP 让商业世界变得不同，期待能与诸多读者一起，与变化的商业世界一起成长，共同探索未知领域，共同领略创新力量带来的与众不同！

中国商务广告协会会长

2019 年 5 月 4 日

| 序　二 |

IP 实战兵法，营销制胜之道

2018 年，工信部发布的《2018 年中国泛娱乐产业白皮书》中明确指出，“IP + 产业”将成为产业品牌升级、文化升级的新风口，“IP +”是发展创新型经济、催生新兴业态、加快实现由“中国制造”向“中国创造”转变、满足多样化消费需求和实现产业高质量发展的重要路径。这意味着，中国 IP 行业在经历了萌芽、崛起、井喷期后，已经进入了发展成熟的阶段。

网易作为中国互联网业界的创新先锋，早就开始了 IP 在创造用户价值和商业价值方面的摸索和实践，并打造了态度人物盛典、王三三等经典 IP；但在长期的从业实践和观察中，我们发现为了追求短期商业价值，IP 同质化、资本盲目投入等一系列问题正在显现。在这样一个言必称 IP 的时代，IP 生态从业者和观察者的问题有增无减。IP 时代需要识局者和破局者，IP 生态从业者需要系统化的实战指南。

因此，当我看到本书时倍感欣喜。我与本书三位作者相识多年，见识了三位在营销领域的赫赫战功；同时三位又都是渊博之人，深谙历史，熟读三国，也将智慧和谋略融入了 IP 生态商业中，渐鏖、七杀、贪狼、破军、冲锋、陷阵、鸣镝、暗镞、嚣沉、断章，一一道来，讲述着极具力量的 IP 生态商业科学。

如兵法所言，知彼知己，百战不殆；欲知 IP 生态商业制胜法则，先要了解 IP 的范畴、应用模式和以 IP 为核心所连接的生态化商业元素。在此书中，除去我们耳熟能详的内容领域，IP 有着更深的内涵和更广的外延：向更深处探，立足于中国的商业环境和科技浪潮，IP 生态各商业模块有着不同的组织观念和价值实现形式；往更宽处观，IP 在载体产业、零售流通产业、服务产业、分发产业、场景产业都有着不同的商业模式、难点、痛点和问题关键点，而在本书中，三位作者对每一种产业应用下的 IP 生态都做了深入浅出的商业剖析，力求详尽，指引性强。

从方法论指引到实操落地，IP 实战者需要阅读和沉淀大量的案例经验。虽然我们可以在当前出版物甚至媒体文章上有所涉猎，但问题在于，仅仅是案例的堆砌远远不够。如互联网领域的用户增长需要“拉新—激活—留存—转化”为忠诚用户的过程，IP 从业者同样需要了解 IP 实操案例背后的策划和实施逻辑，而本书的亮点正在于提炼和梳理了这些案例中最关键的商业逻辑规则，青岛啤酒、麦当劳与艾木娘、锤子手机等已不再陌生的商业案例在这里获得了新的诠释和注解。

一个文化与科技快速融合的时代，必然是一个 IP 时代。2018 年以来，“IP 失效”的声音屡屡出现，凡 IP 作品市场有落差则归咎 IP 无用。但从行业发展的视角来看，破灭的是“IP 的神话”，是来自投资的盲目狂热，但是能沉淀下来的则是那些更为宝贵的财富，是业界在内容生产上的执着精耕与探索前行。正如此书所探索和实践的，将为 IP 带来长久生命力，为 IP 从业者带来长效价值。

李　黎

网易传媒 CEO

2019 年 5 月 1 日

前　言

三尺木马牛可折天下兵

键盘上敲击下“前言”这两个汉字时，办公室落地窗外秋霾肃杀，笔者心中想起的是《雪中悍刀行》作者烽火戏诸侯笔下描述剑神李淳罡的“天不生我李淳罡，剑道万古如长夜”，于是，脑海中不由自主地勾勒出羊皮袄老儿一剑破甲两千六的恢宏霸道的景象，不由自主地笑了笑。这是网络文学的力量，对笔者这样一位“70后”来说，数字阅读也依旧是日常生活的组成部分。

毫无疑问，IP（Intellectual Property，意为知识产权）是近年来商界关注度最高的名词之一，但笔者之所以会落笔写下《IP生态商业制胜法则》，根本原因并非追热。最原始的写作冲动，源于2017年IP商业生态大会现场，笔者作为终审评委，有幸近距离品鉴角逐全场大奖的若干精彩案例，感到震撼的同时，一种困惑不由自主浮上心头——IP驱动的商业价值尝试雨后春笋般展现于世人面前，各大商业巨头或创业公司争先恐后地在IP棋盘落子如飞，可IP的商业生态究竟应该是什么样的？如果仅仅从信息获取角度审视，IP词条最直观的解析基本可以等同于知识产权或者智慧产品所有权，可问题在于，这种教条式的描述真的能归纳代表IP生态商业的价值规则吗？显然不能，就算用脚后跟思考，都能想得到其间的天差地别，如果知识产权等同于IP商业价值，是否意味着能在某农用拖拉机的知识产权应用规则与某二次元漫画的知识产权应用规则之间寻找到共性？

笔者并不擅长写出精彩绝伦的文章（否则笔者一定也会是网络文学白金签约作者，写写玄幻、仙侠、穿越、悬疑等题材的文学作品），但笔者可以肯定，若开始沉淀、思考、消化一个特定商业领域的信息，文字的输出将带有结构化的规则特征，进而言之，笔者的写作内容并不是案例的堆砌，写作风格也不是以构建看似繁花似锦的海市蜃楼为主，但凡是读过笔者之前写的一些数字营销书的读者会发现，这本《IP 生态商业制胜法则》仍然会是一本更强调商业理性的出版物，这意味着读者需要与笔者一起去推导、演绎和寻找IP 生态商业的逻辑真相。很多时候，摸索探寻事物规则，尤其是未知事物规则过程带来的思考，其价值甚至高于事物本身。

IP 的特征是感性的，但 IP 商业的规则是理性的。

商业规则也会有温度，也会有态度，也会有程度，唯一不变的是，商业规则从来不会以狂热的角色出现在价值链条的任何一个环节，更多时候，商业规则犹如藏匿于暗夜中的巡捕，冷静、果敢、隐忍，甚至残酷。套用《孙子兵法》里被广为引用的“其疾如风，其徐如林，侵掠如火，不动如山”，这才是商业规则的本质，而与浮华的表象无关。

在写这本书的过程中，笔者受到业界许多专家学者们的支持与鼓励，在此，愿将本出版物视为 IP 生态商业探索的敲门砖，抛出一些现象，解析现象背后的原因，进而寻找存在的问题与难点，随后从已经奏效或已经失败的案例中提炼尽可能贴近真相的逻辑，接着尝试在更多的未知中不断前行。本出版物的内容与结论，仅代表笔者的思考和观点，我们真诚期待更多精彩的商业未来能够为 IP 经济寻找到发扬光大的支撑点。

烽烟塞北，细雨江南。

写下前言之际，不由自主再度想起烽火戏诸侯的《雪中悍刀行》那荡气回肠的开篇——小二，上酒！

袁俊与姚俊

红炉绿蚁于 2017 年秋

目录
Contents

Chapter 1

渐鏖——IP生态商业演变史

当罗永浩宣称要做“锤子”手机的时候，互联网上的“吃瓜群众”也许并没有清晰意识到这是不折不扣的 IP 商品化变现。很多互联网用户知道罗永浩，知道“锤子”手机，但也许很多用户已经不知道罗永浩名动江湖的“怒砸西门子冰箱”事件。2011 年 9 月，罗永浩先生用微博对外宣称自己购买的西门子冰箱有技术故障，经历两个月的维权无门之后，罗永浩在 2011 年 11 月下旬，租赁了场地，告知了媒体，面对记者的闪光灯，用铁锤将西门子冰箱砸烂，从而为自己与“锤子”之间确立了关联。

随后的故事应该并不算陌生，“锤子”手机出货量且不论，至少有着相当不错的用户知晓度。而“锤子”与罗永浩怒砸冰箱的传奇故事，本身就是 IP，至于“锤子”手机，可以看作 IP 商品化的一个延伸。

1.1 IP 生态商业之始

IP，一个简单的名词。通常来说，能成为商业热点自有其与众不同之处，但 IP 的商业价值热潮中的起伏转折，不应该是 2000 年之后的新故事。不妨换一个角度看待问题，内容产业原系数千年人类文明历程中的一种沉淀和必然，与商业相挂钩也算是一种文明进度的结果，之所以在 2010 年之后才成为炙手可热的万众焦点，其中有着主观与客观因素的共同作用力。

无从追溯最原始状态的 IP 产业起点何在，之所以会难觅起点，是因为 IP 的定义与范围始终处于一种月朦胧鸟朦胧的灰色地带。如果参照绝大多数百科词条对 IP 的解释，会发现 IP 被直接指向“知识产权，也称其为‘知识或智力劳动所属权’”，指“权利人对其智力劳动所创作的成果享有的财产权利”，一般只在有限时间内有效。各种智力创造比如发明、外观设计、文学和艺术作品，以及在商业中使用的标志、名称、图像，都可被认为是某一个人或组织所拥有的知识产权。而“知识产权”一词，是在 1967 年世界知识产权组织成立后才出现的。从词条类的归纳描述可见，广义认知的“IP”存在着几个特性，其一，IP 是知识产权价值独立性得到共识的产物，乃至于从 1967 年世界知识产权组织成立后的词汇应用逐步推广的历史现象中不难发现，“知识产权”的保护于 1967 年之前的若干年处于无规则状态，才会促使知识产权组织这一机构的问世，并且在日后长达半个世纪的艰苦工作中，让世界认知“知识产权”和实物一样有着所属权的要素。其二，商业领域所特指的“IP”和“知识产权”强挂钩的词条类解释，更像是一种特定时代背景的狭隘定义，至少从互联网高速发展的时代来看，IP 应用于生态化商业中所指的“IP”并不完全等同于“知识产权”，或者说，范围和“知识产权”不完全一致，可以直观认为，词条解释的“知识产权”定义更为广泛，更像是父概念，而商业中涉及的 IP 则类似于子概念，能被包括在父概念之中。其三，词条类 IP 定义相对而言忽略了 IP 商业价值跨界的可能性，在相对稳定的商业经济结构中，跨界催生新的价值裂变可能性并不很大，可在瞬息万变的数字商业时代，“连接”这一特定的数字科技不断让原本风马牛不相及的产业发生联系，这种联系在过去孵化出人和信息连接后的数字搜索业务，孵化出人和商品连接后的数字电商业务，孵化出人和人连接后的数字社交业务，还在不断孵化人和服务连接以及人和物件连接的更多商业前景，于是，IP 自然而然成为一种驱动力或者说催化剂，并不算特别稀奇的现象。

能在数字商业时代展现出无与伦比的爆发力，并不代表 IP 商业化就是石头里面蹦出来的齐天大圣。相反，纵观人类发展历程，会发现 IP 商业化在很久以前就是趋势，只不过 IP 这一人为发明的商业名词，带有明显的时代痕迹。有两个现象需要关注：其一，较为久远时代的 IP，运用于当代发生商业化的案例比比皆是；其二，久远的 IP 商业化同样存在，只是一些记载未必全面、详细，或者仅因为现代人思维限制未将其与 IP 关联而已。

可能部分读者看到这里会觉得有些困惑，IP 商业化真的在很久以前就出现了吗？笔者这里举一个商业案例。听到金华的城市名称，很多读者多半是恍然大悟状，“金华”赋予世人的强联想标签常常是“火腿”。实则不然，金华是浙西一等一的经济大市，而且还是中国县域经济发展具有教科书意义的城市。如果说金华与火腿画等号是一种国民常见的直观联想的话，那么笔者再举几个地名：东阳（横店影视基地为东阳所辖属，中国大约 1/4 的影视作品为横店出品）、义乌（全球最大的小商品批发市场）、永康（全国最大的小五金商品与贸易基地）、武义（素有“温泉之城”美誉）。而这些地方均为金华市辖行政单位，换句话说，是金华辖属的县级行政单位，任何一个拿出来都具有世界级的经济战斗力水准（金华市不属于超级城市，可金华充分体现了县域经济与市辖行政管理模式相结合的实践经验），与此同时，浙西地区藏富于民的财富分配特征，也可以看作改革开放初期浙江模式与苏南模式显著差异的历史性沉淀。

视线回到金华火腿这一标签产物。火腿发源于北宋，普世认同火腿起源于北宋名将宗泽抗金人胜。金华义乌（宗泽老家）地区人民欢送宗泽将军进京面圣，为表达对抗金将士的支持鼓励，家家户户委托宗泽将猪腿送给将士，可考虑到路途遥远需要保质保鲜等因素，宗泽和乡亲们商量把猪腿用盐腌制后再携带上路。抵达东京汴梁，宗泽除了将家乡腌猪腿分发给将士，更是献给朝廷，而因腌制猪腿肉色火红，得名“火腿”。

阐述火腿的前世今生，不是为金华地区打造城市名片，也不是为火腿产业添砖加瓦，这里只是抛出一个商品品牌——宗泽火腿。虽然世人皆知金华火腿之名，却未必知晓金华火腿是一种地域名称而非商品品牌，实际上金华地区有着若干火腿品牌，宗泽火腿只是其中一家。将宗泽火腿这个品牌作为商业研究对象，我们不难发现“宗泽＋火腿”的命名，很大程度上与宗泽将军携猪腿面圣的故事有价值联想，而“故事性”本就是具有极强内容属性的形态，那么问题来了，宗泽火腿是不是一个带有明显 IP 商业化特质的商品？或者说，尽管我们并不知道宗泽火腿品牌拥有者是否有着宗泽将军的知识产权，可从商业化应用来说，这是一个具有标杆效应的旧时代的 IP 应用于当代商业化的典范。

传承千年应用的古代商业 IP 同样存在，曹操曾经有句名言“何以解忧，唯有杜康”，这之中提及的杜康，便是民间传说中酒的发明者，被誉为“酒之始神”。杜康大约生活在黄帝时代，传说其某日发现久放的饭粒出现特殊芬芳的残汁（如今的化学知识告诉我们这应该是发酵效应），后杜康产生浓郁兴趣，取泉多试之，终于酿酒成功。随着酒类逐渐成为人们日常生活的重要组成部分，“杜康造酒”的故事以及其与“杜康”名字实现强关联，“杜康酒”凭借“杜康造酒”的传奇故事 IP，在中国酒历史中占据着举足轻重的特殊位置。

如果说“宗泽火腿”解析了古代内容 IP 如何运用于现代商业化的问题，“杜康酒”则诠释了千年持续的 IP 商业化。研究者将不难发现，所谓的 IP 并不具有神秘性，或者说，IP 于近年来持续升温的关键，并不在于商业领域的操盘者们“发现”IP 可以用于商业化，而更多在于四个要素。

第一，知识产权得到尊重和保护，是 IP 商业化得到普世规则认可的关键要素，而这种环境系 20 世纪中叶才逐渐成熟。

第二，故事内容性 IP 本不算稀罕，可在数字科技时代以及内容分发如日中天的时代，故事内容性 IP 获得了更好的传播支持，更容易人为“制造”IP，而非必须手握一个千年传承的 IP。

第三，现代商业的结构化特征促使 IP 商业化出现更为多元的路径和机会，回过头看看宗泽火腿和杜康酒，它们只是将故事内容性 IP 直接映射于品牌作用力在商品品质的鉴别上。

第四，现代商业环境的 IP 价值研究，更多应该客观聚焦于 IP 和时代特征以及环境特征相结合的联动价值方向，而非盲目鼓吹 IP 商业经济的红利以及新鲜度。

而这也是本出版物的基础立意以及切入方向：尝试推演与摸索 IP 商业化以及 IP 生态商业化的规律逻辑，拒绝堆砌案例，拒绝出现 IP 狂热，努力以理性剖析 IP 生态背后的显性商业意识以及隐性商业意识。

1.2 IP 生态商业之渐

笔者在 1.1 节旗帜鲜明地摆出了态度，IP 商业化根本不是什么新鲜事物，值得思考和推演的是 IP 商业化的渐变，并且要努力从渐变过程中寻找到特征性、规律性、逻辑性的要素，结合当代商业背景与商业环境，寻求可前行的 IP 生态商业路径。换一个角度解读写作理念，笔者并不打算研究生物为何会从零到一形成一个单细胞，只是希望洞察到一个爬行类物种变成一个灵长类直立人的过程，一则单细胞形成过程有着因素偶发性以及传承的必然性，而灵长类进化史则充斥着更为精彩多元的左右因素在内；二则写作目的系寻找能作用于商业未来挖掘的价值撬杆，或许能从实战角度为读者带来些许思考。

在 IP 商业逐步发展的同时，外部商业阶段的因素必须得到公正客观的考虑，换言之，IP 商业无法脱离外部商业阶段的作用力而独立存在。在这里，笔者需要用一个极具代表性的案例，诠释 IP 商业里程碑的特性，诠释 IP 商业里程碑与外部商业阶段相互作用力的效应。案例直接指向的是 IP 商业领域的史诗级巨头——迪士尼，不同于很多文献解析迪士尼业务结构，本篇章将从发展历程、战略部署、业务结构三个维度综合探讨 IP 商业和外部商业阶段的因果效应。

众所周知，迪士尼是以美术与动画起家，1923 年迪士尼动漫公司成立与电影产业的发展进度密切相关，由于本出版物并非聚焦于电影产业史方向，在此只能暂且简短描绘而非深度挖掘电影历史。大约在 1895 年，法国的米埃尔兄弟从硬件角度解决了电影拍摄和电影放映的技术难点，随后的十年内，观众对电影的态度，从猎奇围观逐步演变成对戏剧情节形式的升华，一直到 20 世纪 30 年代之前，默片占据了主流，而迪士尼商业体系恰在默片到有声电影的转折阶段产生了第一波爆发力。第二次世界大战在理论上虽然没有给美国本土毁灭性打击，可其带来的经济压力着实也让美国大伤元气，1945 年后，美国花费很长时间进行战争疗伤，世界大战的后遗症让美国政府多年来不得不承担战争带来的财政压力，与此同时，百废待兴的经济状态也让美国政府本能地鼓励人民多找点乐子。在此局面下，迪士尼顺风顺水地进入到加速跑道，1955 年开业的第一家迪士尼主题乐园坐落于美国西海岸加利福尼亚州的洛杉矶。这座充满童话色彩的主题乐园快速成为“天使之城”的旅游地标之一，日入百万美元的吸金能力足以让任何产业垂涎欲滴。

直到 1964 年，在美国东南部佛罗里达州奥兰多市市郊，第二家迪士尼乐园开始筹建动土，迪士尼用了整整十年论证主题乐园商业模式，而奥兰多迪士尼乐园的效应可以归纳为以下三点：第一，佛罗里达州系东部旅行重镇，奥兰多再往南便是闻名天下的迈阿密，奥兰多市市郊的迪士尼等于为驱车前往迈阿密海滩的游客提供了多一站的驻扎理由；第二，十年磨一剑的洛杉矶迪士尼乐园，为奥兰多迪士尼乐园提供了极其宝贵的参考经验，无论是主题乐园格局部署还是业务环节设置，迪士尼商业体系不复跌跌撞撞的摸索，反倒熟门熟路一蹴而就；第三，西海岸加利福尼亚州的“天使之城”洛杉矶与东部佛罗里达州的“魔术之城”奥兰多，两地分处美国东西两地，范围覆盖了美国绝大多数地区，北美战略部署趋于完美。1971 年，奥兰多迪士尼乐园正式开业，迪士尼财团于美国本土的主题乐园模式再无压力。

这里不得不补充一条有趣的支线。1930 年，迪士尼正式向一家零售商授权，卡通玩具、书籍等业务扬帆起航。这看似并不是什么高深套路，但伴随迪士尼乐园所扮演的全球主题乐园领航者角色日益深入人心，主题乐园纪念品商店成为 IP 商业铁律，主题游乐园场景配套主题纪念品，雷打不动地被全球主题乐园效仿。游乐场售卖玩具并不是什么商业秘籍，可在迪士尼之前，没有任何一个游乐场能有如此强大的主题纪念品附加值存在，或者说，迪士尼奠定了一个商业模式最基本的关键要素——主题场景售卖。

迪士尼征服美国不过是一个开始，随后迪士尼的快速扩张可以归纳为一纵一横的十字交叉战略。

纵向来说，迪士尼以 IP 内容为文化先锋，先后在全球各大洲做主题乐园部署，而这种战略部署并非信手落子。以 1983 年东京迪士尼乐园、1992 年巴黎迪士尼乐园、2005 年香港迪士尼乐园为趋势洞察的轴线，会发现迪士尼的主题乐园格局通常会满足两大特定条件，其一，都处于超级空港或地区人口吞吐枢纽，东京和巴黎分别在亚洲空港和欧洲空港占据显要地位，每年百万计的旅行者需要在超级航空港转机，顺水推舟的人流分发效应可助推主题乐园快速发展，而香港迪士尼乐园则恰恰处于香港回归后的大陆旅游人口红利期，源源不断的大陆游客足以让香港迪士尼变得水泄不通。当然，2016 年落户上海浦东的迪士尼乐园可以看作又一次的进击，上海不仅具有超级都市体的虹吸规模，而且能辐射全国绝大多数地区，此系上海经济发展到一定地步的必然。其二，所属国家和地区都处于经济崛起的上扬期，20 世纪 80 年代的日本、90 年代的欧洲（从 1990 年开始，联邦德国、法国、英国、意大利、西班牙五国牢牢占据全球 GDP 前八位中的五席）、2000 年后的香港以及 2010 年后的上海，均有相当充分的理由证明当时的国家和地区具有极强的经济爆发力，能为 IP 文化产业提供消费支撑。

横向来说，把迪士尼财团看作一个“动画电影公司 + 主题游乐场 + 纪念品连锁零售店”并不尽全面，迪士尼的产业分布还包括体量惊人的传媒商业规模，譬如北美排名前列的传媒巨头 ABC 公司，譬如诸多中国消费者耳熟能详的电影巨头环球公司，都在不同时期和迪士尼有过战略联手或者资本联营。迪士尼的传媒体系无孔不入地对全球人民进行文化灌输，而传媒体系除自我进化和结构完善之外，最大的职责便是为迪士尼其他商业体提供有效的文化“空袭”。

不显山不露水，迪士尼财团的纵横布局，将战旗插到了世界上除了非洲和南极洲之外的几乎所有大陆（澳洲虽无迪士尼乐园，但文化传媒布局毫不逊色）。更难能可贵的是，迪士尼走的道路，是世界商业历史上没有任何一家前序公司所走过的，是其赤手空拳从蛮荒之中杀出血路的战略决断。

IP 商业的演变过程中迪士尼并不孤独，同时期也有一些公司走着相似的前行道路，譬如同样著名的环球影业。环球影城主题乐园同样全球落子，传媒体系和纪念品商店体系同样有声有色，虽然环球影城主题乐园的知名度逊色于迪士尼乐园，可换位思考，迪士尼的 IP 商业创新道路至少也有同行相伴，有竞争，更有对抗，否则这一段 IP 商业演变史未免显得过于乏味和单调。

作为 IP 商业领域当仁不让的举旗老大，迪士尼的发展历程也几乎可以与整个世界的 IP 商业创新探寻历程画上等号，从授权商品到游戏研发，凡是能盖上迪士尼图章的地方，就能发现其或深或浅的脚印。有趣的是，迪士尼的模式并非没有效仿者，仅以中国为例，十年来各种各样的主题乐园遍地开花，这种文化旅游战略符合各地政府打造城市名片且低污染高附加值的思维方向，奈何世界上没有多少主题乐园有着迪士尼这百年沉淀的 IP 附身，于是绝大多数主题乐园更像是“游乐场 + 杂技团”，鲜有亮点，败笔诸多。

审视 IP 商业的演变，五个 IP 商业渐变的催化因素需要得到正视、思考与探讨。

第一是经济因素。能让 IP 商业破局而发的历史现象，无一不是处于经济上扬（或至少有理由让决策者相信经济上扬）的地区与阶段，进而言之，消费升级是绝对的驱动力。

第二是政策因素。政策对文化的管制方向决定了 IP 商业的底蕴，开放的政策有利于 IP 商业获取到破发点，此问题会涉及不同国情的文化管理思路，笔者会在后续章节进一步展开探讨。

第三是传播因素。IP 商业的基础系 IP 文化深入人心，而这必须基于成熟的传播媒介环境。回顾历史会发现，无论是电影事业、电视事业、广播事业还是现今如日中天的数字媒介事业，均为“传播”提供了最关键的助力。

第四是分发因素。IP 商业可能致力于信息传递，也可能致力于商品传递，更可能致力于主题游乐园这样的娱乐场景传递。无论哪一种传递，都必须存在强大的分发力，从交通到零售、内容。

第五是联动因素。IP 商业的渐变史，可以看作结构化联动的商业史，任何一项 IP 商业的效益成败，悬系于商业结构中各板块的互相支撑、互相助力，结构化程度越高，相对而言能获得“势”的可能性越大。

尝试梳理 IP 商业渐变，并不是一个轻松的工作，由于 IP 商业本身受制于自身 IP 特性，会在商业路途上出现截然不同的分支和南辕北辙的决策，呈现在商业结果上更是千变万化、各有精彩。在此仅以最具有案例代表性的迪士尼集团的历史为梳理的切入点进行展开，归纳出的规律性逻辑能在绝大多数 IP 商业创新尝试中获得论证。

1.3 IP 生态商业之鏖

敏锐的读者也许会发现，尽管本章每一节均以“IP 生态商业”为名，笔者行文间却长时间使用“IP 商业”，这并不是笔误。上一节，依据全球超级财团迪士尼的发展历程，我们尝试分析了 IP 商业历史上的规则以及特性，可依然需要正视一个环境稳定性因素带来的可能变化——迪士尼发展壮大的绝大多数年头，地球上的生产力环境是相对恒定的，而环境的稳定系数很大程度暗示着“迪士尼定律”的有效性与适用性，作为商业领域的研究者与观察者，几乎每一个人都会抛出一个问题：互联网时代和数字科技时代呢？当 20 世纪 90 年代商用数字科技渐渐亮出獠牙，当足够冲击全球商业现状的数字商业时代莅临时，“迪士尼经验”仍然适用吗？这是一个有趣的问题，乃至于这不是一个本出版物能够直接以“Yes”或者“No”来选择性回答的问题。值得庆幸的是，本出版物至少可以与读者们一起尝试分析如今数字科技时代的变化，尝试分析这些变化对 IP 商业已经带来以及未来可能带来的冲击，从而探寻“迪士尼经验”的适用性。

如果说工业革命让商品生产标准化与规模化是一种可视的现象，那么工业革命带来的另一种现象常常容易被忽视，这就是工业化交通运输科技带来的商品分发效益变革。中国的历朝历代，一直有一个相当小众的群体衍生出了相当数量的动人传说，那就是“马帮”（请注意，是马帮，不是马匪，马帮是马拉骡运负责跨区域贸易的正当商帮，虽然通常为保障长途运输安全也会携带一些受到管制的冷兵器，却绝对不是杀人掠货的土匪）。在古代传说中，马帮带着茶叶与盐巴行走于险山恶水之中，大半年后满载丝绸和黄金返乡，自然，途中的天灾人祸必然会导致其中一些人失去性命，于是就流传出了痴情少女多年站在村口流泪等情郎的故事。摒弃动作、冒险、爱情等传奇性故事因素，马帮的生存方式具有长途贸易的代表性，是在交通不发达的时代，以人力千里跋涉，以武力和智力对抗长途贸易中的兵匪虫瘴，最终获得流通环节财富。请注意一个关键要素，之所以传说中的马帮能获得超额贸易利润，是因为其行走长途之中所面对的高风险和长时间，解决的是交通不便地区的商品资源缺失的痛点。这里不继续讲述马帮行商过程中的雪亮弯刀、雄马骏骑或者浴血相搏，也不展开人与自然以及人与险恶环境的殊死搏斗，印第安纳·琼斯的套路暂不属于本出版物聚焦的方向，我们需要的是回到工业革命带来的变化。工业革命除了让商品变得数量充裕、标准一致之外，还促成了交通工具的进化和道路情况的改善。工业革命之后，世界上逐步出现了大型航空器，逐步出现了能征服崇山峻岭开辟货运公路规模化的工程机器。当运输工具和运输条件在工业革命后纷纷得到大幅度优化之后，商品的分发进入全新的商业阶段，用一句较为感性的话来描述，那就是地球上几乎不再存在买不到的实体商品，就算地处土耳其伊斯坦布尔，如果愿意支付足够的货币，便仍然有机会能吃到出海捕捞不到24小时的波士顿龙虾。

毫无疑问，工业革命背后的交通工具机械化和工程机器机械化，促成了全球进入高度一体化的贸易水准，而类似的关键商业要素巨变，除了商品流之外，还发生在支付流与信息流。大约在1870年后的40年，全球大刀阔斧地进行货币等位机制改革，而电报和电话的普及，大约在1920年之前就使欧亚部分地区实现了信息同步。这一切发展到现在，再度因为数字科技驱动的互联网革命而发生天翻地覆的改变！

• 有限的IP受众——365天×24小时的跨地域IP受众

原始意义的IP文化受众，需要在影院或者主题乐园才能获取到信息传递的可能性，而在数字科技时代，无孔不入的视频网站、手机App、OTT电视机顶盒，都能全年无休地和用户对话，实现IP文化渗透。这种便利性不仅对用户来说会感觉到自我中心化的价值尊重，而且对IP运营商来说，逾越了场景、距离、时间等诸多障碍，无形中扩大了受众范围。

- **艰苦的支付说服过程——场景衔接的去货币数字支付**

如何让消费者埋单，如何让消费者心甘情愿埋更多的单，一直是运营管理商研究的问题。数字科技的高速发展，使中国大陆地区几乎实现了全民数字支付的覆盖率，用户能在观看视频时利用数字支付埋单，能在逛电商网站时利用数字支付埋单，能在逛纪念品商店时利用数字埋单，能在吃饭时候利用数字支付订主题乐园门票，能在 OTA 网站用数字支付订主题酒店的房间，甚至看 IP 大电影时还能用手机几秒内下单购买 IP 纪念品。

数字科技促成数字支付的水到渠成，而数字支付的水到渠成则体现在联动场景的动机购买效应加剧上。

- **去远程流通成本——去环节零售成本**

经销商机制，在很长时间内为推进商品普及化形成了助力。当然，符合商业规律的是，经销商需要逐级分摊经销成本，而这些成本则会体现在消费者的账单中，也就是说，消费者每支付 100 元购买商品，其中为逐级经销商成本支付的可能会是 12 元、25 元或 35 元。数字科技驱动的网络购物，正在越来越多地帮助品牌直接对话消费者，虽然物流成本仍然存在，可消费者需要为逐级零售网点支付的流通成本越来越少。

站在 IP 商业领域观察此现象，很容易得到这样的结论，即数字科技正在同步改变“信息流”“支付流”与“商品流”，而这三种因为数字科技突飞猛进而爆发的“流”变革，恰恰帮助 IP 商业形成了一飞冲天的助推力。更为直观的一些解析则可归纳为：数字化的视频传播技术，让 IP 文化渗透变得越来越容易；数字化的货币支付技术，让消费者更容易在场景中形成支付衔接便利；数字化的商品交付技术，能在几小时或十几小时内让消费者获取到商品或者服务。关键因素的水到渠成，IP 商业想要韬光养晦都难。

处于同一相对封闭竞争环境的商业博弈，非常考验博弈多方对格局的判断以及采取的策略，商业领域亦然。在用户红利期时，通常参与博弈者都会不惜血本争夺用户；用户红利趋缓时，则参与博弈者关注的焦点会转移到如何使用户效益最大化；用户效益趋缓时，则必定想方设法延长用户的消费周期。这三种情况意味着入局的博弈者，分别于不同阶段采取相应的市场手段、运营手段与 CRM 手段来获取竞争优势。如果说此类商业分析逻辑建立在不同竞争阶段，那么同理，数字商业环境下，流量的若干关键因素也一样会在不同阶段有所变化，一旦宏观流量结构与博弈者之间的流量结构同时趋于稳定，则用户的价值必定完全取决于内容优劣，进而言之，IP 的价值破发便是在此环境下水涨船高的结果。视频产业有一个最常见且几乎人人皆知的名言，“用户永远只会忠于内容而不会忠于平台”。此乃铁律，用户来平台的目的是为获取内容，没有内容支撑的平台必定流量凋零，这也不难解释缘何视频版权大战打得不可开交，参战者却依旧乐此不疲，当版权炒不动了就开始做自制剧，自制剧制作成本也水涨船高了就转向自制综艺，而其目的都是内容竞争力，也只能是内容竞争力。

本节所举的例子，是历史上交通与贸易不发达时代马帮行商的故事，刀头舔血的马帮系特定时代的利益追逐者，高风险的长途贸易能为马帮带回不菲的收益，此乃显相。背后的真相是经历工业时代，人类从器具文明跨入到机械文明，全新文明阶段在多年沉淀后，全球一体化格局渐成惯性，制造与流通基本处于渐变而非巨变阶段，当互联网连接科技驱动数字文明爆发出璀璨光芒的时刻到来，包括 IP 在内的诸多能被互联网连接的产业均意识到即将迎来剧变的红利阶段，于是，IP 领域的商战伊始便硝烟弥漫，无论是致力于拓展产业边界扩张的角色扮演之战，抑或专注于产业内部份额或细分切割的夺滩之战，均呈现出精彩而惨烈的双重特质！

1.4 IP 生态商业之趋

首先要摒弃一种误区，在流传于业界的观点中，很多认为 IP 商业价值是内容消费升级的趋势所致。这种观点的潜台词指向是，认为唯有消费者解决基础物质需求后才会衍生出精神消费的可能性。回顾人类历史，这种认知有一定的正确性，却并不够全面，解析这个认知矛盾之前，我们需要界定两个并不一样的概念：“内容消费需求”与“知识产权商业”。这两个概念虽有明显的共性，却并不是可以画等号的同义词。

“知识产权商业”有一系列必须具备的要素，即商业环境、普世认知、法律法规等均发展到“知识产权”能转化为商业利益的阶段，而“内容消费需求”的问世与发展则古老得多。例如，中国古代基于神话传说的商品相当普遍，假设考古学家从某一个古代墓室刨出来一个篆刻有“齐天大圣闹天宫”的祭祀铜壶，且通过考古论证程序证明这是某一时代的商品（本案例仅作为推演逻辑，不具备任何真实信息含义），我们并不能从此铜壶归纳出古代便已经存在成熟“知识产业商业”的结论，原因可以归结为以下几个方面：第一，知识产权变现在古代极度模糊，我们能轻易想到把“齐天大圣闹天宫”刻在铜壶上的工匠作坊不会支付版权使用费给《西游记》作者吴承恩先生；第二，由于信息记载与传递路径的落后，古代的诸多“知识产权”很难追溯到最原始的归属，仍然以《西游记》为例，吴承恩先生的著作中融合了相当数量的前代传说，而这些口耳相传的前代神话基本属于劳动人民整体的传承，近似于“公版”，属于想要刨根问底都很难寻觅到知识产权源头的终极谜题；第三，信息传递的落后，注定“知识产权商业”难有市场，如之前篇幅所述，工业革命之前，“行动基本靠走”的交通模式（无论这种“走”是“人走”还是“马走”）系主流，速度慢让信息传递需要非常长的时间，口口相传又多有讹误，信息流通过程中的变形甚至于南辕北辙都稀松平常，这更让所谓“知识产权”变得千奇百怪，而这恰与规模化商业所强调的标准化、系统化、结构化的刚性原则相悖。《西游记》与“齐天大圣闹天宫”铜壶仅作参照。商品的存在已客观说明“内容消费需求”的存在，可同样不难窥视到，当时的内容消费需求通过商品得到满足时，“商业”与“知识产权商业”之间泾渭分明，“知识产权”远远没有到在现代被如此重视的地步。

进一步审视这个有趣的现象，知识产权商业化在不同时代环境下，会呈现截然不同的结果，“齐天大圣闹天宫”的举例也许有以偏概全的嫌疑，可整体来说，在不同时代，不同的知识产权商业价值认知存在风马牛不相及的区别，于是乎，有趣的问题来了，如果以 2018 年为分水岭，未来的知识产权商业会呈现什么样的趋势与状态呢？

- **消费主导力**

在物质匮乏的时代，如果说以前站在货架前经常比较的是一瓶饮用水 2.8 元与 3.5 元的区别，那么在未来的时代，IP 内容知识产权能带来的消费主导力进一步升级，是一种百分之百的定论。以笔者个人为例，作为电影的疯狂爱好者，笔者某日见到商超货架上有印有“X 战警”的屈臣氏苏打水，便连价格都不看毫不犹豫收入购物篮。类似笔者这样的消费者并不罕见，位于上海淮海东路 K11 的莫奈画展出口处纪念品商店，其商品经常会被卖断货。

- **品牌溢价力**

当很多企业家不惜血本寄望于营销解决问题时，常常忘记退一步看看营销业务环节之上的产品力究竟处在什么状态。可以绝对肯定的是，商品满足消费者需求而实现价值的铁律永远不会变化，而规则之内的变化是用户不再单纯追逐商品本身（尤其在基础技术参数趋于平衡的年代），品牌将有机会使用 IP 获取到溢价，而这种溢价背后暗示的是粉丝经济的潜在作用。

- **渠道定向力**

一个不算复杂的案例可以说明问题，福建的服饰品牌七匹狼，贯穿诸多 IP 实现跨界，与腾讯合作的“天狼机甲”T 恤定位的就是腾讯的游戏受众。换句话说，IP 商业中，IP 受众具有绝对的信息或渠道定向共性。

- **周期消费力**

如果说《变形金刚 1》吸引了大量消费者走进影院，《变形金刚 2》则一定程度解决了受众扩大化的问题，与此同时，中国所有出售变形金刚 IP 商品的电商网站，似乎还没有过此品类亏损的先例。这就是 IP 有趣的地方——IP 具有商业价值惯性，直观体现在消费者认知上，客观体现在消费者购买欲望上；而 IP 商业的特性在于可传承与可预测的周期消费力，不仅是过去、现在，乃至于 IP 商业的未来，周期消费力一样是降低企业试错成本、提升投入产出比的绝佳有效策略。

未来的 IP 商业，将呈现什么样的格局与趋势？这个问题，需要从几个方向进行探析。

一是环境方向。未来的商业环境（特指消费品层面的商业环境，IP 系消费者级商业驱动因素，无法或者很少作用于工业商品）将在一定层面循序升级。商业环境的巨变，通常会需要源于生产力因素的巨大变化，如上文所述的工业革命就是不折不扣的生产力因素巨变的代表作，数字科技亦然，但是细细探究数字科技进程，不难发现，消费者级轻连接的商业创新增速正在逐步趋于红利拐点，也不难解释近年来很难恢复到2012年一夜间创新App满天飞的胜景。未来一段时间内，数字科技仍然会稳步驱动商业环境变化，可“巨变”的机会可能会需要源于某一项基础数字科技突飞猛进的出现。绝大多数情况下，在商业环境“相对”守恒的基础上，同一层面的商业驱动力会是利益角逐的胜负手，毫无疑问，IP便是具有标杆意义的“胜负手”代名词，是商业环境博弈之利器。

二是消费者方向。消费者对于购买同质化的商品会变得逐步冷淡，这符合年轻消费人群个性化消费与内容化消费的基本走向。消费者愿意为附加在商品服务上更能体现个人价值主张的虚拟文化埋单，而IP将扮演此附加值承载物的角色。

三是商品服务方向。作为满足消费需求的价值传递环节，价值形态的根本在于消费需求的变化，当消费需求满足从某一个冷冰冰的商品，或者某一没有温度的服务，升级为需求更多内容化、场景化、角色化的增值项时，商品服务利用IP获得竞争优势或者保持竞争平衡就是理性的商业决策。

四是企业方向。当标准化产品服务必须应对商业竞争需求而贴合IP实现竞争力提升时，对企业自然而然会提出更高的要求，客观体现在观念、组织、资源、技术等层面。可以肯定的是，IP与价值关联性逐步强化的权重加剧，将促使企业必须学习以消费者需求主导的商业生存模式。未来，缺少消费者洞察的商业企业很难有生存空间，缺少应对消费者需求的商品服务满足力的企业更会举步维艰。

五是产业方向。伴随IP在宏观商业体系中角色重要性的日益加重，产业治理、产业自律、产业法规都会循序走向健全，换句话说，政策、觉悟、法规都将成为维护产业良性发展的刚性规律，从规者昌，逆律者亡。

1.5 IP 生态商业案例解析——火起来连自己都怕的酷 MA 萌（熊本熊）

酷MA萌（熊本熊）来自日本熊本县，在当今中国，10本IP主题畅销书中可能有8本会对酷MA萌（熊本熊）超强的吸金力予以置评。日本基本上每个县都拥有自己的吉祥物，那么酷MA萌（熊本熊）究竟有哪些独门绝技才能久坐这头把交椅呢？中国蓬勃发展的ACGN产业，为何鲜有可以跟酷MA萌（熊本熊）比肩的现象级IP形象？酷MA萌（熊本熊）在日本、中国乃至全世界的蹿红，难道真的是无心插柳柳成荫吗？

是的，真的是无心插柳。2010年，为迎接九州新干线全线开通，日本九州熊本县响应新干线委员会的区域发展号召，特邀日本顶尖编剧小山薰堂和顶尖平面设计师水野学担任企划顾问。这份策划案的主角是口号“熊本惊喜”和商标“惊叹号”，酷MA萌（熊本熊）只是水野学附上的一个吉祥物。想不到包括熊本县知事蒲岛郁夫在内的委员们对酷MA萌（熊本熊）的形象和意义都非常赞同，“配角”就被慢慢放到了“主角”的位置上来培养。

小山薰堂希望酷MA萌（熊本熊）可以为熊本县的居民和游客不断带来惊喜和幸福，于是将酷MA萌（熊本熊）设计为活泼开朗的男孩子卡通形象。他会在熊本县的名胜古迹前惊喜出现，逗趣耍宝，吸引游客们纷纷围观。一开始，酷MA萌（熊本熊）的扮演者只是县政府的兼职公务员，后来为了让酷MA萌（熊本熊）拥有更丰富的表现方式，熊本县特别聘请了具备杂技功底的喜剧演员担任酷MA萌（熊本熊）的全职扮演者，这才有了之后酷MA萌（熊本熊）骑自行车、踢足球、溜冰等经典萌趣视频的诞生。活泼、惊喜、幸福，这些关键词一直伴随着酷MA萌（熊本熊），形成了粉丝头脑中的深刻记忆烙印。

基于小山赋予酷MA萌（熊本熊）的人格设定，水野学在酷MA萌（熊本熊）的外形上不动声色地下足了料。为了打造一个现象级的政府吉祥物，酷MA萌（熊本熊）的外形经历了两次大规模的优化，水野学邀请日本顶尖的皮套供应商一起将酷MA萌（熊本熊）的外形修饰得更加符合大众的审美。胖胖的肚子，短小的四肢，再加上呆萌的双眼，酷MA萌（熊本熊）的外形让他的一举一动都不缺萌点和笑点。用色上，酷MA萌（熊本熊）的形象组成只用到了黑白红三色，其中红色的腮红成为酷MA萌（熊本熊）最为人所知的外形特征。

在新时代，成功的网红背后总站着一个专业的运营团队，而酷MA萌（熊本熊）背后站着的，是整个专项政府部门——熊本品牌推广科。

推广科的首要职能就是维护酷MA萌（熊本熊）的形象。即使推广科常备有5个左右认证的酷MA萌（熊本熊）皮套扮演者，但在全世界范围内，推广科会保证只有一个部长在某一时刻出现，且必须从日本熊本县出发，以打造酷MA萌（熊本熊）的唯一性。因此，酷MA萌（熊本熊）已基本和一位真人巨星无异，如有活动，需要提前数月与熊本县厅预约其活动通告和档期，且需要确保活动对宣传熊本县有切实的作用。酷MA萌（熊本熊）出访一般配有1～2位随行助理，相较一般的经纪人，他们还是酷MA萌（熊本熊）的优秀伴舞和专属发言人。由于酷MA萌（熊本熊）的设定是不能开口说话的，助理们就需要代酷MA萌（熊本熊）向粉丝们表示感谢并为熊本县“打call”，宣传旅游业，争取震后募捐，振兴熊本县。

酷MA萌（熊本熊）团队具备非常优秀的社媒触觉，在酷MA萌（熊本熊）形象上线的一个月内，就开通了包括Facebook和Twitter等主流国际社交媒体账号，形成完整的形象官方阵地，更新酷MA萌（熊本熊）的最新动态。在宣传上，酷MA萌（熊本熊）会以第一人称叙述，且配上酷MA萌（熊本熊）专属的“mon”体，“mon”在日语中一般指代生灵、精灵，但是酷MA萌（熊本熊）把“mon”作为一个常用的语气词，用以表示愉悦和为粉丝打气鼓励。随着酷MA萌（熊本熊）的人气飙升，“mon”体也在粉丝间广泛流传开来。

在线下，推广科策划了一系列“脑洞大开”的热点事件，利用粉丝间的自然传播，在日本各地为酷MA萌（熊本熊）“刷”足了存在感。酷MA萌（熊本熊）曾携带上万张名片走访大阪并闹出“失踪事件”，也曾因为“丢失腮红”而被停职查看，参与时装周，客串动画片、电影，为日本天皇表演，酷MA萌（熊本熊）的新闻内容一次比一次夺人眼球，也深化着酷MA萌（熊本熊）在粉丝心中的蠢萌形象。

然而，踏实打下的形象基础与精心策划的线上线下推广，并不是酷MA萌（熊本熊）在日本走上人气巅峰的决胜因素。水野学作为形象设计者，向熊本县厅提出了非常大胆的建议。从2010年5月起，酷MA萌（熊本熊）的形象在日本范围内全面“免费”授权，只要商品被证明有益于熊本县的宣传和发展，商家皆可以获得酷MA萌（熊本熊）形象的使用权。对比日本其他超级IP的巨额授权金，与酷MA萌（熊本熊）“免费”牵手的机会让商家们趋之若鹜，授权申请每年呈指数级增长，酷MA萌（熊本熊）的面孔也迅速在全日本的主流零售渠道全面铺开。为了证明被授权产品对熊本县的益处，很多商家在提交申请时就保证对熊本县的特产大量采购或采用熊本县的本地原料，这直接带动了熊本县经济快速增长。时至 2013 年，酷 MA 萌（熊本熊）在市场调查中已经占据日本受欢迎形象头把交椅，也顺利将熊本县送上了日本民众最受欢迎旅游地前三的宝座。

在中国市场，酷 MA 萌（熊本熊）的走红之路和商业生态截然不同。2015 年，酷 MA 萌（熊本熊）的引入正是由中国粉丝主导的，他们将酷 MA 萌（熊本熊）丰富的照片和短片从 Twitter 和 Facebook 上下载并加工，配上适合于中国互联网语境的短语，在网络上聊天时使用、传播。酷 MA 萌（熊本熊）魔性的表情很快获得了年轻人的青睐，并迅速向更多年龄段蔓延。

2015 年 11 月，在酷 MA 萌（熊本熊）百度搜索指数的历史最高点，酷 MA 萌（熊本熊）第一次见面会安排在了上海东方明珠的可口可乐主题餐厅，预计开展一周的活动，然而仅用三天，产品就销售一空。在 2016—2017 年，这样的事情经常发生，酷 MA 萌（熊本熊）的人气和“带货”能力直逼当红“小鲜肉”。中国敏锐的品牌授权从业者们自然不会放过酷 MA 萌（熊本熊）这样巨大的热点宝藏，2016 年上半年，少量优质商家获得熊本县的海外销售授权，正式开启了酷 MA 萌（熊本熊）在中国的商业变现之路。

中国商家与酷 MA 萌（熊本熊）的合作主要基于商品开发、市场活动或商业业态，其合作难度依次递增。在商品授权上，熊本县对中国的申请者要求尤为严格，想要进入县厅的授权合作名单有诸多门槛。第一，与大多数日本企业一样，熊本县在中国的业务开展有比较固定的合作者，中国商家需要找到在本土拥有酷 MA 萌（熊本熊）授权资质的代理商来代理申请。第二，申请商家本身需要优秀的品牌知名度和产业背书，以保证酷 MA 萌（熊本熊）的合作产品质量。第三，申请商家需要留出 3 个月以上申请周期，并提供详尽的产品设计开发计划，县厅负责海外审批的小组会多次审核修改，直到产品设计完全符合有关形象使用规定为止。

相较于其他品类的衍生品，服饰配饰具有高的复购率和更低的消费门槛。2017 年上半年，专注于 IP 生态商业的印赞协助法国少女时装品牌 Cache Cache 与酷 MA 萌（熊本熊）展开了两个季度的联名款式合作，引发少女熊本粉丝热情追捧，在上线两周时间里销售一空。据 Cache Cache 品牌总监徐霞所述，虽然等待授权批复的时间非常忐忑，但是酷 MA 萌（熊本熊）IP 合作带来的众多显性和隐形裨益是喜人的。酷 MA 萌（熊本熊）的主力粉丝群对 Cache Cache 来说是非常精准的目标群体，合作不仅带来了销售上的增长，而且让更多新老客户体会到品牌本身的活跃理念和大胆创新。同时，徐霞也强调，抢占市场先机和调性匹配度也是 IP 合作的关键，因为 Cache Cache 是首家在中国和酷 MA 萌（熊本熊）取得合作的女装品牌，所以获得了更多的关注和转化。

与酷 MA 萌（熊本熊）在市场活动上进行合作则更加困难，正如前文所述，酷 MA 萌（熊本熊）同一时间只能在世界上一处出现，一年的档期中，绝大多数都被日本各地的活动占据，留给海外市场的出行机会非常有限。所以中国商家想要邀请到酷 MA 萌（熊本熊）出席，一般要开出非常丰厚的回馈条件，包括但不限于采购熊本县商品，保障熊本县宣传素材的曝光强度，引导一定数量的游客前往熊本旅游等。

以酷萌跑苏州站为例，作为中国第一场被正版授权的酷 MA 萌（熊本熊）主题路跑，本场活动吸引了超过 3000 名粉丝到场与酷 MA 萌（熊本熊）一起萌跑，引发了本地电视台、新闻广播、新媒体等争相报道，成为一大区域网络热点。作为联合主办方，印赞为获得熊本县厅的活动批准，邀请到超过 10 家熊本县本地企业联动策划，在路跑嘉年华现场销售海量熊本特产商品，有效地向所有到场者宣传了熊本在华企业品牌。与此同时，主办方对参赛中所有物品包括奖牌、T 恤、纸巾、宣传页等都进行了精心的主题定制，最大化地展现了熊本县相关信息。专业跑鞋品牌亚瑟士、日本精品卫浴伊奈以及美式家居品牌爱屋格林等企业，都借势酷萌跑，与酷 MA 萌（熊本熊）亲密接触，形成了高曝光、高转化的营销事件。

一个超级 IP 的持续运营还是需要有可供粉丝"朝圣"的线下阵地，酷 MA 萌（熊本熊）也有少量授权的商业业态在日本和中国落地，其中就包括主打下午茶的 Kuma Café 和主打轻松夜生活的 Kuma Bar。

与 Line Friends Café 类似，Kuma Café 也是主题餐饮服务配合衍生品销售的小体量粉丝的"朝圣地"。大陆首家 Kuma Café 选开在上海小资聚焦地——新天地。一楼的周边销售区聚焦了上百款正版授权的酷 MA 萌（熊本熊）主题产品，从玩偶到背包、茶杯到围巾，全面覆盖粉丝兴趣点，这大大提高了顾客的平均消费水平。从店铺招牌到店内的红白色系装潢，Kuma Café 大力运用酷 MA 萌（熊本熊）设计元素进而扩大品牌影响力。2017 年 1 月，Kuma Café 正式开业，广大热情的粉丝不惜排上 2～3 小时的长队，就为了买上一份高颜值的部长温泉蛋糕，尝一尝九州特色的风味冰激凌。Kuma Café 的脚步从未停下，东方明珠店、长泰电竞主题店、南京店相继落地。每次开业，Kuma Café 都会邀请到酷 MA 萌（熊本熊）亲临，为新店宣传造势。可以预见，Kuma Café 会进驻更多一二线城市的主流商圈，实现稳步增长。

Kuma Bar 目前仅有在熊本县一家被授权营业，整家店充满了酷 MA 萌（熊本熊）的趣味元素。点一杯晚白柚鸡尾酒，和吧台边的部长亲切合影，成为了所有在熊本的游客不容错过的难忘体验。印赞将把 Kuma Bar 引入中国，凭借酷 MA 萌（熊本熊）的超强人气和丰富的九州酒品，相信 Kuma Bar 将成为业内少有的 IP 主题网红酒吧，填补行业的空白。

因为盗版侵权现象严重，作为现象级的超级 IP，酷 MA 萌（熊本熊）在中国如此小心谨慎地抬高合作门槛也属无奈之举。熊本县为保证酷 MA 萌（熊本熊）在中国市场的规范运营，专派监管人员驻扎上海，并注册新浪官方微博账号，对一些违规形象使用行为进行曝光和追诉。成都万象城是中国首个落地熊本主题展的商业体，这场巡展广为业界所津津乐道。然而在 2017 年 10 月，由于青岛万象城在未获得授权时就开始了同一主题展的前期宣传，被熊本县厅取消承办展览资格并在微博曝光声讨，令人唏嘘不已。

可见，一个现象级的 IP，光有好内容、好营销是远远不够的，对 IP 价值的全方位管理和保护，才是延长 IP 生命周期的重中之重。酷 MA 萌（熊本熊）的成功难以复制，至少熊本县厅不断创造惊喜的开放思路和运营团队日日夜夜严谨的做事方式，就值得每一家版权方虚心学习。出生于 2010 年的酷 MA 萌（熊本熊），一直在以其他 IP 望尘莫及的速度成长。据县知事蒲岛郁夫所言，酷 MA 萌（熊本熊）的目标应该是成为下一个百年传奇，成为与米老鼠比肩的人类文化传承。是否能树立这样的丰碑，我们拭目以待。

案例解析

酷 MA 萌（熊本熊），是角色主张型 IP 的代表作，作为一只“萌萌哒”的卡通形象小熊，酷 MA 萌（熊本熊）征服了全球粉丝的心灵，从 IP 生态商业化的角度审视，酷 MA 萌（熊本熊）IP 商业化过程中有五大亮点。

第一，角色人格化。缔造一个能出现在现实生活中的卡通萌物，酷 MA 萌（熊本熊）不算是地球上破天荒的独一份，但酷 MA 萌（熊本熊）形象打造过程中，人格化的水准体现出操盘者的极高商业造诣。粉丝们会发现，酷 MA 萌（熊本熊），无论是代表熊本县出席公关活动，还是出现在名胜古迹行使熊本县营业部长与幸福部长的公务员角色，每一处细节都呈现出人格特质——粉丝对于虚拟的二次元热情一贯强大，而对于能在线下长期稳定人格角色更是缺少免疫力。应该说酷 MA 萌（熊本熊）的人格角色化，系 IP 商业化中的神来之笔。

第二，场景价值化。酷 MA 萌（熊本熊）的出现，让熊本县成为海内外驰名的地方，数以亿计的全球游客因为酷 MA 萌（熊本熊）而知晓熊本县，数以百万计的游客因为酷 MA 萌（熊本熊）而来到熊本县旅游观光。酷 MA 萌（熊本熊）自带的地域场景标签，切实结合到熊本地区的旅游产业，转化为真金白银的商业效益。

第三，商品结构化。超级活宝酷 MA 萌（熊本熊）如果只是在自己一亩三分地“蹦跶”，那就太浪费超级 IP 的影响力和辐射力，运营团队相当敏锐地观察到这一点，将酷 MA 萌（熊本熊）IP 作为授权模式发展系列 IP 商品，游客可以在熊本县购买部长的纪念品，也可以在全球各大熊本授权商户买到酷 MA 萌（熊本熊）的 IP 授权商品，从杯子到卫衣，从背包到手套，结构化的授权商品将酷 MA 萌（熊本熊）IP 驱动力发挥到原地域之外，形成良好的 IP 商业经济效益。

第四，标准严格化。经过严格训练的演员，才有资格穿上卡通外套扮演酷 MA 萌（熊本熊），这一控制流程让酷 MA 萌（熊本熊）的所有公众动作，都显得如此统一且符合人设。这是 IP 精细化运营过程中，必须予以高度重视的胜负手。

第五，维权流程化。酷 MA 萌（熊本熊）IP 授权极其严格，熊本县对此有着严格的合作评估机制；另外，海外授权的同时就启动维权流程，对 IP 商业价值高度重视且辅助工作规划予以落实，一则保障知识产权不会被滥用，保护 IP 价值；二则倡导良好的 IP 生态商业秩序，为行业树立了模范。

Chapter 2

七杀——IP生态商业进化论

写作的过程常常是纠结的，主要不是对行文的纠结，而是对内容结构思考的纠结。“IP”“IP 商业”“IP 生态商业”严格意义上来说没有任何一项属于显性的普世概念，因而笔者在写作的过程中都在尽力让措辞尽可能严谨与科学，避免读者在阅读过程中对父集、子集、交集的组合中存在歧义。应该说，纠结的过程就是抽丝剥茧、水落石出的探路过程。

IP 商业化的历史进程并非一成不变，此外，应该说对于 IP 的理解与应用，迄今为止还存在着极大的偏差，这种偏差客观呈现在范围、分类、特征以及关联等方面。有心的读者在阅读第 1 章时，应该已经出现了若干程度不一的疑惑，迪士尼是 IP，而杜康酒也是 IP，这两种看上去并不完全一样的意识形态均被称为 IP 的话，区别何在？本章将尝试对这一问题进行推演并形成尽可能客观的描述。

2.1 史鉴，IP 新生事物与传承事物之悖

毋庸置疑，IP 有着“知识产权”特征，可 IP 商业研究中的 IP 又不能完全等同于“知识产权”，比如某一个水泥搅拌机的技术知识产权，与我们尝试探索研究的“IP 商业”看上去就很有几分风马牛不相及的意味。于是，我们首先尝试解析 IP 和商业之间的关系，便于将商业化 IP 与标准意义的泛概念“知识产权”进行区分。

百度词条对于“商业”的解释：商业，是一种有组织地提供顾客所需的商品与服务行为。大多数的商业行为是通过以成本以上的价格卖出商品或服务来盈利，如微软、索尼、IBM（国际商业机器公司）、联想、通用都是营利性的商业组织典型的代表。然而某些商业行为只是为了提供运营商业所需的基本资金，一般称这种商业行为是非营利性的，如红十字会、各种基金会等。一般认为，商业源于原始社会以物易物的交换行为，它的本质是交换，而且是基于人们对价值的认识的等价交换。从百度词条可见，商业的基础因素

“有组织”“提供顾客所需要的商品与服务”，而商业的本质是“交换”。基于“交换”本质的解读，对于我们解读 IP 商业有极大的指向作用，我们可以从“交换”的本源将商业的最核心特征提炼为“交易”，而这种“交易”至少包括“交易双方或多方”（价值的出让者与受让者）+“交易关系”（价值交付的模式）+“被交易的商品或服务”（价值的承载者或承载行为）。有趣的是，商业本质意义的“交换”或者本书提炼的“交易”核心特征，均不将货币或者货币等价物视为界定“交易”的必备条件，换句话说，商业可以是基于货币偿付的商品服务买卖，也可以是基于非货币偿付的商品服务互换。

商业的定性具有一定的复杂性和迷惑性，仅仅从定义角度解读，还会发现商业并不局限于消费者级的顾客，进而言之，工业级顾客同样适用于“商业”范畴，A 矿场向 B 工厂出售 500 吨矿石一样是“商业”范畴内的行为。那么问题来了，IP 商业的范围究竟在哪里？

IP 最大的价值描述，在于其赋予商品服务之外的附加值，而从较为狭义的认知角度说，不妨简单化地将 IP 商业定义为“消费者级”业务的商业范围，如本节开篇时所举的例子，人们很难想象在一个水泥搅拌机上赋予 IP 力量会对于最终的交易结果产生积极推动作用，因而，本书的出发点，并不否认工业级商业交易也可能存在 IP 附加值或者驱动力的作用，可参考普世认识，IP 附加值的作用力应该伴随商业交易决策的感性程度而有所变化。受制于篇幅，本书不准备就 98 个大行业以及 980 个细分行业的每一个类别进行 IP 附加值的量化测算，暂且秉承“感性决策程度”作为 IP 附加值的滑动标尺，即本书的主张：越具有感性决策特征的产业或细分产业，越容易体现 IP 附加值，反之，越具有理性决策特征的产业或细分产业，能利用 IP 形成附加值的难度越大；客观呈现在商业领域的具象体现，即消费者级商品或服务更容易获取到 IP 附加值加持，工业级、产业级商品或服务则在此道路上会艰难得多。

可能有的读者会质疑本书“假设”的有效性，在这里，笔者从商业学科的基础规则层面解释一下“感性决策”假设与 IP 附加值关联性的逻辑。众所周知，商业基于“交易”，而交易的成立必然会基于购买者的决策，这在百年显性商学的消费者决策研究中已经形成定论，越是理性的交易决策，越容易出现重度决策、参数决策和群体决策的特点，换句话说，通常为企业采购原材料或者类似生产材料的工业级消费决策，参数是采购的最关键决策因素，此外，决策周期通常会较长，决策者通常不会是一个人而是企业决策委员会，决策流程会更为严谨和缜密。与此同时，消费者级交易决策中，越是偏向于快消等领域的决策越感性，越是涉及买房买车等较大支出的耐用消费品的购买决策越理性。从此商业基础原则出发，并不很难得出 IP 附加值与“感性决策”假设之间的必然性，工业级商业决策绝对不会因为商品被赋予一种神话传说色彩而产生良性倾斜。同理，一个家庭买一套房子，受到 IP 附加值影响而产生的交易决策倾向性推动力也远远低于商品超市货架上的一瓶果汁饮料。

根据“感性决策”假设，我们将视线聚焦在“IP 商业”。当我们逐步梳理出 IP 适配度更高的商业范围之后，必须要进一步探讨：当“IP” + “商业”形成“IP 商业”时，“IP 商业”的具体形态应该是什么？或者说，当许多微信“鸡汤文”都在鼓吹 IP 奇迹时，至少我们希望能界定出“IP 商业”的范围。如之前篇幅提及商业的本质是交换，而交换或交易至少包括“交易双方或多方”（价值的出让者与受让者），“交易关系”（价值交付的模式），“被交易的商品或服务”（价值的承载者或承载行为），于是，IP 附加值于三大基础商业要素的作用力呼之欲出（见表 2 – 1）。

表 2 – 1　　IP 附加值于三大基础商业要素的作用力

商业要素	交易双方或多方	交易关系	被交易的商品或服务
价值角色	价值的出让者与受让者	价值交付的模式	价值的承载者或承载行为
IP 附加值作用力	出让者赢得 IP 附加利益 受让者获取 IP 附加满足	由于 IP 惯性带来的价值交付衔接性	因 IP 附加值而衍生出超越商品、服务本身的功能或效力

从表 2 – 1 可见，“IP 商业”与寻常商业的最大不同在于，IP 附加值的作用力遍布整个商业要素的全部环节，包括交易角色、交易关系与被交易的商品或服务，而在商业实战角度论证此问题则会发现，并非所有 IP 商业范畴内的案例均具备上述特征。仍然回到迪士尼主题乐园为例，进入乐园的消费者在 IP 主题带来的环境中，水到渠成出现 IP 纪念品购买诉求，于是消费者在主题乐园纪念品商店毫不犹豫地购买玩偶或明信片，此乃教科书一般的全闭环

神迹，符合被定义的商业要素全 IP 商业化的一切标准；换一个本书内曾举过的真实例子，笔者曾经在商超零售货架上购买过“X 战警”形象授权的屈臣氏苏打水，无论是“镭射眼”还是“教授”的形象被印到了易拉罐上，这对像笔者这样的“X 战警”疯狂粉丝产生了莫大吸引力，进而转化为购买欲望，但从 IP 商业要素分解的情况来看，此案例符合“交易方”与“交易商品或服务”IP 化的要素特征，“交易关系”出现在商超，对话消费者的 IP 附加值驱动力则一定会低于在影院播放“X 战警”散场时门口的小卖部。

当我们尝试论证 IP 商业范畴时，就像论证过程中我们已经逐渐明晰的那般，IP 作用力于“交易双方或多方”（价值的出让者与受让者）、“交易关系”（价值交付的模式）、“被交易的商品或服务”（价值的承载者或承载行为），强附加力存在于感性决策程度更高的行业类型（见图 2－1）。

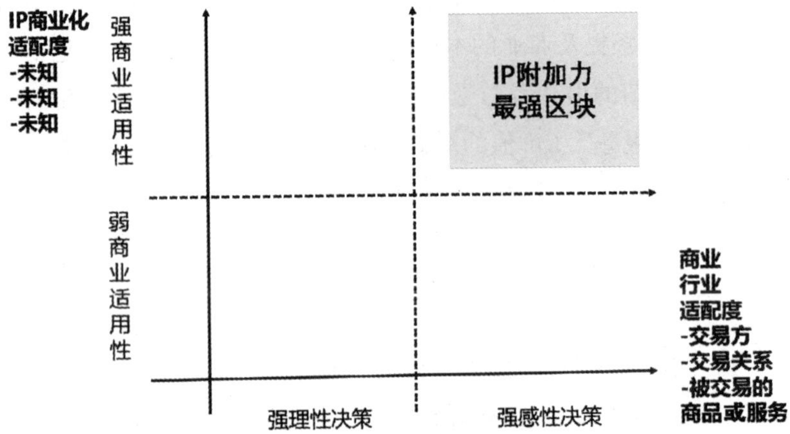

图 2－1　IP 商业附加值效益

恰如图 2－1 表现出的那般，确立了 IP 适用的商业细分行业之后，势必需要回答什么样的 IP 具有较强的商业化适配度？而 IP 的商业化适配度，则需要解决一个最为核心的问题：什么是 IP？或者说，什么是本书界定的商业化范畴的 IP？如果按照词条的书面理解，单纯将 IP 等同于知识产权，则本书的读者会发现探寻商业世界观的路径设定瞬间崩塌，进而言之，IP 具有知识产权特性又不能一股脑儿地把具有知识产权特性的意识形态均认定为商业化 IP，界定“IP 商业适用性”的强弱就成了关键之匙。

2.2 IP 龙旗！诸营虎豹！

既然本书的范围界定，已经将“感性决策”更强的商业细分产业假设为 IP 作用力的较佳方向，则笔者和读者都不得不正视一个逻辑上的挑战，即适用于“感性决策”商业领域的 IP 到底具有什么特性？利用这种特性来进一步界定 IP 商业适配力，一定是基于理解“交易双方或多方”（价值的出让者与受让者）、“交易关系”（价值交付的模式）、“被交易的商品或服务”（价值的承载者或承载行为）分别被赋予 IP 附加值时会产生的附加商业效应，进而以附加商业效应为准绳，形成筛选 IP 适配力的标准，即便这种标准在现行的 IP 评估方式中仍然只能是“描述”而非“测量”。

上节提到，IP 附加值作用力于不同的商业要素。那么，什么样的 IP 更能起到如此作用力的效果？这个问题将帮助我们认清 IP 商业适配力。

- **交易双方或多方——出让者赢得 IP 附加利益，受让者获取 IP 附加满足**

首先，IP 必须是受让者能获取“附加满足”的知识产权，而在强感性决策主导的商业细分领域中不难得到结论，更具有适配力的 IP 应该是具有强粉丝效应的 IP，进一步解析，更具有适配力的 IP 会让粉丝愿意为之倾囊。“倾囊”这个词本身带有感性消费的意味，而自古以来能驱动感性消费的必然是有温度的信息，至于驱动感性消费的程度基本等同于“有温度”背后热度。

星巴克在商学院的研究中一直具有代表意义，作为一个著名的商业品牌，将星巴克多少年来的各种纪念款咖啡杯收集齐全的粉丝大有人在。星巴克毫无疑问具有 IP 属性，且是具有温度的 IP。

- **交易关系——由于 IP 惯性带来的价值交付衔接性**

更具有商业化适配力的 IP，粉丝集群内必定存在公认的 IP 惯性，即存在着很强的可持续效益，这种可持续效益体现在时间跨度，也体现在价值交付衔接。从“交易关系”角度透析 IP 商业化适配力，会很轻易得到一个结论：是否能有布局价值交付场景的可行性，以及这种可行性背后的衔接效力强弱，是判断 IP 商业化适配力的关键指标。

一些读者也许尚未为人父母，因而也未必会有平日和学龄前儿童一起看卡通频道的经验。一般有十岁以下孩子的父母都知道，电视台卡通频道的广告常常聚焦于某卡通片内的玩具；同时，卡通片授权的玩具生产商，通常会将小学校门口的文具店作为重要的终端渠道部署。这个套路看上去好像并不怎么高深莫测？实则不然，虽然这种基于 IP 内容的探讨对玩具零售的业务布局等实践，未必有极强的理论指导，但可从有效性角度考量，“利用卡通片 IP 内容沟通消费者（小学生）”是第一步，“利用卡通频道广告插播同 IP 玩具广告实现消费者商品信息告知”系衔接上的第二步，“布局最聚焦消费者的小学校门口文具店”是第三步，正因为消费者低幼化，感性决策特性极强且容易在特定社群交流攀比（小学生与小学生之间），得天独厚地为卡通频道的内容 IP 商品化形成了价值交付的衔接可能性。

自然，卡通频道的低幼化消费者是一个较为特殊的群体，如果以泛消费群体而言，主题乐园或者博物馆的纪念品商店，都能很容易从场景衔接性获取到价值交付衔接性的赋能，还原到 IP 商业适配力的判断，适用于部署价值交付衔接的 IP 多具有多点布局可行性，而非简单的单独一个 IP。

- **被交易的商品或服务——因 IP 附加值而衍生出超越商品或服务本身的功能或效力**

具有商业化高适配力的 IP，必定能带来更高的 IP 附加值，而这种附加值源于能衍生出超越商品或服务本身的功能或效力，这是 IP 商业适配力讨论中具有趣味性的一个模块，也许一正一反两个例子能一定程度说明一点问题。

科幻电影圈有一项多年来热度持续不断的超级 IP《魔鬼终结者》电影，从第一代终结者 T800 一直到若干续集，虽说《终结者 2018》与《终结者：创世纪》已经不复当年的票房影响力，却一直有一群超级粉丝兴致不减地追随《终结者》系列的脚步。例如，笔者在大阪环球影城的纪念品商店里看到，有一个 T800 终结者骷髅状的商品，金属头颅内空，装的是饼干糖果等零食，也就是说这是一个以终结者机器人头颅为罐子的糖果产品，从入眼到埋单，笔者只花了不到一分钟，然后打开包装，扔掉糖果，留着空的金属 T800 罐子如获珍宝。《终结者》的效力，能让笔者无视商品本身而为包装埋单，甚至可以认为买的就是 IP 商品包装而与商品无关。

再换一个有趣的IP现象举例，格力电器掌门人董明珠女士，堪称中国商界的奇迹，率领格力电器缔造多年来的商界神话，更被视为格力电器的图腾。然而，当格力电器开始做“格力手机”时，当董明珠的头像出现在手机开机屏幕上时，这个超级IP作用力于格力手机的售卖驱动效应如何？笔者不做说明，读者可以搜索网上信息解读更多。唯一可以透露的是，带有董明珠女士头像的格力手机开机屏幕，完全达不到IP赋能商品功能的效应，只是更像一个品牌标志，诸如老干妈或者文峰美容美发的创始人头像应用。

上述两个例子，并不简单用于比较《终结者》与董明珠女士作为IP的强弱，而是希望通过对比，引出IP强弱与商品或服务强弱之间的平衡点思考。对笔者这样一位消费者来说，糖果是毫无商品作用的东西（环球影城的糖果也就是糖果），而T800的金属头颅则直接体现了IP附加值。对诸多智能手机购买者来说，寄望的智能手机本具有强功能性，而当商品强功能性存在时，就会需要更强大的IP赋能效应（譬如一些智能手机品牌的代言人均为年轻人偶像，而不仅仅是某些垂直领域领军人物）。所以，探讨IP附加值与商品或服务赋能时，无法规避附加值与商品或服务本身功能和效力特性之间的平衡因素。

到这里，我们尽可能使用符合商业化IP的语言，给本书定义的“IP”一个贴近真相的表述：“IP，是可作用力于消费者级的流通商业基本要素，包括但不局限于交易方、交易关系、交易商品等方面，并且产生附加值效应的知识版权，附加值不局限于消费者衍生需求满足，交易场景衔接以及商品或服务的功能或效力赋能。”

笔者并不认为这个定义已完全囊括业界人士提及的“IP”含义，但已是尽可能从IP可赋能的商业要素以及IP附加值适配度加以描绘与概括。

作为新生事物，IP的商业附加值路径存在着独特性，这种独特性呈现在二个不同的矛盾。

第一是IP具有独立性和组合性的矛盾。任何IP都是可以独立存在的实体形态或虚拟形态，独立存在的形态充分体现在即便不联动其他跨界商业，仍然能获得用户、消费者或受众的认可；与此同时，IP有着组合性的强附加值效力，能作用力于多种不同的跨界商业形态实现赋能，实现商业利益双赢或者多赢的结果。

第二是 IP 具有泛众性和定向性的矛盾。发力于消费者级商业化的 IP，有其泛众性的特质，或者说，必须具有群众认知基础，IP 才具备生命力，无论这种生命力属于独立生命力或组合生命力；形成矛盾的是，IP 同样有着用户、消费者或受众的强定向作用，使用 IP 定向目标人群有着得天独厚的精准和辐射社群效力，这也是 IP 组合其他商业形成爆发力的关键。

第三是 IP 具有聚焦性和分布性的矛盾。不同的 IP 作用力于不同的商业实现效益联动，模型可能会是辐射状，也可能是涟漪状，同样可能是阶梯状，无论效益模型的结构逻辑怎样，IP 的最原始动力具有强聚焦特征，即从一个 IP 源发起附加值驱动力；具有对比效应的是，IP 作用力在多个商业范畴的过程中，价值联动效益存在分布式特质，而这种分布和 IP 核心原动力之间的距离不同，形式不同，效力也不同。

2.3 繁花似锦，军刀雪亮——商业化 IP 分类与丛集

在开启第 2 章之前，笔者的行文相当艰苦，一直到 2.1 节与 2.2 节才界定了本书聚焦讨论的“商业化 IP”范畴，进而界定 IP 与商业要素结合面，直到界定 IP 商业适配度之后，写作进入正轨。而写作如此艰难，正是因为 IP 定义在词条层面、理解层面、应用层面的差异化，问题常常接踵而来，当 IP 附加值与 IP 适配度的界定帮助我们逐步走向 IP 日益清晰的棱角时，另一项不得不被重视的“陷阱”仍然需要得到填充——已经被界定的商业化 IP 内部的分类结构始终处于混沌状态。

笔者曾经与行业内多位资深专家探讨 IP，在未经过特别提示下的问答内容，几乎百分之百地被资深专家们潜移默化指向了“内容 IP”，包括网络文学内容、影视网络综艺内容、在线游戏内容等。这样的问答，从沟通场景来说自然符合逻辑，但严谨推演起来，却会触发更多的疑问：影视明星本身是否符合 IP 标准？体育赛事是 IP 吗？还有许多意识形态均带有鲜明的 IP 标签，却偏在多数情况下容易被忽视乃至于无视，资深行业专家与资深行业观察者尚如此，更别说消费者了，甚至一些 IP 所有者与运营者自己都没有意识到自己所做的事业处于 IP 商业范围，忽略了自己大有机会遵循 IP 商业价值规律并获利。

根据 IP 的形态与附加值不同，可以将其分为六个大类别。需要特别标注的是，六个类别并不互相矛盾，而且经常会呈现“你中有我，我中有你”的融合现象。

• 内容主张型 IP

通过内容缔造 IP 附加值，具体形态可以体现在文学作品（含网络文学与各种数字版权阅读）、电影或电视剧、网络剧或网络综艺、游戏等。通过内容实现 IP 附加值主张的 IP，具有极强的代表性，而内容主张型 IP 作为 IP 最大的组成类别，类别结构本身具有上下游延展性。举例来说，一部优秀的网络小说，会在某数字阅读 App 内赢得读者的打赏或是读者付费阅读（通常版权作者需要与平台分成），随后该小说会有机会获得出版社的纸质书籍出版机会，此外，热门的网络文学小说还会有极大可能被改编成电影、电视剧或网络剧，而网络游戏更是近年来与网络文学小说紧密结合的共生体。

内容主张型 IP 之所以会形成很长的商业战线，其附加值能力源于“前期试错”而非“过程试错”，或者理解为，内容主张型 IP 通常经过网络文学前期与读者的价值裂变，随后被改编成其他价值承载体时，本已具备前期筛选后的注意力虹吸效应，因而常常能获取到事半功倍的规模回报。仅以 2017 年院线大片《悟空传》为例，愿意购票去影院观看《悟空传》的消费者，绝大多数为十余年前网络文学初始时代阅读过《悟空传》且极有怀旧情怀的忠实粉丝，虽然他们看完《悟空传》几乎一边倒地说电影根本没拍出原著的样子，却也为除了特技效果之外毫无亮点的《悟空传》博得了相当不错的票房。

• 赛事主张型 IP

由于悬念和竞技特性，赛事（不局限于体育赛事）这种 IP 形态数千年来备受大众追捧。当 IP 商业经济渐成规模时，赛事主张型的 IP 早已在 IP 沙场插下醒目红旗。鉴于中国商业化成功的赛事着实凤毛麟角，此处以欧洲五大联赛为例。五大联赛不仅体现欧洲最具有代表性的足球联赛水准，而且多年运作过程中积累了数代足球迷，赛事球场门票、赛事转播权、赛事传媒广告收入、赛事衍生品售卖，均成就了相当稳定的商业体系，且为欧洲足球顶级人才的培养和成长提供具有激励性的持续机制。

赛事主张型 IP 对消费者的吸引力，源于结果未知及不同轮次不同届次的胜负轮转，缔造赛事主张型 IP 需要极其漫长的耐心。另外，赛事主张型 IP 并不只是体育赛事，其他赛事一样具有 IP 特性，譬如奥斯卡金像奖、红点设计奖等，正如本节开篇提及，IP 分类之间不存在绝对的壁垒，无论是奥斯卡金像奖还是红点设计奖，除赛事悬念特性外，还有“会典主张 IP”的内容特质。

- **角色主张型 IP**

诸多的人物 IP 均属于角色主张型，在 IP 类别中的“角色主张”包括“角色本身”以及“角色所附属的主张”。举例来说，一些优秀的演员通常具有强 IP，一则演员对自身的肖像权等使用会有严格的保护，二则尽管演员本身可能是一个自然人，其 IP 角色附加值却通常由其扮演的角色而定，譬如某一部电影内的某一个角色。

角色主张型 IP 的三大特性极其明朗。

其一，角色主张型 IP 未必就是人类，卡通角色同样有着角色主张型特性，而角色主张型 IP 又与内容主张型 IP 密不可分。

其二，角色主张型 IP 的附加值可能是超越角色本身的，举例来说，《哈利·波特》系列小说的作者 J. K. 罗琳女士，如果将《哈利·波特》视为内容主张型 IP，将《哈利·波特》内的哈利·波特等角色视为角色主张型 IP，作者 J. K. 罗琳也具备角色主张型 IP 的特性，同理，这种情况可在《三体》与《三体》作者刘慈欣先生身上得到论证。

其三，角色主张通常会贯穿在故事情节或者故事角色中，角色主张型 IP 也同样存在着与其他 IP 类型的多线贯穿特性。

- **场景主张型 IP**

“故宫文创”是中国故宫文化在文创体系一骑绝尘的领先机构，而在此案例中，故宫博物院扮演的是场景主张角色，附加值超越故宫博物院内陈列的珍奇古玩，暗示的是中国古代文化瑰宝的集合与延展。

类似的场景主张型 IP 不算罕见，具有党史记录意义的上海中共一大会址纪念馆和坐落于纽约的美国大都会博物馆，均有着场景主张附加值的特征，不同之处在于中共一大会址纪念馆的附加值存在于党史纪念的国民教育层面，而大都会博物馆的附加值存在于历史博物学习的公益层面，不能等同于狭义的商业化方向。

- **会典主张型 IP**

会议和盛典通常带有 IP 的附加值和适配力，当会议或者盛典经历多年传承，成就其独特的自有价值主张并且赢得目标人群的高度认可时，其影响力转化为 IP 附加值系水到渠成的结果。以奥运会开幕式为例（请读者注意，奥运会开幕式与奥运会赛事并不尽相同，如果是奥运会赛事的附加值，多聚焦于体育精神与竞技对抗，而奥运会开幕式的附加值则在于体育精神背后的和平与共生），奥运会无疑有举足轻重的 IP 商业化力量，这份商业化力量强大到什么地步？回顾历届奥运会开幕式赞助商的投入即可见一斑。

奥运会开幕式作为“会典主张型 IP”的代表作，并非孤例，具有类似特性的“会典主张型 IP”还有每年除夕夜中央电视台的春晚，“金鸡奖”“百花奖”的颁奖盛典也有相似效益，只是效益规模无法比肩奥运会开幕式或者春晚。

- **品牌主张型 IP**

这的确是一个比较有趣的现象，很多商业品牌希望寻找优质 IP 合作，却经常忘记品牌本身也有价值主张，而价值主张同样具有知识产权特性，且能让品牌的商业生态变得不同。在 2.2 节，我们讨论 IP 附加值作用力于“交易双方或多方”时，曾经举过星巴克的案例，这里不妨再举一个 Google 的例子。

尽管 Google 曾放出话来，企业未来的价值主张未必还是“让全世界人轻松简便地获取到有序信息”（这个价值主张对搜索引擎起家的 Google 早期生态来说，具有相当重要的意义，伴随 Google 生态体系越来越人，Google 早就不满足于解决信息序列问题），可整体而言，Google 的品牌价值主张有着极强的科技与领先标签。Google 的 T 恤深受很多极客的喜爱，乃至于还有资深极客以收集 Google 所有的遮阳帽为乐。当 Google 的价值主张已经可以跨出本行的数字产业范畴，涉足其他产业，作用力于其他商品交易关系和商品与服务时，Google 无疑具有 IP 附加值特征。

不能简单地认为凡是品牌都具有IP附加值，唯一可以肯定的是，优秀的品牌通常都不会缺少IP附加值存在的可能性。

尝试对IP进行分类，很容易发现不同分类IP之间或协同，或包容，或差异，而这种共性或异性，对于实际运营IP生态商业的决策者决定如何落子商业棋盘，决定合纵连横背后的整体商业战略，有着极其重要的意义。涉及这部分的战略部署解析，笔者将在之后的章节进一步展开。

2.4 淮南橘vs淮北枳——IP生态商业突围之境!

如果把西方发达国家的代表美利坚合众国，与正处在商业力量崛起期的中国进行比较，会发现利用IP附加值的商业价值挖掘处于截然不同的层级，整体而言，美国的IP商业显得更为成熟，而中国则恰逢趋势抬头的关键期。同为超级大国，为何中国的IP商业会呈现与美国截然不同的水准？为何中国更可能爆发出无与伦比的IP商业潜力？

- **关于既有的IP商业基础**

原因之一：客观存在的商业阶段差异

1945年后，美国进入战争复苏期，给饱受战争创伤的人们以更多精神层面的抚慰，始终是美国执政者希望做的事情。后来，美国很快进入加速道，科技水平与人民生活水平得到稳固发展。与之相比，中国在第二次世界大战后还经历了差不多二十多年的意识形态斗争，很长时间内，中国人民处于物质严重匮乏期，这一历史阶段特征让中国在改革开放后通过很长时间的奋斗才努力解决了全民温饱。

由于东西半球两个超级大国的历史基础不同，造成了商业消费截然不同的局面，而IP赋能商业只有发生在物质文明高度发达的国度，才可能出现大量消费者为商品或服务的功能或效力之外的附加值埋单。中国经济的实际状况决定了IP商业化大潮的姗姗来迟。

原因之二：不可忽视的商业竞争格局

商业领域内，边界扩张速度与边界内竞争激烈程度密切相关，当中国从物质匮乏阶段进入物质商品流通逐渐富足的阶段，庞大的人口基数给出了足够庞大的红利区间。以民营企业为例，“渠道为王”的套路孕育出了一定数量的依赖零售渠道获取第一桶金的成功企业。而这批成功企业的成长期处于只需要在市场空白处疯狂霸占渠道的时代，缺乏激烈商业对抗阶段的细颗粒运营思维，多有在互联网数字科技时代举步维艰的窘迫。而这也是长时间内中国IP商业化力量没有完全苏醒的重要原因，由于商业竞争格局造成的资源抢滩型对抗较为普及，而一旦商业整体环境制衡，边界成长无法满足边界内所有企业轻松获得利益，竞争焦点自然而然会转移到细节博弈，客观体现在消费生命周期管理、运营与供应链管理等方面，也体现在越来越多的商业企业对IP附加值赋予更多的重视与利用上。

原因之三：可商业化IP数量与类型的限制

在2.3节，我们尽可能将IP按照附加值的区别予以分门别类。应该说，最容易被复制与规模化的内容主张型IP，在中国处于“先天不足”的状态，这种定论基于中美之间内容主张型IP的类型区别。

有兴趣的读者如果到“时光网”App的商城浏览，会发现大多数都是类似于“终结者”“变形金刚”“漫威”“魔兽”等海外内容主张型IP，呈现的商品品类除了各色玩偶之外，大都聚焦在3C数码衍生品（智能手机保护套一直到蓝牙耳机）、卫衣、帽子、T恤等。系统性梳理这些容易在商品层面获取到衍生利益的内容主张型IP，并不难得到一个结论，消费者更能接受的是魔幻、玄幻、科幻级的IP衍生商品（很多年轻人会在车尾贴一个博派或者狂派变形金刚的车贴并且得意洋洋），而非现实意义内容主张型IP衍生商品（例如，消费者很少会在车尾或者外套上印一个电影《老炮儿》中冯小刚与张涵予的剧照，即便《老炮儿》曾是国内顶级内容主张型IP的代表）。

而这恰是中国文化内容治理层面的现状，尽管自2000年以来逐步放开内容管制，可在之前很多年，中国内容治理层面拒绝虚拟世界观的作品出现（主要针对的是神仙鬼狐等）。目前，中国内容主张型IP已渐有多元化趋势呈现，但之前多年的内容管制也一定程度造成内容创作力不足等产业劣势，需要更多时间消化；另外不可忽视的是，从内容制作产业的水平与基础科技水平以及从业者培养机制相关方面看，中国还有很多需要向美国学习的地方。

同样的情况或多或少存在于其他IP类型领域，譬如行政机制主导的体育赛事商业化困难，均待在未来发展中循序改善或解决。

• 关于中国未来 IP 商业的爆发力

爆发力之源：消费升级

细心的从业者应该观察到了一个现象，中国消费者的海淘热情一年高过一年，每一年“黑色星期五”受到消费者热捧的力度逐年升温。这是一个极度明显的消费升级信号，暗示着消费者已经不满足于“价廉”，更多寻求“物美”，即品质消费导向。消费升级包括的是商品或服务的原料及商品或服务的工艺，自然也包括商品或服务的功能或效力附加值。

作为势不可当的商业巨潮，消费升级将带动中国多个细分产业突飞猛进地发展，IP 商业也是受惠者之一。可以预见的是，消费者尤其是年轻消费者，正在习惯于为带有 IP 附加值的商品或服务付费。例如，上海迪士尼乐园永远游客众多；NBA 中国赛一票难求，而网上晒 NBA 纪念品的球迷比比皆是；许多 Kindle（亚马逊的电子阅读器）粉丝都津津乐道于“故宫文创”出品的 Kindle 保护套。

当消费者从基础物质温饱需求走向精神层面消费需求时，IP 商业的光明未来就在前方。

爆发力之驱：人口红利

中国有着别国无可比拟的人口红利，尤其是伴随改革开放后人民生活日益改善，大比例的人口特别是一二线城市人口，正在从小康跨入富足的道路上，这些消费者不仅有能力为 IP 商业支付更多成本，而且乐于为此付出。而中国的人口基数是保障任何商业规模的最基础承诺，对很多海外国家来说，百万级消费者已经被视为商业神话，可在中国的产业评估角度，千万级消费者只是起跑线，坐拥亿级消费者都称不上顶级商业细分领域。

人口红利将为 IP 商业的起航提供足够强大的利益注入，为产业早期摸索和试错提供充裕的资金与市场空间。

爆发力之轴：越阶效应

IP 商业不会是一开始就花开叶茂的特殊物种，一样是需要时间培育孵化，是针对中国市场特殊性形成针对性商业战略才可能孕育出璀璨成果的产业，而中国利用 IP 寻找商业化路径的沉淀与摸索已历经多年，从广受消费者欢迎的网络文学，到越来越多的 IP 影视作品，到各种文化会典，到正在逐步成长的赛事，都正在一步一步走过最初的创世泥泞，商业运作者们之前多年摸索出的商业规则、积累的商业人才、沉淀的商业资源，正在迅速复制规模。换句话说，中国的 IP 商业正处在“初生期”到“成长期”的越阶临界点，该临界期会需要多久？一年？两年？三年？这也许无法得到精确解答，但唯一可以肯定的是，中国 IP 商业正在跨越临界期，而跨越动作完成后，“成长期”的 IP 商业将更为快速地在多个细分领域开花结果，真正步入超车道。

综上所述，我们会发现，整体 IP 商业市场环境、IP 商业市场动力与 IP 商业市场阶段，都将决定着未来数年真正开启 IP 商业的“中国盛世”。

2.5 IP 生态商业案例解析——大英博物馆与品源文华

以下为案例报道，友情提供支持的是中国 IP 生态商业运营商品源文华。

品源文华带你玩转博物馆 IP

从 2016 年的“故宫”热，到后来“刷爆”朋友圈的“大英博物馆百物展”。2017 年国庆假期期间，多地的博物馆迎来参观热潮，各种各样的新兴文创产品开始走到观众身边，以此引发的相关文化消费更是层出不穷。可以说，当下一股文创新风正在日渐兴起。

消费趋势变革，文创热潮悄然而至

众所周知，在新一代消费升级浪潮之下，传统消费同质化严重的问题日益凸显。

2016 年全年，故宫博物院文创产品线上销售额达到 10 亿元，引起了社会轰动，其诙谐有趣的故宫藏品开发，引起了社会大众的一致好评。

2017 年 6 月 29 日，“大英博物馆百物巡展”第八站来到上海。开展 102 天，共吸引了 38.4 万人次，首日观众排队超过 4 个小时，以至于展览方不得不限制入馆人数，增开夜场。此次展览授权商品也销售一空，不得不紧急增订授权品。

这一切无一不在预示着消费趋势的变革。细细想来，如今社会消费的主力全体已逐渐向“80 后”“90 后”倾斜，这两代人伴随着经济水平的增长与社会教育的普及，对文化、艺术、娱乐方面有着非常强烈的消费需求。而博物馆正是文化与艺术最核心、最持久的载体。仅以大英博物馆为例，大英博物馆目前馆藏世界各地的奇珍异宝超 800 万件，这些蕴含着丰厚人类文明智慧的艺术精品是取之不尽的 IP 内容来源，把握住这些内容，也就抓住了未来的消费主流。

数据显示，很多新一线城市的人均 GDP 已经超过 10000 美元，而如果一个城市的 GDP 超过 6000 美元，就到了消费者对于文化、艺术等精神层面消费需求的爆发点，因此说新一线城市已经准备好迎接文化、艺术 IP 时代。在当今全民“网红”、自封 IP 的时代，互联网、电商、快消品牌、商业地产、旅游等纷纷借力文化艺术相关 IP，打造复购率高的粉丝经济。但在 IP 领域，已经是从原先的 80/20 法则进入到 90/10 的时代了。也就是说，10% 的顶部 IP 带来了 90% 的关注度和客流。

因此，品源文华并不追求“爆红”，而是追求“长红”，在融合艺术、文化、时尚、潮流和科技的元素基础上，构建 IP 的完整价值链，实现 IP 的完整商业闭环，以此保持“长红”，真正吸引高端的消费群体。

雄踞时代风口，品源文华开启授权新玩法

文创产品的热潮吸引了一大批博物馆走向 IP 授权之路，然而大部分地方博物馆的文创产品研发还停留在对少量“镇馆之宝”经典形象的浅层借鉴阶段，都是一些初级加工的冰箱贴、杯子、抱枕等，颇为同质化和一味卡通化，很少有考虑藏品材质、文化内涵甚至结合布展空间格局研发的创意产品。

作为国内首家聚焦于欧洲和美国顶级艺术、文化 IP 的运营与 IP 授权企业，品源文华不满足于眼前的授权方式，而是通过对博物馆文化的深度二次开发以及对市场的敏锐嗅觉，在博物馆授权领域开拓出了一些非常惊艳的新模式。

2017 年 5 月 14 日至 5 月 18 日，大英博物馆迎来了一批背负着特殊使命的中国客人。他们在馆内开设直播，讲解每件文物的故事，挖掘不同文化的趣味点，在向世界普及历史文化魅力的同时，还为观众们展示了诸多和藏品有关的精致文创产品。当大英博物馆镇馆三宝之一的世界级文物罗塞塔石碑与 ITO 品牌“罗塞塔”旅行箱同框时，穿越感陡然而生，解密古埃及文化的钥匙忽然握在了现代人手中。

这场名为“一呼万应”的大英博物馆直播，一经上线就成为了热点。短短 5 天时间里，这场活动实现了 1953 万的线上资源曝光量，其中个人电脑端访问总量超过738万人次，无线端访问量达990万人次，各类产品销售超过1000万元。而这场新颖有趣的活动，就是品源文华与阿里巴巴强强联合的产物。

2017年7月，品源文华携手大英博物馆、美国波士顿艺术博物馆等欧美顶级文化IP震撼亮相全球授权展·中国站（LEC）。由品源文华提供IP授权，ITO、两三事、晨光文具等不同行业品牌推出相关艺术产品，其精美外形和每件商品背后丰富的故事都令参展商惊艳不已，品源文华展台也因此成为此授权展上一道独特的风景。

除了博物馆IP之外，品源文华也拥有不少欧美影视IP。BBC地球频道是英国广播公司旗下的纪录片和资讯节目频道，拥有《地球动脉》《蓝色星球》等几大史诗级系列纪录片。《蓝色星球2》纪录片在腾讯视频上线仅一周就获得了过亿的播放量，深受国内粉丝的追捧。

“IP的根本价值是附能，好的IP会给授权产品以及品牌带来增值，”品源文华创办合伙人兼CEO何一赞表示，“品源文华要在文娱IP授权领域精耕细作，不断积极推进文化艺术创意产业的发展。”

案例解析

大英博物馆IP商业化，系场景全球商业化的代表作。大英博物馆中国区IP运营商品源文华，敏锐切入全球文化一体化浪潮中，这不仅使全球文创交流更加紧密、繁荣，而且是中国商品获取到跨区域IP赋能的良好商机。品源文华运营的大英博物馆中国区IP，系场景主张型IP的典范，以场景为出发点，全面辐射载体、商品、服务三大商业形态，并且实现价值交付层的贯通。

根据品源文华所倡导的大英博物馆IP商业化成功案例，我们可以观察到一些相当值得思考的价值亮点。

第一，时机的把握。良好时机的把握，系商业资源价值最大化的杠杆。品源文华引入海外博物馆IP的时机，恰处在中国消费升级的临界期。之前数年，由于人民币汇率上升，海外游的中国游客数量提升，促成中国消费者对品质购买的诉求提升，进而伴随人民币汇率下降，海外游购买力出现下降趋势，降低出境游频次的中国游客的品质购买诉求却依旧存在。在此情境下，带有海外文化的IP附加值，可帮助消费者品质购买的消费升级诉求得以兑现。

第二，文化消费的升温。解决温饱问题的中国消费者早就不满足于基础功能购买，IP 文化附加值恰到好处地让商品在基础功能之外，达成消费者精神需求的满足。在大英博物馆 IP 的加持下，商品不再是一件消费品，而是升级为文化艺术品，获取到 IP 文化的溢价回报。

第三，结构化融合 IP 为核心的消费生态。从巡展到直播，品源文华带给中国消费者的不只是授权商品，还有 IP 文化宣贯。在全球文化一体化浪潮的今日，我们可以足不出户近距离接触海外 IP，解读背后的故事。品源文华将 IP 价值从意识形态到商业形态达成跨界覆盖。

第四，理性商业角色的扮演。细心的读者应该已经发现，品源文华相当理性地界定了自身的商业角色——IP 授权与运营者，因而，品源文华并没有强行尝试扮演生态商业内的所有角色，而是努力将自身 IP 动力层的角色演绎得淋漓尽致，同时，帮助合作伙伴实现 IP 商业形态化，借力合作伙伴的价值交付资源，实现 IP 赋能的价值分发。

第五，人群文化标签数据沉淀。任何与品源文华合作，获取到 IP 授权的企业，都会惊喜发现，原有的消费者数据库能在 IP 授权商品的分发过程中赢得相应的升级。如果说原来的消费者数据多停留在社会学数据与行为学数据上，那么伴随 IP 赋能的商品被消费者购买，消费者数据标签将增长出文化兴趣数据的增列，而这种增列将对未来持续 IP 授权商品的推行，提供至关重要的决策支持，将大幅度降低营销成本，提升精细化运营的效率。

Chapter 3

贪狼——IP生态商业破发局

IP 是一把双刃剑。一方面，这把商业利器能在诸多商业环节或者商业场景为商品或服务赋能；另一方面，正因为这把商业利器近似无穷无尽的变化的可能性，商业领域的研究者与观察者需要在捕捉提炼其价值规律时花费大量的时间才可能初窥门径。

数字科技催生了规模效益宏大的互联网产业，仅仅以 2016 年岁末数据为例，网购的市场交易规模接近 5 万亿元，超过全年社会消费品零售总额的 1/7（2016 年中国社会消费品零售总额约为 33 万亿元），而网购仅仅只是数字互联网产业中的一个细分，进而言之，数字科技驱动的互联网产业无孔不入地渗透了国民生活，而这恰又为 IP 生态商业的发展带来利弊两面。有利的一面，数字科技推动的去环节差和去信息差，无疑能让 IP 获取到更多接近消费者的可行性；有弊的一面，也正因为数字商业本身也是前沿商学体系，诸多规律均在于从业者的探索沉淀，和 IP 生态商业相结合，亦会增加规模探寻的难度和成本。

3.1 纵横捭阖，奇门遁甲——IP 生态商业之价值矩阵

我们尝试搭建一个符合 IP 商业生态化的模型，帮助 IP 商业领域的创新者们系统性地寻找更为高效的价值回报，而不至于迷失在过于庞杂的 IP 商业环节之中。虽然本书将搭建的模型只适用于 IP 商业环节的结构归类与结构表述，却能帮助困惑者从千丝万缕中梳理出头绪，寻找到推进的方向，并且为前期评估、战略制定、资源匹配等提供指向性的帮助。

图 3－1 是一个用于呈现产业环节以及环节之间的逻辑关联性的描述性模型。在这个模型中，可以按照产业环节的使命与职能不同，人为划分出四个方面，分别为“IP 动力层”“商业形态层”“价值交付层”“数据贯通轴”。核心的生态商业价值裂变可能性，发生在“商业形态层”与“价值交付层”。与此同时，整个模型中唯有“IP 动力层”不存在内在交互可能性，“商业形态层”和“价值交付层”均具有内在交互逻辑性以及层级交互的逻辑性；

“数据贯通轴”则为整体生态商业价值裂变提供从市场到运营再到战略决策的系统支持（见表3－1）。

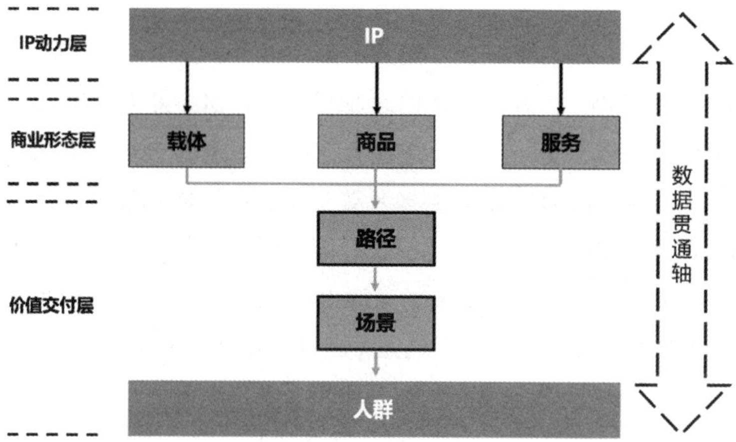

图3－1　产业环节及环节间逻辑关联性的描述性模型

表3－1　产业环节以及环节之间逻辑关联性的描述型模型

	模块	描述	组成
IP动力层	IP	包括IP领域不同分类的IP子类型	内容主张型IP、赛事主张型IP、角色主张型IP、场景主张型IP、会典主张型IP、品牌主张型IP
商业形态层	载体	承载IP与IP附加值的虚拟载体	影视作品、网络剧/网络综艺、游戏等
	商品	承载IP附加值的流通商品	可能是3C周边（计算机、通信和消费类周边产品），也可能是玩偶或者任何承载IP附加值的商品
	服务	承载IP附加值的服务	可能是IP主题会展，或者主题餐饮服务
价值交付层	路径	传达IP附加值的路径	电商网购、影院或视频网站、体育场、社交媒体、在线服务等
	场景	交付IP附加值的场景	可能是便利店零售、在线表情皮肤商店，也可能是某主题咖啡馆或主题景区
	人群	接受IP以及IP附加值作用力的用户	生物种群意义的人类

（续表）

	模块	描述	组成
数据贯通轴	数据	传递以及反馈生态商业逐层数据的信息量化结果	可能是电商网站的购物记录或者线下信息化定位传感器

• IP 动力层

作为 IP 生态商业最关键的核心动力，此层级可以看作整个 IP 生态商业的心脏。健康并且强有力地为每一个模块输送 IP 附加值是 IP 动力层的使命，而 IP 动力层的使命是否能顺利完成，源于三个方面因素：第一，IP 本身的生命力是否旺盛；第二，IP 动力层与商业形态层之间的关联度是否科学有效；第三，价值交付层的路径和场景是否具有足够的分发效应。这三个因素分别对应的是“这是什么样的 IP”“IP 附加值以什么商业形态出现”以及“承载了 IP 附加值的商业形态是否能高效对话用户实现价值”。

IP 动力层内仅容纳一个模块，即“IP”，而根据本书第 2 章对 IP 的类别分解，我们可以知晓，六大基础类型 IP 都可能出现在“IP”模块内，分别为“内容主张型 IP”“赛事主张型 IP”“角色主张型 IP”“场景主张型 IP”“会典主张型 IP”“品牌主张型 IP”。留意过第 2 章 IP 类别分解的读者，应该记得 IP 的种类划分存在着很强的融合特质，很容易形成“你中有我，我中有你”的现实格局。利用本模型尝试描述分解 IP 资源时，同样需要尊重 IP 的强融合特性。以热播剧《鬼吹灯之精绝古城》为例，计划用此 IP 尝试布局生态的运营者，在“IP”模型进行的理性表述应该如下：

内容主张型 IP：《鬼吹灯》以及《鬼吹灯之精绝古城》的情节；

角色主张型 IP：“胡八一”“王凯旋”“Shirley 杨”“安力满大叔”（角色主张型 IP 可以更多或者更少，具体需要模型使用者根据 IP 特性具体把握）；

场景主张型 IP：“精绝古城”（作为案例解析，设定精绝古城拍摄现场是一个古楼兰景区，如果本案例分析的是《卧虎藏龙 1》，则分解出的场景主张型 IP 会是安吉竹海或者大汉七十二峰）；

IP 动力层的核心模块有关“IP”的描述是，对于 IP 的所有权者以及尝试与 IP 合作形成生态商业效益的资源掌握者来说，都是最关键的要素，这将直接关系到后续战略资源的契合程度。

- **商业形态层**

之所以被区分为“载体”“商品”“服务”三个不同模块，是因为商业形态层客观存在虚拟商业形态与实体商业形态，对于虚拟商业形态层面来说，载体即承载 IP 价值与附加值的形态；而对实体商业形态层面，商品与服务本身就是承载 IP 附加值的形态。

商业形态层的内在交互作用力需要得到正视与重视，无论附加值承载于“载体”“商品”或者“服务”，模块之间都有着强关联。

“载体”是一个具有极强特殊性的模块，承载的是包括“IP”与“IP 附加值”的双重价值；必须要正视的是，我们设定中的 IP 价值生态商业化，并不百分之百完美出现在实战商业领域，或者说，实战中的 IP 商业多数停留在 IP 类别层级的有限发散阶段，因而，当“IP”成为“IP 动力层”的关键驱动力时，不可回避的是，“IP”一样需要“载体”承载，且这种“需要载体承载”可以无视 IP 的细分类别。举例来说，某畅销小说不可能彻底摆脱纸质书籍、数字阅读、影视作品等“载体”而孤立存在，而对“IP”本身来说，第一手衔接的“载体”自然也是顺水推舟承载“IP 附加值”的绝佳选择。

“载体”能承载具有 IP 附加值的商品或服务的信息（只是承载信息，渠道角色扮演在下文“路径”和“场景”模块内会具体展开）；同理，“商品”一样可以承载“载体”和“服务”，而“服务”则同样可以承载“载体”和“商品”。在这里，需要界定“商业形态层”的范围，在“商业形态层”范畴内探讨的无论是“载体”“商品”还是“服务”，都聚焦于 IP 附加值赋能的对象，而涉及价值交付层面的内容，则需要在“价值交付层”展开。

这里，我们仍然沿用“IP 动力层”的案例《鬼吹灯之精绝古城》，诠释“商业形态层”的三大核心模块的描述。

“商业形态层”包括“载体”“商品”“服务”三大核心模块。

“载体”模块内包括：承载“IP”的网络收费连载小说《鬼吹灯之精绝古城》，同名网络剧与电影，同名网络游戏——在此“载体”承载“IP”价值基础上，“载体”还承载了“IP 附加值”包括连载小说页面的关联性广告内容（譬如以胡八一为形象代言的百年洛阳铲或者安力满大叔代言的某骆驼饲料），包括网络剧的创意中插广告，包括电影开播之前的前置广告，包括游戏内商店道具商品（广告创意均与《鬼吹灯之精绝古城》关联）。

“商品”模块内包括：“胡八一”“王凯旋”“Shirley 杨”以及“安力满大叔”定制款充电宝，或者精绝古城原作 1∶1 羊皮地图、Q 版僵尸玩偶、精绝古城棋牌游戏道具等。

“服务”模块内包括：一个针对《鬼吹灯之精绝古城》的主题展，内容包括《鬼吹灯》系列电影创作花絮、作者天下霸唱的生平，以及每一部作品的主脉络地图、纪念品、人物介绍，还有展览出口区域的定制纪念品商店售卖服务。

回顾“商业形态层”的“载体”“商品”“服务”模块会发现，“载体”是一个需要赋予更多关注的特殊模块，还原载体的本源是 IP 的承载，即便不存在任何衍生商业化的情况下，“载体”的存在依旧独立，这一点不同于“商品”和“服务”，或者说，如果一个 IP 走的是最孤立且没有任何价值分支的内容分发路线，那“商品”与“服务”都可能只是不存在的虚拟模块，可“载体”不同，“载体”不是选择性的或有模块，而是刚性模块。

- **价值交付层**

“路径”“场景”“人群”构成了“价值交付层”的三大基础模块，其中，“路径”针对的是“载体”“商品”“服务”价值流向消费者的桥梁，以内容分发作为解析“路径”的例子，则“IP”内容与“IP 附加值”通过“载体”承载，流向消费者的路径可能是 IP 运营者的自有平台播出，也可能是版权分发之后的其他流量平台的嵌套。“场景”映射的是价值交付场景，如果是网购商品则对应的交付场景将是快递签收场景，如果是线下便利店零售则对应的将是便利店场景。显然，仅仅就这里列举出来的寥寥几个代表性场景而言，我们会发现“IP 附加值”作用力截然不同，快递交付场景中的 IP 附加值作用力显然低于另一类场景。“人群”指的是 IP 受众以及 IP 附加值受众，应该说，绝大多数情况下，这两类受众有着高度的人群一致性，也唯有在受众一致性前提下，“IP 动力层”内“IP”模块的价值驱动力才有实际价值。举例来说，IP 目标人群是 18 ~ 22 岁在校大学生，在 IP 附加值层面，无论载体、商品、服务、路径、场景，均将围绕“IP 受众”展开，也必然是以 18 ~ 22 岁大学生为主，IP 附加值断然不可能瞄准 55 ~ 70 岁的广场舞大妈。

继续使用“IP 动力层”与“商业形态层”的案例《鬼吹灯之精绝古城》，诠释“价值交付层”的三大核心模块的描述。

“价值交付层”包括“路径”“场景”“人群”三大核心模块。

“路径”模块内包括：“商业形态层”内“载体”“商品”“服务”流向消费者的路径，譬如“胡八一”造型的定制款充电宝在连锁便利店的主题货架售卖，路径为 IP 运营者—连锁便利店—消费者。

“场景”模块内包括：“商业形态层”内“载体”“商品”“服务”面向消费者实现价值交付的场景，《鬼吹灯之精绝古城》商品交付被部署在便利店零售路径，价值交付场景为“鬼吹灯之精绝古城”主题货架面前，服务价值交付被部署在“鬼吹灯之精绝古城”主题桌游馆，则价值交付场景为主题密室内。

“人群”模块内包括：按照 IP 价值与人群适配距离划分，“鬼吹灯之精绝古城”的人群划分依次为《鬼吹灯之精绝古城》的受众、《鬼吹灯》的受众、盗墓类 IP 受众、探险玄幻类 IP 受众、猎奇类 IP 受众，这些受众人群依次分布在《鬼吹灯之精绝古城》的 IP 载体覆盖范围、《鬼吹灯》的 IP 载体覆盖范围、盗墓类 IP 的载体覆盖范围、探险玄幻类 IP 的载体覆盖范围、猎奇类 IP 的载体覆盖范围等。

需要标注的是，“路径”“场景”“人群”通常并不孤立，模块之间交叉发生作用非常常见，譬如《鬼吹灯之精绝古城》主题桌游馆的出口当然会设立纪念品商店出售“鬼吹灯”系列纪念品，场景便同步兼容 IP 服务价值交付场景与 IP 商品交付场景。

- **数据贯通轴**

从模型最上游“IP 动力层”的“IP”模块，一直到模型最底部“价值交付层”的“用户”模块，“数据贯通轴”的“数据”模块是重中之重，是贯通整个 IP 生态商业可持续发展的基石。有趣的是，一旦开始研究“数据”模块，则整个“IP 生态商业模型”的每一个模块都会遭遇到“连锁拷问”，即需要实现整个模型的数据贯通。每一个模块的数据化或者说信息化的基础如何？其中一些属于IP的运营者自有模块譬如“IP”或者“载体”尚可尝试部署，另一些涉及外部资源合作的模块譬如“商品”“服务”“路径”“场景”等，数据化与信息化需要客观考量合作伙伴或者合作资源的现状。因而，“数据”模块可以看作整个模型的贯通轴，同时也必须尊重事实，直面数据尚不可能渗透到每一个模块的信息化体系的现状。

3.2 一潮尚未平息，一潮又来侵袭——数字科技驱动IP商业生态浪潮

早在第1章，我们就举过一些例子，IP的商业化自古有之，有趣之处在于，中国的千年农耕文明几乎是在相对封闭且生产力要素基本恒定的前提下发展的。正如很多阅读过历史的读者所知，严格意义来说，人类发展至今，仅仅只经过一次生产力巨变，即工业革命，而在工业革命之前，无论是生产工具、生产方式或生产原材料，绝大多数情况下都处在缓慢前进而非持续巨大飞跃的状态（相对工业革命而言），换句话说，如果追溯农耕文明会发现，数千年的历史中，人类在尝试解决如何让农、林、牧、渔、矿的产能如何变得更高的同时，无非是工具从石器、骨器变成铜器、铁器，而一些生产方式的优化对生产力的促进也只是趋进，机关学促成了一些规模化生产的可行性，但效率远远不足以帮助人类衣食无忧，且一切的生产力进化存在极大的地域失衡。

1969年的美国，4所高校机房被史无前例地连接起来，从而揭开了规模宏大的数字科技革命序幕。不到半个世纪，数字科技从最初的军事用途，逐步开启商业通途的历程，进而在20世纪90年代末与21世纪初，数字科技民用化一发不可收拾。这种技术驱动的文明变革，充分体现在包括竞争格局、组织架构、商业价值链等多个不同方面。

当数字科技全面改变人类生活的方方面面时，IP商业化从中得到的助力何在呢？

首先，IP的传播得到了空前绝后的改变。IP生态商业最本源的驱动力源于IP（处于IP生态商业化模型的峰顶位置），而IP的受众或者说消费者（处

于 IP 生态化模型的基石位置），尽管模型需要经历“商业形态层”的“载体”“商品”“服务”进而通过“价值交付层”的“路径”与“场景”，尽管模型的主轴需要通过“数据”贯通，IP 最终能获得多少规模化的生态商业利益回报仍然在于接受 IP 对话并且乐于接受的人群数量多寡。数字科技的民用化路径，首先改变的便是传播，当数字科技发力于传播，令时间、地域、触媒等因素限制大幅度降低时，IP 生态商业的破发逐渐展现峥嵘。

举例而言，300 年前的一场马戏，暂且不论那个时代的马戏是否像今时今日的马戏这般具有高科技光影效果以及液压机器带来的特技加持，总之，我们设定这是一场水平足够让当时全世界瞩目的马戏表演。如果这场马戏出现在 2000 年后，无孔不入的数字媒介将让全世界看到其精彩绝伦的报道，一些愿意付费观看的观众可以从视频 App 观赏到马戏的全程献演，而另外一些有好奇心的观众则可以通过视频预告片尝尝鲜，电商网站保障马戏的衍生纪念品销售到地球的任何一个角落。而如果在 300 年前，马戏团可能得在漫长的旅行表演中逐步将脚印遍布某一个大洲，主要帮助其走向消费者的方法会包括：口口相传的用户口碑（17 世纪行动基本靠走的多数人群活动范围不超过居住地周边 20 千米半径，口口相传辐射范围有限）、报纸（那个时代的报纸多为地域发行，第一台电报机出现在 1837 年，而在电报机被发明之前，通讯社这个物种还沉睡在上帝的百宝箱中，当时的人类没办法实现远程播报，当然，“飞鸽传书”“狼烟传讯”例外，这些比较例外的传讯方式信息承载量有限，很难用于娱乐化的马戏团播报，多为军事用途），以及某一个马戏团在备演城市的海报或者小传单。

高速爆炸的数字传播业务，让 IP 辐射用户的门槛大幅度降低，或者说，降低的不只是辐射用户的门槛，还有 IP 多元化、组合化、分布化的整体价值矩阵裂变难度。

其次，IP 商业化价值得到可行性保障。IP 产业蓬勃的背后，无法忽视的是“知识产权”价值的普世认知，这个并不很难理解，如果某个 IP 创始团队十年磨一剑，打造某一爆款，结果尚未收回成本，就看到赝品满天飞，这对 IP 产业的基础将形成无可挽回的破坏力。在数字科技时代莅临之前，“知识产权”保护便已经得到越来越多有识之士的认可，但“知识产权”保护得到认可是一回事儿，是否具有可行性又是另一回事儿。不妨试想，在全球，或者范围缩小到某一个国度，如果不具备数字信息化基础，无论是道德判断抑或法律判断，根本无从对“知识产权”归属权给予一个公正的裁决。类似的案例在中国的千年文明中数不胜数，经常付诸报端的新闻是某两个地方政府，为某古代人物的故居或者出生地争得头破血流，一方面，可以看作地方政府意识到IP价值对旅游产业开发的关键作用；另一方面，谁知道潘金莲住在哪一个城市？谁知道西门庆住在三牌楼四街坊还是石狮胡同六号？正因为古籍缺乏标准性以及跨越千年造成的可参考文献内容矛盾，令IP产权的所谓“保护”变得难点重重（笔者上述的潘金莲故居或者西门庆故居不过是写作中的信手虚拟举例，为规避引起法务纠纷，不特指任何真正被报纸报道过的类似故居之争）。

数字科技时代至少让而今问世的IP有迹可循，从IP问世的法律层面备案和数据库共享，以及信息的数字化之后可追溯性、商业化IP的所有权裁决，至少有据可依。

再次，数字科技造就社群效应裂变。IP的受众素来不会是一个人，甚至不会是几个人，通常应该是一群人，抑或不妨如此审视，具有相同社会学特征的人群，通常会对同一个IP、同一群IP或者同质化IP感兴趣，这很好解答了社区广场舞为何有一呼百应的大妈聚合力，其他领域亦然；中学生通常会一窝蜂地喜欢某一个明星，而家庭主妇则会不约而同对某一部电视剧产生浓厚兴趣。当IP成为兴趣社群的人群画像指标之一，社群效应呼之欲出，越来越多的IP能在数字科技促成的互联网社群效应中加速发酵，实现无与伦比的涟漪状辐射态，这一点是数字科技成熟期之前无法想象的天时地利。回到没有数字科技的时代，就算受众看到了电视或者听到了广播收到了某一个IP的信息，也很难会在商业闭环中完整贡献价值。

最后，数字科技的无限碎片化与无限场景化，将受众的时间、空间切割成为更为细颗粒的结构，这客观促成了消费者注意力资源的有效组合分配，受众的触媒不再是以人为单位，而是变成更多细分触媒维度，分门别类对接更多具有匹配度的IP资源或者IP附加值资源，寻求多向或者多核IP商业化变现的尝试结果。

如果说IP生态商业正处在扬帆起航的出海初期，那数字科技可以看作顺势而来的一阵大风，所谓的“站在风口”这句话，对应在IP生态商业上，不妨视为“IP 生态商业”与“数字科技”互为风口，互相助力。

3.3 百里连营，明枪难防——当 IP 商业开始生态化

仅仅作为商业个体时，IP 可能并不瞩目，回到我们在第 1 章使用过的假设案例，就算是古时的某一家玩具店每制作一个孙悟空的玩偶，就支付给吴承恩先生一定比例的授权费，吴承恩也很难指望这笔授权费走上总裁的财富级别，原因并不复杂，因为规模化与标准化生产能力太弱，有能力实现跨界分发或整合的巨头数量寥寥，IP 作为茶肆酒坊的闲扯作料尚可，想要登堂入室实现商业变现则难比登天。

要实现 IP 的生态商业化，首先需要对“生态商业”做一个简短的定义。所谓“生态”，自然会包括一些生态的必定要素。简而言之，“生态”特指物种与环境或物种之间的关联性，引申解释“生态”定义，则不难发现“生态”必定符合几个刚性条件：第一，生态内的物种具有成长活性，即在不同情况下的物种将沿袭某一特定的进化方向发展，物种是动态的，而物种的进化方向则符合生态环境内“物竞天择，适者生存”的底层法则；第二，物种与环境之间的关联不可切割，生态内的物种并不孤立，与环境要素之间存在着互相的作用力，可以认为环境是促成生态内物种进化的动力，也可以同时认为，生态内多样化物种的进化结果支撑起整个生态的可持续发展，生态内物种既是生态成员，也是生态的核心支柱；第三，生态内物种与物种之间彼此存在关联，而无论这种关联是直接关联抑或间接关联，物种与物种之间都有着生存进化的逻辑因果关系，也许这种因果并不属于一因一果，更多呈现出一因多果乃至于多因多果的组合规律，却规避不了生态内物种彼此依存彼此支撑的特征；第四，生态内呈现出自我循环特质，且生态具有自我生存能力，这种能力来自生态内物种的能量转化或输送，每一个单一物种会从生态内旁支物种获取到生存能量，也会持续输送能量给生态环境，生态环境进而秉承潜在规则做出能量分配；第五，生态无定式，每一分每一秒的生态都有所不同，展现的生态面貌因内部所有物种的面貌而同步变化。

再次回到“生态商业”，则不难发现，根据“生态”特性来定义“生态商业”，规则逻辑变得简单得多——以 IP 作为核心驱动力构建具有生态特征

的商业群组件，这系列的群体组件彼此之间互相发生商业作用力，这种作用力经过最初的博弈后获取制衡效益，进而共同成为IP生态商业环境中的一批内在商业物种。这些物种之间的关系相当微妙，精准描述的话，会发现生态内的各个商业物种存在着明确的生存进化资源争夺（从IP核心驱动力获取到的作用力大小），以及彼此的生存进化空间对抗（利益链条的此消彼长）。同时，商业物种之间又存在着无法割裂的协同共生关系：一方面，商业物种群体需要共同维护和支撑生态的边界坚固且稳步扩张；另一方面，互相呼应的IP商业资源流通犹如血液一般贯通着所有商业物种，一荣俱荣、一损俱损的联动效应客观存在于IP生态商业内各个商业物种之间。此外，每一个商业物种能从IP生态商业内获取商业利益的关键在于三大要素：其一，该商业物种与IP核心驱动力之间的距离（因果逻辑作用力强弱）；其二，该商业物种是否具有强大的自身力量，能助力IP生态商业边界扩展，且就边界增幅部分建立以自己为区域核心的周边利益依附效应；其三，该商业物种与生态内其他商业物种之间的关联强度（资源流通力度与商业效益之间的效力程度）。

当商业单位在IP生态内扮演着生态商业物种角色时，生态效应将不是1+1=2，而是将伴随生态商业物种数量的逐渐丰富，从2×2=4，进入到3×3=9，4×4=16，甚至于5×5=25序列的次方裂变状态。当然，次方裂变的参数不会简单到本段落列举的那般均以倍数增长，在商业实战环境中，参数的递增通常会是若干个百分点，百分点可能是个位数或者两位数。

当IP作为核心驱动力的商业体系进入到生态阶段，系列联动效应会被触发。

- **IP传播范围的广度**

生态内的每一个商业物种都不是简单扮演个体角色，而是有IP生态的深刻烙印，在此情境下，IP附加值作用力于每一个商业物种，而商业物种则同步通过“载体”“商品”“服务”获取原有价值之外的附加收益，商业物种也尽忠职守成为IP的传播者，受众为附加值埋单同时，也接受着IP的传播影响。当然，IP生态环境内的所有商业物种所衍生出的IP传播范围扩大，均基于符合IP生态整体价值观的统一体现，而这种良性的范围扩散结果，也源于IP核心驱动力对生态价值观的构建以及规则约束力。

- **IP 价值认同的深度**

“认识”与“认同”并不是完全等同的概念，“认识”系介于 0 和 1 之间的质化区别，而“认同”则是存在着程度区别的量化形容。每一位受众对 IP 的认同程度存在着区别，基于生态矩阵式的 IP 商业布局，以 IP 对应的受众为核心，实现从沟通、社群到商品与服务的全方位包围，对于受众认同深度的加强将产生极大的助力。

- **IP 分发管道的惯性**

IP 呈现着自我核心驱动力的生态商业态势，同时，不可忽略的是，即便同样一批受众，仍然会同时以重叠与分布的特征处在多个 IP 生态，举例来说，动漫《镇魂街》的粉丝、疯狂男一号曹焱兵的粉丝，大有可能购买“十殿阎罗”的手机壳，这位粉丝也可能是《星球大战》的拥趸，从不吝啬在黑武士的限量版板鞋收藏上一掷千金。由于受众的重叠与分布的客观情况存在，分发通道也将同步承载多 IP 生态的管道作用，包括内容分发通道（电影院可以放映《捉妖记》，当然也可以放映《智取威虎山》）、商品分发通道（便利店货架可以出售《哪吒闹海》的玩偶，也可以出售《女神的圣斗士》的圣衣系列水杯）、服务分发通道（电影咖啡馆可以开展基于漫威电影的主题服务活动月，下个月也可以把服务主题变成宫崎骏作品）。分发通道的“不变”与“变”属性兼容，“不变”的是 IP 本身的消费惯性，“变”的是多个 IP 生态会在时间空间层面复杂交错地共享分发通道。

- **IP 社群周期的强化**

当 IP 走出固有的形态，以包括“商品”“服务”等模块形态，通过“路径”跨入价值交付“场景”的模块形态时，核心驱动力与受众群体之间的效益生命周期被延长。IP 领域中，除了“赛事主张型 IP”“会典主张型 IP”“场景主张型 IP”具有长效生命周期之外，“内容主张型 IP”“角色主张型 IP”“品牌主张型 IP”都存在极强的不可控因素，某一热剧的轰动效应可能仅有 4 个月，某一位明星角色 IP 从崛起到陨落常常呈现“现象级特征”，而世间存在着太多太多“花无百日红”的品牌 IP 起起落落。IP 生态商业化有助于建立

IP 的兴趣社群，且围绕共同兴趣打造的社群运营将构建起内生式用户力，通过 IP 对用户、用户对用户、IP 对社群、社群对用户的交叉助力，长时间维系 IP 社群活力，延长 IP 消费受众体系内利润贡献的生命周期，而通过社群实现受众消费生命周期的延展，能为 IP 运营者扩大生态边界获取到宝贵的时间，也能为 IP 运营者或者其他生态内商业物种寻求后续新 IP 形成消费力接棒，赢得来之不易的缓冲地带。

- **IP 商业数据的挖掘**

有一个数字行业的谚语是这样说的："这个时代，数据是企业核心资产，是企业核心生产力!"该谚语在数字科技进程中，被证明是有效的。针对生态化的 IP 商业，本书提出的核心模型中特别强调了"数据贯通轴"的关键存在，有心的读者不难发现，"数据贯通轴"在模型中系独立模块，与"商业形态层"以及"价值交付层"共为并驾齐驱的层级单位。IP 商业的数据，在生态化情况下将科学有效地沉淀与挖掘消费者兴趣数据，而这种数据沉淀与挖掘，也将在如今的数据应用层面，成为"网购数据""搜索数据""社交数据"之外的全新一方阵地，在 IP 的数据方阵内，数据以 IP 为焦点同步贯穿受众、社群、购物、服务、内容等多个维度的组合指标，将为 IP 生态商业的持续发展提供更为精准的决策依据以及产业指向。

3.4 一号坑、二号坑和坑的 N 次方——IP 生态商业常见误区与陷阱

很多产业在走向辉煌的过程中，会存在试错的阶段，类似阶段在很多产业初生环节都客观存在，举例来说，新浪微博在 2010—2012 年的极致辉煌期，微博营销在一定程度上出现了夸大与误导。以笔者亲身经验而言，曾经遇到过卖高尔夫球场水泵的公司以及卖坟地的殡葬业公司，全盘热情投入微博营销，力求搭上创新的早班车。事实上，面对任何创新机会时，我们首先需要考虑的是产业适配程度，且根据业态特征科学考证创新的结合可行性。

不出意料的是，IP 生态商业的初期也一样出现了若干的"坑"，诸多企业前仆后继，大成本大投入后发现绩效不佳，又匆匆忙忙将失败定性为"IP

商业泡沫”，全然不知战略决策时的盲从和失位才是一脚踩空的根本。想要规避创新道路上的“坑”，就要有缜密的战略思维模式，先梳理战略基础和创新特质，进而确立符合自身战略基础的创新目标，随后是创新的路径确立，最后才会是根据路径循序走过一个一个阶段性里程碑，这里的几个关键环节在于“基础”“目标”“路径”“阶段”，至于通过路径前行过程中遭遇到的种种艰难险阻，系工作方法的问题，而“目标”或“路径”的错误，则是方向的问题。这类错误主要有以下几种。

- **对“鸡汤文”高度迷信，缺失系统思维**

很多企业家都有着长期学习的习惯，“学习”通常会包括“系统商业训练”，譬如商学院的结构化课程学习，也包括“自我日常进修”，譬如碎片化阅读，前者负责方法论与知识结构的建立和巩固，后者负责更新信息体系并且保障更新后的信息逻辑能有助于决策领先。很遗憾，很多中国企业家的所谓“学习”，多停留在碎片化阅读，通过零散时间借助手机浏览公众号文章，只有很少部分企业家会从系统训练角度提升思维逻辑（或者说，很多功成名就的企业家就算进入商学院系统训练环节，也常常只是走过场，自恃已有成功企业在手，常把商学院百年沉淀的系统知识当耳旁风）。这种现象在商业创新领域最直观的体现，便是盲从于“鸡汤文”，以 IP 商业领域而言，很多企业常常是看了几个 IP 助力商业价值裂变的案例，便立刻急匆匆开会决定效仿；更有一些成名企业家在面对陌生的 IP 商业时，常以惯性思维进行判断。

在此以王健林先生的万达商业体系举例，当万达城市综合体模式遭遇电子商务全面挑战时，万达集团一则构建万达文化体系，以落地主题乐园模式寻找新的商业价值机会；二则打造“万达飞凡”，力图打通城市综合体的数字生活服务。而今，万达文化主题乐园模式饱受客流不足的困扰，“万达飞凡”基本已经成为一个笑话。王健林先生曾放出豪言：有万达在，迪士尼 20 年内不可能盈利（针对上海迪士尼乐园）。结果上海迪士尼开业 15 个月便交出盈利成绩表。这个案例不是段子，也不是嘲讽王健林先生，只是很多企业创新道路上的首要之“坑”便是解决自己系统科学思维的困惑，IP 商业领域也是如此，诸如王健林先生隔空喊话转眼就被狠狠“打脸”这档子事儿，说轻松点儿，这属于其经验主义作祟、口无遮拦，说严肃点儿，就是轻视商业挑战，且对自己不熟悉的商业领域难度进行贬低。

相声演员郭德纲先生说过一句话，对很多企业家都有启迪："永远不要用自己的爱好来挑战别人吃饭的本事。"IP 商业领域也是如此，诸多垂涎 IP 附加值的企业，不要因为看了几部院线大片和"鸡汤文"，就自认为成了专家，IP 商业领域需要摸索试错的地方太多太多，任何企业踏入陌生的领域，都需要摆正自己的位置，需要想明白陆生动物进入水生动物世界必然面临的危险性。

● 复读机模式盛行不衰，缺少适配性与独特性考量

每年，笔者会受邀参与一些数字营销类行业奖项的评审，因而有幸近距离了解一些企业商业营销创新领域的案例（评审时所面对的案例，与寻常消费者作为信息受众所感性认知的有所不同，通常评委看到的是从背景分析、目标梳理、用户洞察、解决方案，到规划执行，再到效果数据的后台信息），而在 2016—2017 年，笔者发现一些数字营销奖项的案例类别中，出现了诸如"综艺营销""IP 营销"等字眼。必须承认，当一个类别的案例能让组委会决定单成一系时，此类别应该有自己的特点，但笔者所见的此类别案例常常是大同小异，鲜有惊艳之作。

仅以"综艺营销"为例。要说综艺这事儿，顺应了内容节目娱乐化的趋势，优秀的综艺节目能吸引大量的用户关注，这的确不假，可企业如何借力综艺 IP？如何利用综艺 IP 的附加值？这就成为了一门学问，至少近年所见，几乎所有的所谓"综艺营销"，基础套路都是冠名、花式口播、定制环节，外加挂角或者走马灯之类的企业营销信息，除了这三拳两脚，再也找不到任何 IP 附加值与企业品牌之间的关联性。于是，企业打出"综艺营销"这张牌，成败几乎完全在于赌该综艺节目是否会火，若综艺节目的确收视率爆棚，则企业市场部皆大欢喜，若综艺节目毫无人气，则企业市场部写完检查，继续赌下一波综艺营销的运气。

这个案例着实很残酷，可在 IP 商业领域却屡见不鲜。企业对 IP 如何使用，不能仅仅停留在复制粘贴的水准，而是要有计划地实现符合企业诉求的 IP 商业附加值，这对企业来说，意味着需要做的事情还有很多。

- **忽略价值本源，IP 商业流于环节**

中国的很多企业，都会不知不觉中出现商业理解偏差，即认为营销是改变企业命运的唯一途径。任何商业学科流派，都会旗帜鲜明地告诉任何一位从业者，消费者为满足需求而埋单，而满足消费者需求的是商品与服务，换个角度来说，营销是寻找到目标消费者，然后用尽可能高效的对话传递品牌信息或者提供购买路径的业务环节，营销环节本身不提供商业价值。而很多企业在营销方面不惜血本，却很少思考如何提升产品力和服务力。

IP 商业大门开启时，类似的情况依旧存在，以前面提到的万达主题乐园体系为例，万达主题乐园与迪士尼主题乐园，差距真的仅仅只是知名度带来的客流区别吗？还是因为迪士尼乐园有 IP 作为其“灵魂”，而万达主题乐园只是物理意义的由游艺机堆起来的游乐场？再以前面提到的综艺营销为例，企业看中的仍然是综艺节目收视人群的大小，很少会考虑如何把 IP 的附加值与产品或者服务结合起来。

万达主题乐园体系以及综艺营销并不是罕见的个例，类似的套路在 IP 商业领域稀松平常，这也意味着企业面对着 IP 的繁花似锦，需要更冷静思考 IP 商业附加值的着力点，是仅仅发力于营销业务环节，抑或能对商业体系的更深层次产生化合反应。

作为新生事物，IP 生态商业的前行之路必然会有诸多未知，而系统、科学的商业思维以及商业知识，是降低跌入“坑”的最关键要素。所有企业绕开“坑”的最根本前提，是洞察自身以及自身所处的行业，也就是需要回答“我是谁”“我和别人有什么不同”“我所处的这个行业有什么特点”等问题，当这些问题得到解答时，结合 IP 商业附加值的后续战略部署会清晰得多，跌入“坑”里的概率会降低很多，即便跌入“坑”里，从“坑”里面爬起来的速度也能快些。

3.5 IP 生态商业案例解析——《鬼吹灯》与新 IP 商业化探寻

《鬼吹灯》的风靡，可以从以下四个方面思考。

其一，“盗墓类”网络文学的风行。从《鬼吹灯》开始，这种鼻祖效应在中国现代文化现象中并不少见，譬如黄易《寻秦记》被拍成电视剧播出后，穿越类小说成为一种普遍的写作题材，再譬如《潜伏》驱动了一大批谍战电视剧蜂拥而上，又譬如《亮剑》播出后数年，抗战军旅类题材电视剧的涌现速度超过了历史上任何一个时期。同样，《鬼吹灯》系盗墓类题材的鼻祖，在《鬼吹灯》之后，盗墓题材文学作品雨后春笋般涌现，其中就包括与《鬼吹灯》同类型的《盗墓笔记》，可以说，《鬼吹灯》以及《鬼吹灯》作者天下霸唱，开启了全新的内容题材时代，有着里程碑的意义。

其二，“盗墓类”题材作品对文学观念的影响，值得深思。众所周知，中国文化监管部门对文学以及影视题材都有着严格把控，从内容审核的角度，我们很容易发现，《鬼吹灯》也好，《盗墓笔记》也罢，其中一些灵异现象并不完全符合唯物主义价值观，但又不同于封建迷信。《鬼吹灯》等作品秉承未知不等同于迷信的观念，以庞大的远古价值体系构建起看似不可思议事件的逻辑缘由，又让小说故事性很难与迷信画上等号。这种定性层面的冲突，据笔者所知，一段时间内在我国内容监管部门的一些内部研讨中出现过争论和分歧，很幸运，最终观望态度占据了上风，而文化事业作为直接受益的领域，若干年后，我们观众才有幸看到了《鬼吹灯》《盗墓笔记》等题材的电影、网络剧与游戏（相比之下，风行一时的黑道内容题材受到的内容管制严格得多，诸如《东北黑道二十年》《江湖》等作品均未能有机会成为影视爆品，其中《东北黑道二十年》的前序段落曾经被拍成一部粗制滥造的网络剧，远没拍出原作神韵）。

其三，文化主管部门对《鬼吹灯》为首的盗墓类作品的默许，一定程度代表了内容素材定性。要知道，按照任何国家的法律，刨人祖坟这档子事儿都是百分之百的犯罪行为，因而，盗墓类题材能得到认可的根本原因在于其若有若无的“寻宝探险”价值导向。既然探险寻宝题材不违法，那主基调已经可以确立，至于跑到坟墓里面去寻宝，这再正常不过，既然是寻宝，这“宝藏”自然不会在闹市大排档烧烤摊摆着，而必定是无数年秘藏于凶险之地，那人迹罕至的遗迹自然是藏宝最正常不过的场地，在此逻辑指引下，无论是编剧还是导演，都相当默契地在改编或者拍摄时，将刨坟的情节设置为偶发性而非目的性行动，极为科学地解释了寻找过程中进入到上古遗迹的合理性，而将盗墓的目的性尽可能模糊，以此保障优秀文学作品能走向银幕，走向观众和粉丝。

其四，探险寻宝类题材成为电影屏幕上的热门大作，这对中国 IP 产业意义重大。很长时间内，中国影迷沉浸于美国《夺宝奇兵》系列，痴迷于印第安纳·琼斯的寻宝故事，却又无法在中国本土 IP 中寻找到能与之匹敌的优秀作品。《鬼吹灯》《盗墓笔记》等卓越的探险寻宝类盗墓题材 IP，很好地补充了国人想象力匮乏的短板，为内容主张型 IP 提供了极为宝贵的素材。

案例解析

《鬼吹灯》现象并不是孤立的文学作品题材突破，而是能在 IP 生态商业领域获取到相当具有价值的规律论证。请注意，笔者这里使用的现象论证，不局限于天下霸唱的《鬼吹灯》单一文学作品，而是指向包括《鬼吹灯》为代表的系列商业现象。

首先，《鬼吹灯》现象出现在内容主张型 IP 商业化层面，近年来并不罕见，某些类别题材的内容主张型 IP，从数字文学阅读领域迅猛崛起，其中的佼佼者，从读者的付费阅读商业形态，逐步发展到包括付费阅读、影视作品版权转化、游戏版权转化等多个方向，内容不再受阅读载体限制，而是出现了音频载体、视频载体、游戏载体等多元化趋势。

其次，载体多元化过程中，常常能从内容主张型 IP 中演化出更多的角色主张型 IP 的价值分支，举例来说，天下霸唱《鬼吹灯之精绝古城》原作中，沙漠导游安力满是一个有些贪生怕死的狡黠土著人，虽在剧情中也有相当戏份，但还是配角，不够吸引大家的注意力。但当《鬼吹灯之精绝古城》变成网络剧后，安力满扮演者王永泉凭借精湛演技，硬生生将一个配角升级到锋芒不逊色于男一男二的人气水准，综观社交媒体讨论话题，聚焦的竟然是安力满大叔的口头禅——“朋友嘛，都是朋友了嘛”，其人气可见一斑。从此现象观察，我们可以发现，载体多元化会让原 IP 内容主张发生更多维度的变化，某一些角色主张型 IP 会在维度变化中崛起，当然，也有一些角色主张型 IP 会在维度变化中反而边缘化。仍然以《鬼吹灯之精绝古城》为例，原作中极度出彩的大金牙，在《鬼吹灯》的几部影视剧改编拍摄中，反而失去了神韵。

再次，意想不到的有趣发现常常会在生态商业化中出现。《盗墓笔记》影视剧上映后，原作中相当凶残的守灵物种尸蟞，在影视作品中形象未见凶悍反而略带几分宠物本色，结果《盗墓笔记》上映期间，网上卖得最热销的 IP 关联商品居然是长毛绒尸鳖玩偶，其呆萌形象深受《盗墓笔记》粉丝喜爱。

最后，内容主张型 IP 的价值裂变，常常可以贯穿线上线下。除了《鬼吹灯》之外最具有代表性的另一部探险巨作《盗墓笔记》为例，以《盗墓笔记》为主题的密室游戏，已经在线下逐步增长，《盗墓笔记》粉丝们很乐意聚合起来一起到密室游戏体验一下《盗墓笔记》情节解谜的乐趣。

综上所述，我们会发现，《鬼吹灯》现象背后的 IP 生态商业化路径相当精彩。在中国的 IP 经济领域，能做到 IP 生态商业的先例并非就此一例，但能做到线上线下双向运营，且能做到内容载体多元化、商业形态多元化、价值交付多元化并行的先例，却凤毛麟角。所以说，《鬼吹灯》现象极具标志意义。

Chapter 4

破军——IP生态商业原力觉醒

作为一个全新商业天地，IP 生态商业有其值得期盼的美好未来，而寻求 IP 商业附加值的创新道路，绝非一马平川的坦途，恰恰相反，正因为察觉到 IP 商业价值的领先性，探寻之路被称为千军万马挤独木桥都不为过，各种商业战略体系纷纷杀入疆场，力求凭借一己之力谋求一统江山的可能性，最不济，也希望能作为一路诸侯称霸一方。

起跑线永远不可能是公平的，尽管普世价值观中号称“人人站在同一条起跑线上”，实则不然，“公平”这个词在商业的厮杀中素来是罕见物种，更为常见的是，每一家公司或者每一个战略集团，都在自己原有产业的基础上寻求捷径，于是“战略基础”成为起跑线与终点距离的刚性指标，毫无疑问，手握更好战略筹码者的起跑领先优势更为明显。当然，起跑位置的先后，无法回答谁率先冲过终点线的问题，这有些像几百千米范围的原始森林生存竞赛，任何起点面临的挑战都不同，而前行过程中也会遭遇到各种障碍，此时此刻，决定胜负的关键之匙自然而然悬系于三点：第一点，哪一支团队能更快在崇山峻岭、丛莽毒瘴中判断出终点位于何方，这意味着通往胜利的直线距离被发现；第二点，哪一支团队有着解决困难的高效方法，正确的方法意味着披荆斩棘的效率更高，意味着更多的生存概率；第三点，哪一支团队有着更为卓越的体能与协同效应，这种优势的展现完全在于团队平日所接受的训练以及默契度。

所以说，IP 生态商业之战，与任何一场历史上曾经发生过的商战没有本质区别，同样残酷，也许更为残酷！

4.1 蜀道万仞，木牛流马——IP 商业战略集团的能力与坐标

IP 生态商业可以划分为四个层级，依次为“IP 动力层”“商业形态层”“价值交付层”与“数据贯通轴”。各司其职的层级界定基于 IP 生态商业完美态的假设，回归到 IP 领域的商业实战，很少会有任何一家公司或者任何一群

公司组成的战略集团能覆盖整个生态，这种现象可以直观诠释为，绝大多数商业机构都仅仅只能在 IP 生态商业中扮演某一个角色或者某几个角色，很难出现全能选手。这种情况合情而且合理，要知道，能在 IP 生态商业这个水池里面“扎猛子”的企业，只存在两种可能性：第一种，本就具备一定商业基础的企业，因而带有本身的组织惯性，存在着优势与劣势，从优势角度寻找 IP 生态商业内的合理角色，是商业的理性选择；第二种，IP 生态商业领域的新兴商业机构，带着成系统的业务规划作出全局部署，因而架构上可能更接近或者更匹配生态商业的全局感，但新兴商业机构同样存在着初级阶段的必然，即优势资源专注于某一个特定环节，而不可能将初期精力分散寻求“高大全”的结果，所以，新兴商业机构于 IP 生态商业格局中的定位仍然是具有特定使命的角色，该使命的确立不在于公司介绍 PPT 上的表述，而在于真实机构优势业务与强项资源所属。

不同战略集团如何确立自身在 IP 生态商业内扮演的合理角色？以及如何根据合理角色制定正确的战略以获取到更多的商业利益？这是他们应该认真考虑的问题。

纵览整体 IP 生态商业，笔者尝试对 IP 生态商业内的角色做了以下类别的界定。

- **IP 拥有者或运营者（IP 动力层）**

商业化 IP 带有极强的知识产权属性，而知识产权属性则代表着归属权与运营权可以共存也可以切割。举例来说，某商业机构或者某个自然人拥有某 IP 的所有权（法律意义的知识产权保护），作为所有者，可以选择自有知识产权的处置方式，譬如出售 IP 变现，或者自己建立团队实现该 IP 的商业化运营；同样，所有者可以选择运营权切割，即寻找某品牌管理公司，以授权与分成方式实现运营权外包。这两种模式在商业实战中均走到了非常成熟的阶段，以前者为例，诸多明星均成立经纪团队，以经纪团队为商业单位运营明星自有的角色主张型 IP；以后者为例，另一些明星签约一些经纪公司，即为外包角色主张型 IP 的运营权，经纪公司通过对明星 IP 的运作，实现明星和经纪公司双赢的商业结果。

IP 的所有者或运营者，需要的是制造 IP 与经营 IP 的能力。

- **IP 的衍生者或扩展者（商业形态层）**

虽然 IP 存在着六大基础类型（见 2.3 节），可在“商业形态层”中负责将 IP 附加值加持于“载体”“商品”“服务”的商业机构，却需要与“IP 的所有者或运营者”有截然不同的商业能力。以奥运会为例，奥运会是极具代表性的赛事主张型 IP，造币厂通过与奥运会组委会的商业谈判，获取到奥运会纪念币的发行权，随后造币厂精心打造纪念币 2008 枚，进而向邮币收藏界进行发行推广。再以具有标志意义的内容主张型 IP 的某部小说为例，当小说作者辛苦数年打造了一部国民级作品并且赢得读者认可时，电影公司自然会争先恐后上门，开出高价寻求改编权或拍摄发行权的合作，随后电影公司的专业编剧人员会根据小说撰写剧本，力争制作出一部尚未面世就注定有相当票房的大片。通过奥运会纪念币以及小说改编成电影的举例，我们会发现，IP 的衍生者或扩展者需要的是 IP 衍生载体、商品和服务的制造能力与经营能力。

- **IP 的分发者或场景提供者（价值交付层）**

一部根据热门小说改编而成的国产大片也好，一系列奥运会主题的限量纪念币也罢，IP 的衍生者或扩展者仍然需要分发渠道与场景提供者的支持才能对话受众或消费者。仍然以热门小说改编成电影为例，电影公司实现拍摄、后期制作之后，需要院线（电影院）以及视频网站才能将影片投放到受众面前（受众可能会在电影院售票处付费买票，也可能在视频网站付费观看，也可能是视频网站采取用户免费观看但是前贴片广告的方式向广告主收费）；再以奥运会主题限量纪念币为例，造币厂铸造 2008 枚纪念币之后，需要电商网站或者邮局的售卖，才能将奥运会 IP 衍生的纪念币给到消费者实现价值交付。电影院或视频网站，电商网站或邮局，在 IP 生态商业矩阵中处于“价值交付层”，扮演的是分发者或场景提供者的角色，而饰演此角色的商业机构，则需要强渠道分发能力以及场景对话能力。

- **IP 的数据积累者或整合分析者或商业应用者（数据贯通轴）**

IP 生态商业内的数据至少包括“IP”“载体”“商品”“服务”“路径”

“场景”“受众”“数据”八大基础模块之间的互关联数据，虽然从模型角度解析，很容易得到结论数据轴可轻松贯穿整个生态商业，可这恰恰是错觉，由于“IP 动力层”“商业形态层”“价值交付层”通常分处于不同的战略集团，且不同战略集团之间存在着信息化进程不一以及主观层面的数据壁垒，因此，想要以数据贯通 IP 生态商业，绝对不是一件容易的事情，甚至可以说是 IP 生态商业内最艰难的一个任务。扮演数据积累者、整合分析者、商业应用者角色的商业机构，可能会是具有线上监测业务且布局海量线下传感器的公司，此角色需求的数据获取能力、整合分析能力以及商业应用能力极其庞杂，却又是 IP 生态商业不可或缺的关键轴心，如果 IP 是生态商业的心脏，数据贯通轴就是生态商业的神经。

当我们将 IP 生态商业各个层级内商业机构角色化之后，再回顾角色与相应战略的焦点，答案会相对清晰很多。采取何种战略的根本在于两种不同境界的对比，第一种境界是最佳格局，第二种境界则是能力格局。

所谓的“我们为整个产业提供整体解决方案”的口号，听上去“霸气侧漏”，极其威猛，其实毫无价值，理性的战略制定者从来不会想着自己做整个产业链的全部工作，从来不会想着自己扮演完整产业链的所有角色，而是从商业利益角度考虑，冷静而结构性地解剖产业角色，最后梳理出角色优先级，应是最小资本与资源投入尽可能利益最大化的角色为首选，即选择低投入或高产出、低风险或高胜率的角色或者角色组合。举例来说，如果在生态商业中扮演全角色，可能需要投入 1000 元，每年利益回报为 150 元，而经过战略梳理后筛选出来的生态商业中两个角色组合，每年只需要投入 450 元就可获取 120 元回报，理性的战略决策者会毫不犹豫选择后者。此乃最佳格局的界定！

当商业机构把握住投入产出比最高的角色组合之后，还需要自我拷问：自身的能力能扮演什么角色？大家都知道演主角片酬高，那为何不是人人能演主角？不是不想，而是能力不足担纲！商业领域同理，寻找到 IP 生态商业的价值角色组合是一回事儿，商业机构理性自我解剖，评估自身的优势劣势，本身的能力能够挑战最佳格局是另一回事儿。如果能力格局与最佳格局存在差距的话，这份差距属于可借助内在增长力与外在资源力能弥补的吗？如果能弥补，则需要多长的时间周期，以什么经营方式实现弥补，才能进入最佳格局？

最佳格局，是商业机构在IP生态商业体系内寻找角色或者角色组合的上限；能力格局，则是商业机构在IP生态商业体系内寻找角色或者角色组合的下限。简而言之，角色上限系一个商业机构的战略视野所能观察到的最佳领地，而角色下限则是一个商业机构实际战斗力发挥到最大化时所能获取到的最大领地，前者是智慧的展现，意味着洞悉产业虚实的先知先觉；后者是实力的权衡，意味着有多少人、有多少枪、有多少军饷从而打多大的仗。当结合最佳格局和能力格局两个上下限标准整合判断时，商业机构应该扮演的合理角色则呼之欲出。需要额外标注的是，商业机构在IP生态商业内扮演的角色并不是静态的，伴随商业机构的能力增长（内生式增长或者外部资源整合或并购），大有可能寻找到更多角色扮演能力，因而，即便是同一个商业机构处于同一个IP生态商业体系内，不同阶段的商业机构亦可寻求扮演更多不同角色或者减少扮演不同角色，“量力而行”系生态商业角色扮演的根本法则，也是基础战略的指导方向！

4.2 板砖群架与国战杀场——IP商业力与竞争战略

寻找到适合生态商业的最佳格局，梳理出适合企业能力的能力格局，入局的商业机构已经能为自己界定出角色上限与角色下限，但确立角色显然还不足以推演出角色的合理应对方法。角色上限与下限，是角色被赋予的职能区段问题，即某一个战略集团谨慎研究生态商业结构之后，结合自身的资源与能力，判断自身是不是扮演“商业形态层”中“商品”或“服务”模块的角色，也可能判断出自身适合扮演的角色逾越“商品形态层”的“商品”与“服务”，角色的覆盖范畴还包括“价值交付层”的“路径”与“场景”。前者的能力格局基础可能是制造型企业，后者的能力格局基础也许是产销一体化企业，历史传承与组织惯性使然，并不存在对错或者高下的区别。

尽管本书对商业的切入点是IP生态，但即便如此，也仍然很难违背商业的最底层规则，因而，在此略借一些篇幅，借鉴“商业模式画布”的模型（见图4-1），为IP生态商业内的创新者们提供一些常常被忽略的参照。

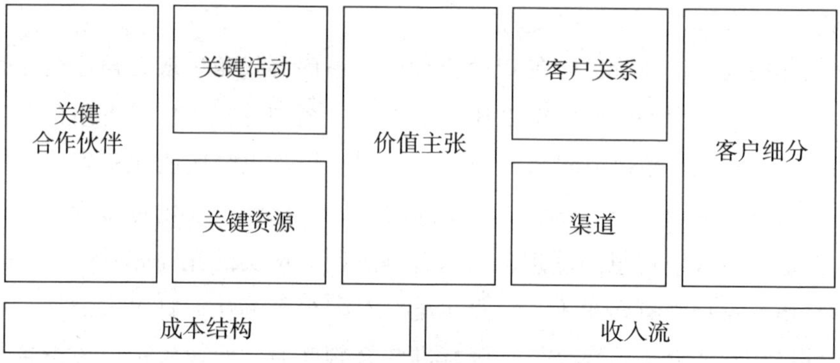

图 4－1　“商业模式画布”的模型

《商业模式新生代》一书，可能是被引入国内的第一本诠释商业模式画布的书，书中提及的“商业模式画布”是一项极具参考价值的创新模型，尽管“商业模式画布”更偏重于描述而非测量，但从商业模式的核心变量角度看，已经能为创新者审视、判断、思考、评估事件的可行性提供极具价值的工作思路。笔者之所以在本书中引用“商业模式画布”，更多是需要读者们与笔者一起借鉴模型的左半侧，即“关键合作伙伴”“关键资源”“关键活动”三大模块。

“商业模式画布”是一个中心对称类模型，最中间的轴心系“商业价值主张”，即某商业模式希望实现什么样的价值主张，右侧的“客户关系”“客户细分”与“渠道”构成收入流，分别诠释“与顾客以什么样的模式进行沟通与交易?”“顾客细分市场是什么？有何特征?”以及“什么渠道是可以借力或者必须去合作的?”，而左侧的“关键合作伙伴”“关键资源”与“关键行动”则恰是很多创新者容易忽略却是关系创新模式生死存亡的关键，是建立在“什么战略基础?”“与谁合作?”“做哪些行为动作?”才能赢得战略目标（价值主张）的达成。

重新回到 IP 生态商业的核心模型，“IP 动力层”“商业形态层”“价值交付层”“数据贯通轴”的任何一个单一角色或组合角色的扮演者，都需要回答：自己在既属的产业结构中处于什么样的竞争位置？商业领域判断强弱，最接近本源的两大核心因素无非是“市场”与“资源”，这两大核心因素相辅相成，通常商业机构或拥有“市场优势”去寻求“资源”因素而不断壮大，或拥有“资源优势”去寻求“市场”因素的持续增长，很少有商业机构能在“市场”与“资源”两张牌都稀松平常的情况下获取到超出期望值的价值回报（仅有的两种完全打破逻辑的情况，一种是商业机构有着近似于无限的资金储备，能用资金快速解决“市场”或“资源”因素，即购买或并购；另一种是无限近似于小概率的好运气，为商业机构带来或“市场”或“资源”因素方向不可思议的高速增长，显然，这种情况违背常理，属于可遇不可求的千年际遇，属非常规商业逻辑）。IP生态商业模型系自上而下的模型格式，即作为生态驱动力的“IP动力层”处于商业利益的最上方，诠释的是IP生态商业的品牌力，自上而下体现出IP商业形态、IP价值交付以及IP数据贯通的各个战略利益群体，在此模型中，“商业形态层”的“载体”“商品”“服务”三大模块更考验商业机构的产品力，而“价值交付层”的“路径”“场景”“人群”三大模型则需要商业机构的市场力，从模型最上方一路贯穿至模型最下方的“数据贯通轴”则体现的是IP生态商业的“数据力”，在此，各个战略层级主张的商业力所处的竞争位置，对“商业模式画布”各个模块的部署科学性与有效性，将起到指导性作用。

在这里，使用市场营销战略中常用的竞争地位差异化战略，对IP生态商业模型进行格式化区分，衍生出的应对战略思考，值得每一层级、每一模块所属的商业机构思考。

观察“领先者”“追随者”“挑战者”“利基者”于IP生态商业“品牌力”（IP动力层）、“产品力”（商业形态层）、“市场力”（价值交付层）以及“数据力”（数据贯通轴）的不同组合，很容易触发一些有趣的思考（见表4－1）。

表4－1　不同IP生态商业模型衍生出的应对战略

			竞争地位与对应战略			
商业作用力	生态层级	所属模块	领先者	追随者	挑战者	利基者
IP生态商业品牌力	IP动力层	IP	扩大IP商业品牌边界	紧密追随领先者	冲击领先者地位	确立差异化品牌力

（续表）

商业作用力	生态层级	所属模块	竞争地位与对应战略			
			领先者	追随者	挑战者	利基者
IP 生态商业产品力	商业形态层	载体	制定行业标准，确立领先水平	紧密追随领先者	冲击领先者地位	确立差异化产品力
		商品	制定行业标准，确立领先水平	紧密追随领先者	冲击领先者地位	确立差异化产品力
		服务	制定行业标准，确立领先水平	紧密追随领先者	冲击领先者地位	确立差异化产品力
IP 生态商业市场力	价值交付层	路径	扩大 IP 市场边界，尝试挑战或稳固垄断地位	紧密追随领先者	冲击领先者地位	确立差异化市场，且就差异化确立市场内边界
		场景	扩大 IP 市场边界，尝试挑战或稳固垄断地位	紧密追随领先者	冲击领先者地位	确立差异化市场，且就差异化确立市场内边界
		人群	扩大 IP 市场边界，尝试挑战或稳固垄断地位	紧密追随领先者	冲击领先者地位	确立差异化市场，且就差异化确立市场内边界
IP 生态商业数据力	数据贯通轴	数据	扩大 IP 数据范围与颗粒度，更多数据应用场景，强化与各模块黏附力	紧密追随领先者	冲击领先者地位	确立差异化数据，寻求差异化数据服务可行性

首先，IP 动力层的竞争地位同时存在着边界内外的两种可能性，对任何一个 IP 生态商业的动力层模块而言，都会强调自身的独特性（品牌主张），

可实际上所谓的“独特性”却相对模糊。我们暂且仍然以奥运会开幕式作为案例，这无疑是全球最引人注目的会典主张型 IP，于是问题来了，作为 IP 动力层进行品牌力诠释的奥运会开幕式，其竞争者是谁？较为粗线条的回答可能会是奥斯卡颁奖典礼或者诺贝尔颁奖典礼（两者同样也吸引全球转播的视线且有着极强的影响力），然而进一步梳理，我们会发现残奥会开幕式或者特奥会开幕式同样是奥运会开幕式的竞争对手，残奥会开幕式或者特奥会开幕式和奥运会开幕式处于同等竞争维度，属于正常的竞争定位，只是参照此定位可能得到的结论是奥运会开幕式处于领先者地位，而特奥会开幕式和残奥会开幕式处于追随者地位；反之，如果我们以残疾人作为 IP 品牌力边界，则会得到另一个结论，残奥会开幕式在全球残疾人运动爱好者心目中占据 IP 会典主张型品牌领先地位，特奥会可能在此特殊边界范围内则不存在竞争地位，此乃 IP 边界区隔导致的内外有别。

其次，观察 IP 生态商业的每一个层级，会得到一个结论：“追随者”和“挑战者”的日子过得是一成不变，前者似乎只需要成为“领先者”的复读机，即“领先者”做什么，“追随者”就照葫芦画瓢；而“挑战者”的战略部署貌似同样单调，无非是“领先者”做什么，“挑战者”便努力做到更好。实则不然，“追随者”和“挑战者”的角色，在商业实战中经常会混淆，所谓的“追随者”当然不是为了“别人吃肉自己喝汤”，只是在一定阶段“追随”，时刻等待并寻找着“挑战”机会的来临。同理，所谓的“挑战者”也并非彻头彻尾与“领先者”不同，“挑战者”同时也必须承认“领先者”带来的边界内大多数规则共性，并且在关键核心共性的边界里规则范围内进行挑战。

再次，从 IP 生态商业的最上游链条不难梳理出，最佳的战略资源最大化模式是强强联合，即“IP 动力层”“商业形态层”“价值交付层”“数据贯通轴”四大层级的领先者纵向联盟，保障“IP 品牌力”“IP 产品力”“IP 市场力”与“IP 数据力”的叠加优势。看似绝对理性的商业决策方向，实战中成功的概率远远没有想象中那般高，所有的竞争定位，除了确定不同战略集团自有的前端优势劣势之外，还隐藏着容易被忽视的后端议价能力，越是处于领先者地位的战略集团通常拥有极强的议价惯性，这种“议价惯性”客观呈现在其与合作伙伴、供应商或资源进行沟通协同时的方方面面，而当若干家领先者坐在一起讨论强强联手时，“议价惯性”是谈判桌上再常见不过的对决焦点，利益多寡与归属问题会一定程度干扰到理想化的强者联盟成立。因而，在商业实战中，领先者战略集团未必绝对与另一个领先者战略集团握手，而是寻找合适的而非最强的合作对手。

最后，所有的竞争定位角色不存在褒贬意义，每一个角色都在商业边界内寻找适合自己生存的方式，商业边界内的生态从来不是恒定的，角色逆转常常在不动声色之间发生，而利基者集团也经常会出现神来之笔，扩展出全新边界。至于新边界区域的利益规则，请参考本书第 3 章提到过的：“每一个商业物种能从 IP 生态商业内汲取商业利益的关键，在于三大要素：其一，该商业物种与 IP 核心驱动力之间的距离（因果逻辑作用力强弱）；其二，该商业物种是否具有强大的自身力量能助力 IP 生态商业边界扩展，且就边界增幅部分建立自己为区域核心的周边利益依附效应；其三，该商业物种与生态内其他商业物种之间的关联强度（资源流通力度与商业效益之间的效力程度）。”边界增幅部分的利益依附效应强弱是胜负手！

不同竞争定位决定采取的科学战略部署，即体现在如何将需要做的战略应对落实到“关键行动”“关键合作伙伴”与“关键资源”不同模块的具体工作中。

4.3 明火执仗，天梯拾阶——IP 生态商业模块群的相爱相杀

回顾曾经在第 3 章提出的 IP 生态商业模型，我们会观察到，位于模型顶部即“IP 动力层”的 IP 模块，系整体生态商业模型的心脏，也是驱动力之源，通过“商业形态层”的“载体”“商品”“服务”，IP 附加值得到加持，随后“载体”“商品”“服务”再进入“价值交付层”的“路径”，进而在交付“场景”下对话“人群”（即消费者），整个生态商业模型以“数据贯通轴”作为主轴，保障每一个层级、每一个模块在品牌力、产品力、市场力与数据力层面均尽可能纳入商业闭环。

整个生态商业模型可覆盖到从 IP 驱动力源头，一直通往最终消费者末端，这期间覆盖到的产业之繁杂是罕见的，而繁杂的背后，可以确认的结论是：第一，具备因果规律的生态模型，只是对繁杂产业逻辑的归纳总结，尽

可能根据产业在IP生态商业中贡献的角色价值进行分门别类，并且赋予结构性的连接描述，帮助IP生态商业的从业者能从系统而非局部解析遇到的问题；第二，即便被纳入IP生态商业模型，每一个产业具象化连接IP附加值以及传递IP附加值，仍然需要结合业态特征进行精细化剖析，以制定不同的战略；第三，生态模型中的角色存在着联合效应，同时也存在抵充效应，扮演单一角色的商业机构需要正视双重效应，评估合理的角色或者角色组合，而非一股脑儿尽可能多地饰演IP生态的“创世祖”。本书的4.4节是承上启下的环节，承接之前章节的IP生态商业模型，将分解出生态商业模型中模块的行业细分，进而对行业细分的结构进行梳理，而从后续的第5章开始则会从“载体”“商品”“服务”“路径”“场景”五大环节模块对应的细分产业进行内部解构。细心的读者立刻会发现，本书的后续章节结构中，并不包括“IP”“人群”与“数据”三大核心模块，这是因为本书致力于解决的IP生态商业区段，系“IP”到“人群”的中间部分商业体系，因而头尾部分的“IP”与“人群”反而是在后续章节中的循序渗透展开，至于保障数据力的“数据”模块，则全程穿插在五大环节模块中逐步呈现，这种行文的模式能让读者在感性解读五大环节模块时，感受得到三大核心模块的无所不在，以及三大核心模块“以无厚入有间”的整体引领力。

环节模块和核心模块之间，存在着截然不同的作用力趋势，而作用力趋势又会映射到不同模块对IP生态商业的贡献值大小，当然，这里所指的“贡献值”大小仅仅是阈值，每一个模块都有机会凭借自身的角色能力以及环节聚合度对阈值进行赋权，最大化所属角色区块的价值贡献，价值贡献则将遵循贡献值大小，在生态商业内部做出符合一定规则的分配，决定分配规则的是生态制衡性，而非生态产业内任何模块的主观意愿。环节模块和核心模块之间的关系，有点像职业篮球比赛，核心模块的“IP”“人群”“数据”，分别对应的是篮球运动的球员、篮筐和教练，篮球则是“IP附加值”，当篮球（IP附加值）从球员手中投进篮筐（人群）时，比分牌的数字会相应上升（IP附加值生效），而教练（数据）则需要从第三方观察角色，不断对比赛的战术提供指导意见，帮助投篮得分的过程变得更为高效；环节模块在生态商业中饰演的是球员角色，不同的环节模块

“载体”“商品”“服务”“路径”“场景”由于本身的技术特征以及站在球场的不同位置（近筐或远程），获取到的触球机会会有所差异（从生态中汲取到的 IP 附加值），同时也因为采取的投篮手段有所不同，最终投中的球呈现于个人技术统计（获取到的 IP 生态商业利益）同样会各有差异。与篮球比赛有所区别的是，竞技比赛系团队运动，团队的利益高于一切，球员可以为胜利牺牲个人数据，可在 IP 生态商业中，每一个模块既有协同，又有分属于各自的利益诉求，因而彼此之间除了共同支撑 IP 生态商业大局之外，还存在着潜流性质的暗战竞争；反之亦然，IP 生态商业也有着与篮球比赛极度相似之处，那便是无论模块之间如何互相倾轧，IP 生态商业的模块间组合效应是无法颠覆的底层规则，模块必须协同作战，此乃参与比赛或者说参与商业游戏的基础理论，球员不会因为彼此竞争而选择上场蓄意让队友受伤退场，同理，IP 生态商业中的模块也不会让理性的商业博弈进入生死相残的程度，“共存、共荣、共损”是支撑 IP 生态商业世界观的根本规则。

表 4－2 展现的是基础模块群“载体”“商品”“服务”“路径”“场景”，分别从 IP 生态商业核心模块“IP”“人群”“数据”的力量对比，针对此表，一些信息还需要补充与标注：第一，“自能力”指的是所处模块的商业机构自有能力，这种能力独立存在，且商业机构应该理性根据自有能力寻找在生态商业中的角色位置；第二，由于每一家商业机构的情况有所区别，无法简单用“自能力”一个名词描述能力的强弱，因而，“自能力”在结构性信息中出现的状态是未知数，但“自能力”与核心模块之间的力量叠加却真实存在；第三，观察生态能力的叠加态势，会发现“商业形态层”的模块能从 IP 模块获取到的赋能最强，同时，该层级模块与人群获取到的市场力却偏中弱；第四，与第三点结论恰恰相反，价值交付层能从“人群”获取到的市场力最为强大，但从 IP 层面获取到的赋能则呈现中弱态势；第五，从现实商业的信息数据成熟程度来说，数据力叠加于整体 IP 生态商业全格局的可行性已经存在，但受制于线上线下信息化程度不对等，叠加于每一个基础模块的数据力效应可能均处于中等水平。

表 4－2　　　　IP 生态商业模块间的组合效应

<table>
<tr><td></td><td></td><td></td><td></td><td colspan="3">核心模块群</td></tr>
<tr><td></td><td></td><td></td><td>自能力</td><td>IP（品牌力）</td><td>人群（市场力）</td><td>数据（数据力）</td></tr>
<tr><td rowspan="5">基础模块群</td><td rowspan="3">商业形态层</td><td>载体</td><td>产品力</td><td>产品力＋品牌力
强</td><td>产品力＋市场力
中</td><td>产品力＋数据力
中</td></tr>
<tr><td>商品</td><td>产品力</td><td>产品力＋品牌力
中</td><td>产品力＋市场力
弱</td><td>产品力＋数据力
中</td></tr>
<tr><td>服务</td><td>产品力</td><td>产品力＋品牌力
中</td><td>产品力＋市场力
弱</td><td>产品力＋数据力
中</td></tr>
<tr><td rowspan="2">价值交付层</td><td>路径</td><td>市场力</td><td>市场力＋品牌力
弱</td><td>市场力＋市场力
强</td><td>市场力＋数据力
中</td></tr>
<tr><td>场景</td><td>市场力</td><td>市场力＋品牌力
弱</td><td>市场力＋市场力
强</td><td>市场力＋数据力
中</td></tr>
</table>

有一项容易被表面信息所忽略的要点，同样会对商业机构所处角色造成决策障碍，那就是“商业形态层”和“价值交付层”之间的互相作用力。如果说“商业形态层”更偏向于具备 IP 品牌力特征，那“价值交付层”则更靠近“人群”，具有市场力加持的显在标签，两者之间尽管从生态商业模型而言存在上下层级的区别，商业实战中却相辅相成，价值交付层的市场力需要 IP 带动的品牌力以及商业形态层带动的产品力，才能获取到利益放大的可能性，与此同时，IP 品牌力和商业形态层所携带的产品力又不能脱离“价值交付层”背后的市场力独立存在（事实上可以独立存在，但独立存在的瞬间，生态商业的架构立刻崩塌，生态商业化驱动的商业利益裂变效应彻底不存在）。当“商业形态层”与“价值交付层”形成空军陆军双重作战时，商业机构根据数据提供的参谋部决策判断，结合 IP 所能提供的关键动能，才能赢得圆满的商业结果。

4.4 天罡北斗，江南七怪——生存于 IP 生态商业的观念、组织、资源和技术

金庸的名著《射雕英雄传》中，有过两支可集群作战的组合战队，一支

全真七子，一支江南七怪，前者是终南山全真派道尊王重阳的七位弟子，后者为江南一带活动的七位游侠，这两支战队组合有着极大的共性，即在武侠文学中被套上“武艺高强”的帽子，但也有着天壤之别。全真七子真的对得起“武艺高强”的称谓，无论是丘处机单挑江南七怪导致两败俱伤，还是王处一在大金赵王府独对鬼门龙王、三头蛟、参仙老怪等邪派高手的全然不惧，都处处透着高人风范。从整本书来说，除了东邪西毒、南帝北丐寥寥几个超级猛人，全真七子算得上一等一的好手（铁尸梅超风等越阶变异选手不计）。形成鲜明对比的是“武艺高强”的江南七怪，一出场就是群殴围攻丘处机还没讨得好，随后漠北群殴黑风双煞，若非柯镇恶暗算梅超风双目且初阶杂兵郭靖在陈玄风罩门捅了一刀，恐怕“武艺高强”的江南七怪就得在蒙古草原“团灭”而不是仅仅死了张老五一个人。在这本武侠著作的故事后期，江南七怪更是沦为超级龙套，除却柯镇恶两军阵前猛抽小字辈“黄河四鬼”之外，鲜有任何值得记录的亮点。

整本书中，全真七子最精彩的一段格斗表演发生在牛家村，天罡北斗大阵围攻桃花岛主黄药师，这场对抗惊天地泣鬼神，直到西毒欧阳锋暗算郝大通破了天罡北斗，才惨然收场。与组织性纪律性且具有团队战斗倍数加持的全真七子相比，一出手就是各色人等群殴的江南七怪简直是流氓斗殴界的奇葩组合（仅仅以武术水平论，暂且不论侠道精神等精神境界高低）。

武侠小说的精彩不一一赘述，IP 生态商业化带来诸多商业机构对利益垂涎的同时，也不得不面对一些问题与难点：企业要如何做才有机会在 IP 生态商业大幕开启时能分一杯羹？要知道，入局的诸多企业，战略基础并不绝对为 IP 生态商业量身定制，在拥抱朝阳的同时，不可避免地需要面对企业经营惯性带来的阻挠，因而，能用最低的升级或转型成本解决经营惯性的商业机构，无疑会获取到战略前行中最难能可贵的筹码：更短的时间赢取更快的战略进度！对商业机构来说，一加一等于二的堆砌，是最不具备价值的简单等式，可如何能实现一加一大于二？这一系列思考，涵盖了创新管理、组织行为、战略管理、项目管理等一系列商业知识。

- **观念**

对任何一家商业机构来说，现在已经不是一个独立商业角色包打天下的时代。如果说百年前的制造企业能够凭借某一种原材料制作工艺形成具有独特竞争力的商品，如果说三十年前的流通企业能够靠着“渠道为王”规律实现野蛮的利益收割，那在这个时代，诸多可驱动商业利益结构巨变的因素都处在绝大多数“守恒”状态，进而言之，百分之九十九的制造企业都清楚：除非基础技术短期内实现巨大飞跃，地球上已经很少有任何一家公司独有原材料工艺水平；百分之九十九的流通企业同样如此，再想要颠覆既有流通格局已经难比登天（至少在中国，电商网购自问世以来的十几年来基本属于企业标配，根本谈不上领先性，只是企业必须做的事情而已）。

基于现实意义的商业宏观状态，商业机构需要意识到IP生态商业的重要性，这种意识不能简单存在于商业机构创始人或者商业机构核心管理层的少数团队心目中，而应该是商业机构从决策层，到管理层，到执行层的普遍共识，需要认识到IP生态商业化机会的捕捉以及前行道路上可能遭遇到的困难。从人力资源或者行为学角度说，同时确认两大核心观念是必要的：其一，基于IP商业寻求商业机构新的利益制高点，最终会通过努力而成功；其二，通过努力而成功的道路上，必然存在着各种困难，困难将来自企业外部与内部的双重阻力，这些困难最终将通过正确的方法以及持之以恒的努力被克服与解决。

观念可以说是大多数商业机构面临IP生态商业际遇来临时的最大障碍，两种走极端的观念最容易出现，也最需要规避：第一种，认为IP生态商业是轻松的商业谈吐，认为只要看几篇“鸡汤文”就能绕开千难万险，就能直达数钱数到手抽筋的福地洞天；第二种，一旦遭遇困难，便急匆匆掉转船头的机会主义观念，认为IP生态商业的路线方针存在缺陷，而忽视了检讨自己是否做好了周详缜密的战略储备。

• 组织

创新、变革的阻力常常来自组织内部，一则组织内部的经营惯性将明确存在历史遗留的既得利益群体（既得利益群体并不仅仅指的是在既有业务层面获取到经济利益的组织群体，“利益”更包括组织成员不愿意支付的学习成本、精力成本等）；二则组织创新需要考虑到组织与组织成员的关系、组织成员与组织成员的关系，以及组织与组织成员及经营业务之间的关系，这一系列关系在相对稳定的环境中也会呈现出稳定性，当组织环境因为变革而波动时，系列关系便可能催生出各种出人意料的负面效益。

IP 生态商业的创新尝试中，组织问题会是摆在诸多商业机构面前的大难题，难度之大丝毫不亚于重新创办一家企业，而“难度”的根本在于商业机构组织内成员必须尝试走没有走过的经营道路，对于决策的认可程度以及对于决策道路的坚决贯彻程度，都会从组织现象迸发并在最终的变革结果中得到体现。

需要标注的是，商业机构需要解决的组织问题至少包括以下三个方面：第一个方面，能符合 IP 生态商业创新的组织架构，包括展现在明面上的显性组织架构图，以及常常隐藏在组织架构图之外的隐性组织授权问题；第二个方面，组织架构与组织授权的全面升级，背后孕育的是组织能力的升级，升级后的组织能力应该包括组织体系有能力对 IP 生态商业所需要的经营管理做出高效的精准决策反应，且落实到具体执行，也应该包括组织内各个结构单位具有相应能力处理 IP 生态商业创新领域遭遇到的业务问题；第三个方面，为 IP 生态商业创新而启动的组织变革或者组织升级，在商业机构治理层面，需要协调与原商业机构体系之间的组织关系，是经营控股关系，升级经营从属关系，还是经营管理关系？三种不同关系背后暗指的是经营利益的局部切割或者全面重组。

- **资源**

在一个理性的商业世界中，不需要资源投入就能获取到丰厚利益回报是违背商业资源守恒定律的反常现象，商业科学之所以称其为科学，是因为商业学科根据商业现象提炼逻辑规律，且能将提炼论证过的逻辑规律用于未来的商业决策判断，从而提升决策效率，降低决策成本。于是，商业世界中经常存在着一种悖论，即商学院集合整理一批卓越的商业案例供学员们学习，却常常忘记了小概率反常很难在正常的世界中得到复制，或者说，天时地利人和的某些特定因素促成的商业奇迹，人为效仿成功的概率近似于零。

日历翻回到 IP 生态商业开启的岁月，这已经是地球商业文明经历百年后去芜存菁的相对成熟期，尽管仍然会有商业学科与逻辑在剧烈变化的商业时代有待进一步精细化论证，可整体的商业规则已是游戏玩家们熟悉到不能再熟悉。所以，是时候忘却“最后一次改变商业世界的机会到了”“他放弃百万年薪创业，身价五百亿只因为做对了这七件事情”之类的低幼化“鸡汤文”了，越是高度激烈竞争的商业对抗，越需要丰厚的兵马粮草支持，没有足够的商业资源很难发起并打赢一场商战，IP 生态商业领域亦如此，理性评估自有商业资源，对投入商业资源能带来的合理回报进行财务预测。世界上有投资十万块钱就赚回百亿级的神话存在，但需要苍天眷顾的概率因素比自我努力成功的因素会多七八百万倍。

- **技术**

在任何商业对抗中，应尽量学习规避成为资源的搬运工或者加工厂的尴尬角色。近年来的商业实践正越来越清晰地表明，一切不存在壁垒的商业套路都会很快面临灭顶之灾，而技术才是根本。因而，当商业机构扎根在 IP 生态商业领域深耕细作时，一定要时刻提醒技术的重要性，如何利用技术提升运营效率？如何用技术保障商品或服务的领先性？如何用技术挖掘消费者的未来利润贡献？数字科技的融入势在必行，而隐藏在技术背后的仍然会是研发投入得到充分的重视，以技术为壁垒，才有机会在 IP 生态商业领域如鱼得水。再换个角度看看本节初提到的全真七子与江南七怪的区别，核心就是技术硬不硬的刚性指标，如果江南七怪每一个单独站出来都差不多达到裘千仞或公孙止或金轮法王级别，七人合击则已不绝对重要，压倒性的核心优势早在不显山不露水之间建立且得到保持。

4.5　IP 生态商业案例解析——华夏地籁中国埙的音乐茶壶 TIN

展现在眼前的是一个会唱歌的茶壶和一个会唱歌的缸，质朴的古风外形以及悠扬的入耳音质，一切都源于“艳遇中国”研发的茶壶 TIN。以下信息资料由“艳遇中国”提供。

2017 年 9 月 23 日恰逢“中国—中东欧国家文化合作部长论坛”杭州会议，中国与阿尔巴尼亚、波黑、保加利亚、克罗地亚、捷克、爱沙尼亚、匈牙利、拉脱维亚、立陶宛、马其顿、黑山、波兰、罗马尼亚、塞尔维亚、斯洛伐克、斯洛文尼亚等 17 国政府文化代表团前来杭州白马湖国际会展中心

2017 杭州文化博览会参观并莅临了“艳遇中国”展区。

雒树刚部长一行来到展位，仔细向“艳遇中国”创始人江绍雄老师了解创作初衷。临走前，雒部长主动握住江绍雄老师的手说：“这个创意好，传统又现代，要继续努力！”

波兰文化部部长看到壮实的地籁 TIN，感觉就像在异乡见到了亲人，情不自禁地随着地籁 TIN 的音乐打起节拍，自己先嗨起来，同行的帅哥忍不住露牙大笑。

部长觉得光听光看不过瘾，来到“艳遇中国”工作人员身边拍照合影。能跟部长拍照留念，工作人员满脸荣幸，部长问帮忙拍照的外国美女：“有拍到大缸吗?”大家都笑了。

捷克文化部部长是个爱音乐的资深帅哥，听着听着，忍不住自己亲手做各种调试，不时拍拍缸身，摸摸缸顶。和随行翻译嘀咕一小阵后，操着不熟悉的普通话说：“谁在里面唱？里面到底有几个人?”

匈牙利文化部部长是一位非常有耐心的部长，第一次来“艳遇中国”展位的时候，展位人太多，没法近观。正当我们为此遗憾时，部长带着一位帅哥和一位美女翻译再次来到展位，听完“艳遇中国”小伙伴的介绍后，部长与美女翻译进行探讨，同时配以手势，那感觉就像是在向美女翻译介绍地籁 TIN。

案例解析

在笔者的朋友圈子里，有一句话广为流传：“不会唱歌的茶壶不是好茶壶”。这听上去很有段子意味的话，其实指的是蓝牙音响茶壶，也就是本案例中的音乐茶壶 TIN。当笔者无数次从微博以及微信朋友圈见到这款“会唱歌的茶壶”之后，终于有一天，有机会坐在此创新产品的发明者——“艳遇中国”创始人江绍雄先生面前，聆听音乐茶壶 TIN 的前世今生。同样是解读同一件商品，创始人江绍雄先生娓娓道来，与笔者日常从社交媒体获取到的信息相比，不知道精彩了多少倍。

作为一款能用蓝牙连接用户手机的智能音箱，TIN 有着所有智能便携产品的功能特性，而与市面上可见的便携蓝牙音箱不同的是，TIN 的外形类似于中国古代容器，陶瓷铸就的外壁，颇具历史的沉淀感。当笔者表达对外形的称赞时，江绍雄先生一脸嫌弃笔者没见过世面的表情，相当惬意地掏出手机，短短几秒钟后，幽幽乐声从 TIN 的扬声器传出，在酒店大堂悠扬流淌。现场的笔者，瞬间进入到几秒石化状态，由于商旅便携性需求，笔者随身总带着便携蓝牙音箱，且在蓝牙音箱的领域做过相当深入的研究，可从笔者的常识而言，完全没有想到体积不过拳头大小的 TIN，居然能有如此音量，要知道笔者与江绍雄先生落座的是一个开放空间，大堂可能足有数百平方米，而 TIN 的音量在大半个大厅还是那么洪亮悠扬，大大出乎笔者的意料。蓝牙音箱大致能够触达什么样的音质，凡是音乐爱好者都心知肚明，而 TIN 远远超出了期望值。笔者在与江绍雄谈话时，隔壁桌的两三位西方朋友明显对我们桌子上具有浓郁中国风的 TIN 产生了兴趣，还有立刻打开手机寻找电商网站是否有购的动作发生。

江绍雄先生告诉笔者，TIN 的问世本带有先天的文化背景，以厚重的中国历史印记为创新切入方向，以中国古风 IP 为现代工业化商品赋能，且赋能远不止于外形。商品创新过程中，产品团队充分考虑到陶瓷容器器质特征，将陶瓷容器的空间作用力于音质的凝聚、提升以及扬声，这是 TIN 和其他任何一款蓝牙音箱完全不同的地方，如果说其他蓝牙音箱只是利用现代工业的电子技术实现声音播放的话，TIN 则结合了现代电子工业以及中国古代器质，一言概之，TIN 的外形恍若小型陶罐，视觉上的古风背后，还蕴含着虚合音扬的空间物理效应。听到 TIN 问世的故事，笔者还在诧异之余，江绍雄先生抛出了第二个让笔者瞠目结舌的信息炸弹——手机屏幕中几张照片清晰显现出几个桌面大小的陶瓮，而在江绍雄先生的介绍下，笔者才知晓，这几个瓮形器竟然也是蓝牙音箱 TIN，只是尺寸较大，显然与笔者的想象出现了极大的出入。接着，江绍雄先生很快介绍了这款超级尺寸 TIN 的由来，原来在产品团队构思 TIN 时，同步研发的就包括随身便携 TIN 以及航母级的厅堂 TIN，便携 TIN 方便用户随身携带，而厅堂 TIN 则为大空间准备，适用于酒店、展馆、剧院、会场等超大空间，不同之处在于两者大小，相同之处在于无论大小，陶瓷容器的空间结合电子科技的加持效应都得到了秉承与延展。

从江绍雄先生口中，笔者了解到 TIN 已多次被中国行政部门作为国礼赠送给海外政要友人。无论是选择 TIN 作为国礼的政府部门，还是作为礼物的接收者，大家称赞的都是 TIN 的融合特质，任何人拿到 TIN 的第一感觉，均会立刻联想到中国古文化，而当领略到 TIN 的天籁音质之后，又会对“中国智造”叹为观止。

笔者与江绍雄先生虽然只交流了半个小时，但像经历了一场商业创新的洗礼，回过头审视 TIN，从 IP 生态商业角度，我们可以发现若干值得创新者思考的东西。

第一，陶瓷容器系中国古代制造的代表，而蓝牙音箱系中国当代智造的杰作，两者结合形成的产物所满足的用户需求，超越了蓝牙音箱的功能本身，古风 IP 加持，帮助 TIN 行走在两个交叉时空中间的独木桥，既富有中国元素，又兼容科技创新。购买商品者寻求的是音乐之外的超然，系价值共鸣的体现，而不局限于商品功能的表层。

第二，由于站在了中国国风的创新制高点，TIN 的商业化道路不同于寻常意义的同质化商品，正如创始人江绍雄先生描述的那般，需要中国元素加持的场景，包括国礼或者国家级盛会场景，TIN 能无缝衔接到场景价值增幅中，进而言之，TIN 从产品创新的启动瞬间，就注定商业化道路会一定幅度切入更高层级的规模化采购，且利用古风 IP 为品牌加速获取到得天独厚的驱动力。

第三，将 TIN 视为中国古风 IP 的唯一，显然片面且武断，虽然江绍雄先生没有给到笔者更多未来的商业信息披露，但笔者已较为清晰地感知到 TIN 只是一个起跑线。作为 TIN 的创始人，江绍雄先生的商业宏图绝对不会只停留在蓝牙智能音响领域，未来中国古风 IP 与科技商品的系列结合商品都会逐渐浮出水面。在江绍雄先生的职业生涯中，他成功缔造了“艳遇中国”系列，也将“回避”系列商品做到了潮品无双的级别。以其商业风格看，我们相信 TIN 只是探路石，浩浩荡荡的中国古风 IP 将会缔造相当规模的商业奇迹。

第四，从问世到发展，TIN 展现出相当巧妙的精细化运营痕迹，观察趋势，了解市场，洞察用户，系统化的智慧帮助成就一款爆品，这也给所有致力于 IP 商业创新的团队做了一个榜样，IP 商业的成功源于价值创新，而不仅是品牌商标印在商品上的表象。

这是一场非常愉悦的谈话，笔者与市场上的消费者一样，观察着 TIN 的成长，亦期待着 TIN 的后续中国古风 IP 智能生态系列，相信未来还会有更多精彩。

Chapter 5

冲锋——载体产业IP生态商业剖析

首先需要向所有读者说抱歉的是，这里不得不启用一个相当冷僻的名词“载体产业”，但必须承认，这个名词在各类商业文献中几乎没有出现过。在IP生态商业领域，“载体”不仅是“商业形态层”的重要模块，而且其重要性几乎可以被称为五大基础模块“载体”“商品”“服务”“路径”“场景”之首！IP不是隐形存在，任何IP都需要某一种或多种商业形态才可能被用户接受，而“载体”则是搭载IP最为水到渠成的商业形态，进而言之，“商品”也好，“服务”也罢，都可以搭载IP附加值，但由于IP本身必须基于载体才能对接用户人群，所以搭载IP的载体对IP附加值的搭载拥有便利性和原生性。

载体这种商业形态，具象化可能呈现出什么样子？简而言之，虽然互联网科技保持着极为强大的延展性，但迄今为止，可以搭载IP的信息载体只有7个类别，分别为图片、文字、音频、视频、游戏、动态机制（H5）以及直播。而所谓的“载体产业”，则需要从这7大类别入手，剖析其与IP生态商业之间的关系。

5.1 栈道陈仓三岔口——载体产业与IP源代码

在互联网圈子里面，有一条不成文的潜规律：用户不会忠实于平台，只会忠实于内容本身。这句话听上去很具有前瞻性，实则不然，这只是互联网的数字商业走到成熟阶段的必然，并非贯穿互联网所有阶段的铁律。举例来说，2000年前后的中文互联网，由于网站数量远远没有达到供大于求的地步，即便一些内容勉强凑合的网站仍然会有不错的用户流量，但是，一旦互联网走过初级阶段进入基本稳定的守恒期，整体流量结构性趋于平衡，则一切用户价值的争夺必然转移到“入口”和“时间”这两大价值高地，而用户是否会将某一个或者某几个网站作为连接互联网的优先选择，是否会在某一个或某几个网站停留更多时间贡献更多价值（无论是用户付费还是广告主付费均基于流量），完全在于网站可提供的内容质量与数量。如果在资讯门户的细分领域，则更快的新闻报道与更具有深度的专题会吸引用户；如果在视频门户的细分领域，内容的优越性将呈现在顶级版权数量的多寡以及自制节目的水准；如果在外卖 App 的细分领域，商户数量以及商户提供外卖的内容质量将决定一切，以此类推。

同样，在 IP 生态商业范畴内，该定律仍然生效！无论是最接近公众普遍认知的“内容主张型 IP”“角色主张型 IP”，还是经常被忽略的“赛事主张型 IP”“场景主张型 IP”“会典主张型 IP”“品牌主张型 IP”，都需要载体才能实现和用户沟通的刚性需求，而载体的基础形式仍然走不出图片、文字、音频、视频、游戏、动态机制（H5）以及直播。当我们界定出“载体”的范围时，再进一步具体聚焦，则很容易得到具象化的针对性研究对象——符合图片、文字、音频、视频、游戏、动态机制（H5）以及直播特质的商业形态，多停留在具有传播强特征的细分行业，诸如传媒、游戏、视频、直播等。

载体产业和 IP 模块之间的紧密关联超过任何一个 IP 生态商业内的其他模块。如果说商品或者服务模块脱离了 IP 附加值也依旧可以独立存活的话，载体产业则截然不同，抑或更接近本质的位置审视载体产业，我们会发现从来没有一个产业像载体产业这样如此热衷投身于打造 IP 的工作，不妨如此定论，IP 与载体之间存在着极为强烈的互吸力，没有载体支撑的 IP 犹如空中楼阁或无根浮萍，而没有 IP 加持的载体则恍若缺失灵魂的行尸走肉。以具有代表性的内容主张型 IP 为例，网络文学需要借助文字才能让用户阅读到 IP 创造者赋予的价值，同样，根据网络文学改编的漫画则需要借助图像载体，网络文学的广播剧需要借助音频载体，改编拍摄发行的电影或者网络剧则需要视频载体，从不甘人后的游戏产业不会放弃网络文学改编游戏的淘金机会，H5 的小说主题类页面将覆盖大量用户的微信公众号，而直播产业则会恰到好处地让美女主播们拿着手机和自拍杆出席在签售仪式或者影片首映式。这一切在现实商业生活中司空见惯。同理，“会典主张型 IP”一样离不开载体产业的全力支撑，从会典类的电视直播或者视频录播，一直到图文报道等，尽管不同主张类型的 IP 类别对载体的融合或者说搭载强度有所区别，可没有任何一种主张类型的 IP 能够摆脱载体产业而独立存在。

因先天的传播介质特征，载体产业不仅常常扮演“渡船”角色，而且正由于产业纵向一体化的战略可行性存在，一定比例的载体产业商业机构，已经驾轻就熟兼顾 IP 模块的工作，从而逐步成长为跨模块（“载体”模块 + “IP”模块）、跨层级（“商业形态层” + “IP 动力层”）的双核商业体。产业结构缜密周全的一些载体产业商业机构，还同步向“价值交付层”渗透。

在这里，我们来看腾讯阅文集团的例子。作为腾讯互娱体系的子公司，腾讯阅文系 2013 年第三季度成立的腾讯文学。而腾讯文学这一商业单位正式对外亮相时，有三个极其重要的内外部因素，在做战略级案例复盘时不可忽略：第一，腾讯文学并不是构筑在沙滩上的海市蜃楼，相反，这是一家出生伊始就含着金钥匙的利益收割者，2013 年时的腾讯早就是互联网产业第一集团军的商业航母，就在 2013 年腾讯文学成立之前的一个月，腾讯刚对外发布微信 5.0 版本（5.0 版本是微信前世与今世的分水岭，5.0 版本缔造的核心规则迄今为止仍然主导微信的大战略），微信即将进一步席卷中国接近满仓的社交流量，此外，腾讯已经在中国游戏市场牢牢把握住首席交椅，网易游戏虽冲劲十足却仍然只能贡献腾讯 40% ~45% 的游戏收入量（概数，不同季度略有上下浮动）；第二，如果说腾讯商业帝国是一个浑身上下武装到牙齿的超级猛兽，那腾讯互娱可以看作此商业猛兽身上最触目的獠牙。腾讯互娱旗下的公司，除了“老牌印钞机”腾讯游戏之外，2013 年的腾讯文学也并不落后，还包括成立于 2012 年的腾讯动漫，以及后来成立的腾讯影业，任何一个商业单位单独拉出来都不是省油的灯，何况还抱团作战。第三，腾讯文学的负责人吴文辉，是中国网络数字版权阅读的教父级人物，早年在盛大体系亲手缔造了中国数字版权阅读的商业基础。而 2013 年时，刚离开盛大文学没多久的吴文辉，披着腾讯的黄金圣衣气势汹汹到来，摆明了是要和网络文学扛鼎者盛大文学拼个你死我活。

这场理论上应该天雷地火的旷世之战，结果却是既精彩又乏味。精彩之处在于，吴文辉在数字阅读版权江湖的号召力之猛，几乎是插旗纳贤的口号一出来，就赢得了相当数量的资源。在数字阅读版权这一亩三分地，读者完全没有忠诚度可言，无非是跟着顶级作者资源走，而全中国数字互联网能有强大的读者号召力的无非那么几百号作者。江湖传闻，吴文辉一上任，便安排美女编辑团队“贴身”服务，隔三岔五打电话给盛大文学排名前百的“大神级”作者，嘘寒问暖之余，不忘叮嘱一句“哥哥，年底你和盛大文学的合约就快到期了，记得签约我们腾讯文学哈。”美女编辑团队集体薅盛大文学羊毛这档子事儿，具有很强的江湖传闻性，可笔者反而觉得具有一定的可信性（抛开编辑团队是美女还是壮汉的性别因素之外），因为从战略角度审视，如果腾讯文学打出的第一攻击波就是挖“大神”作者，几乎是一招致命的套路，是让“吃瓜群众”击节叫好的撒手锏。而乏味之处接踵而来，当吴文辉上演“一剑西来，天外飞仙”的神手段不到一年，互联网江湖便有传闻：腾讯将 50 亿元全资并购盛大文学。相信很多人和笔者一样，听到这个信息的第一反应是一脸惊讶的表情。这有点像拉斯维加斯职业拳王争霸赛，全球数十亿观众拿着可乐薯片和辣条端坐在直播屏幕前，结果第一回合结束，其中一方就已经传出要缴械放弃的消息，类似套路很难不引起观众反感。

言归正传，腾讯要 50 亿元收盛大文学的传闻（而今笔者也不记得当时哪里看到这条传闻），居然在江湖上还传了挺长一段时间，“吃瓜群众”都以为这只不过是一条小道消息时，并购传闻被坐实，腾讯文学和盛大文学合并为一（连并购代价都是传闻中的 50 亿元），新的腾讯阅文集团横空出世，从那一刻开始，中国数字版权阅读市场已经再无硝烟，虽还有少数网络文学顶级作者未被纳入腾讯阅文体系，但从整体实力而言，腾讯阅文集团已经拥有无人能超越的防御壁垒，更何况腾讯阅文集团从来不是孤军作战，同在腾讯互娱体系的还有腾讯影业、腾讯游戏、腾讯动漫。这一系列兵种配置，背后只释放出一个不难解读的信号，腾讯已经有足够的组合筹码，可以扮演 IP 模块角色与载体模块角色，腾讯阅文与腾讯动漫有的是源源不断可输送的优质 IP，腾讯影业有能力把优质 IP 变成视频类载体放到各大院线，而腾讯游戏拥有全中国最高比例的游戏用户人群，借力腾讯阅文的 IP 促成价值不断裂变根本不是什么秘密。

腾讯阅文集团有一定的独特性与不可复制性，毕竟腾讯文学带着企鹅帝国的关键使命而来，寻常白手起家的创业公司断无“弯道超车”吃掉行业领头羊盛大文学的可能性，但从商业结果而言，我们可以发现，腾讯从标准的“载体”模块属性，升级为“IP + 载体”的双角色模块属性。类似的现象，在载体产业不能算是孤例，或者说，类似的战略部署从产业一体化角度来说，属于提升议价能力与资源价值最大化的合理部署。

5.2 沧海无量，抽刀断水——载体产业的竞围和据守

千万别被衣冠楚楚的商业外貌所迷惑，自古以来，残酷商战结果从来只有赶尽杀绝一条路，这毫不奇怪，商业的趋利性本质使然，为了追求利益最大化，商业实战素来就是你死我活，所谓的“你吃肉我喝汤”在竞争对手之间并不存在。于是载体产业内的有趣现象出现了，作为IP生态商业模型中与IP距离最近，且具有传播特性的模块，载体产业的“内战”也恰恰是最激烈的，而“内战”的表述无褒贬之别，只是为了在此产业中寻找到一条正确的高效路径，即一条适配IP生态商业更多模块兼容性的高效路径！

图片、文字、音频、视频、游戏、动态机制（H5）以及直播，均为可搭载IP的信息载体，换一个角度看待问题会发现，信息载体恰恰是数字科技进程中，拥抱互联网最为积极的前沿阵地。前沿阵地意味着高未知风险与高利益回报，也意味着更为惨烈的对战局面。之所以载体产业会成为IP生态商业领域浓墨重彩的特殊篇章，根本原因还是由于产业科技迭代的前沿性。换个角度来做横向对比，不难发现，同在商品形态层的“商品”与“服务”很难面对如此恐怖的产业内斗。参考五力竞争模型，我们会观察到，企业面临的威胁源于五个方向，分别为同行（从事一样工作的同行企业）、新进入者（新进入行业的企业）、客户（议价能力威胁）、供应商（议价能力威胁）以及替代威胁（全新的替代技术问世后对原产业内企业的威胁），如果说“商品”和“服务”面临的上述五大竞争威胁相对恒定，那载体产业内的替代威胁则存在着更大的颠覆力。

看待替代威胁于商业形态层不同模块的颠覆力，需要面对的是数字科技进阶的速度。众所周知，1969年的美国人出于国防目的，首次连接了四所高校的机房（当时四个高校机房的连接，源于美国国防部唯恐美苏冷战转变为全面战争，担心核武器触发世界大战，本土的核武器指挥中心在战争初期便受到毁灭性打击，因而将四个高校机房进行连接，保障任何一个计算机指挥中心被攻击，其他的“备胎”都能一秒内把所有核弹头向苏联本土发射）。随后的30年内，刚刚问世的互联网数字科技，从最初的军用科技渐渐进入到商用科技（必须承认的客观事实是，军用科技到商用科技的过渡周期非常漫长

和迟缓，一直到20世纪80年代中后期，大型企业才逐步开始尝试电子邮件，并成为工作常态，一直到90年代中期，企业网站、留言板、电邮才成为西方发达国家的标配，而且还称不上普及型标配，更别说发展中国家），而在产业初级阶段，由于规模化效益尚在半途，互联网数字科技连接的体验并不理想，且连接成本昂贵。上点岁数的读者，可能还对20世纪90年代中期的Modem（调制解调器，俗称“猫”）心有余悸，这种必须占据电话线的调制解调器不仅速度奇慢无比，而且还会发出刺耳的轰鸣，按照电话线通话时间结算网费，实在称不上居家休闲必备之品。踏入21世纪后，ISDN（Integrated Services Digital Network的缩写，意为综合业务数字网）技术逐步娴熟，网页传送走出了Modem时代简单图文的形式，越来越多网站问世，普通网民才得以享受数字科技带来的便利，随后的数字科技发展一日千里，ADSL（Asymmetric Digital Subscriber Line的缩写，意为非对称数字用户战略）到光纤技术的日新月异，令网站或者App可以提供越来越多的科技成果。即便如此，从业者仍然无法规避一个客观现实，那便是数字科技成果从简单到复杂，参照着循序渐进的前行节奏，而非直捣黄龙的终极数字科技目标。

具体剖析这一规律，最根本的是互联网数字科技必须建立在“连接”的基础上，“连接”是“数据传送”的前提，而在数字科技初期，非常凑合的连接传送技术水平，极大地限制了可连接对象的范围。以中国为例，第一波享受到产业红利的是新闻资讯门户网站，2000年时，新浪、网易、搜狐三大门户纷纷上市是一个极为明晰的分水岭，缘何最初的红利会产生于资讯而非视频或者直播？显而易见的是，当时的Modem连接技术，仅仅能支撑载入较为单调的文字以及少数图片（单页多图简直是网民的噩梦，迄今为止，互联网历史上还有一个逐渐被淡忘的术语叫“多图杀猫慎入”，指的是那个时代如果打开一个多图网页，可能会让Modem彻底死机），在2000年前后，在线缓冲一部视频可能需要的时间不是几个小时，而是几天或者几周。同理，LBS（地理位置定位）技术与移动互联技术尚未成熟时，根本不可能催生O2O（Online To Offline，意为线上到线下）产业。

回头观察IP生态商业中的商业形态层，立刻能发现，“载体”模块具有极强的数字科技进化程度，而“商品”或“服务”因为数字科技发展而相应发生变化的力度则迟缓得多，或者说“商品”与“服务”产业因为数字科技而发生的变化，仍然作用于局部而非全局，此乃业态特征注定的结果。2017年，当“工业4.0”与“数字场景”被越来越多呈现于报纸时，“商品”与“服务”才真正开启数字科技的连接加速之路，而这条道路想要走到完全进阶，仍然需要10年、20年甚至更长时间。

产业的变革力度和速度，常常决定了产业内部的竞争格局，在数字科技浪潮面前首先受影响的就是载体产业。数字科技问世之前的传统载体，包括报纸、电视、广播等，均在数字科技来势汹汹面前，或积极响应，或俯首称臣，而载体的进化恰恰就是IP生态商业得以爆发的导火索。

将位于“商业形态层”的“载体”“商品”“服务”三大模块做大致的时代区分（见表5－1），希望进行对比后，能够观察到“载体”模块在4.0时代便全面进入到数字化进程。天生便与IP有着强依附力的载体，抢先跨入数字时代后，IP获取到得天独厚的破发机会与成长空间，IP附加值，也在载体数字化进程中，获取到科技红利的加持。如果说3.0时代（含之前）的载体仅仅只能承载IP或者数量有限的IP附加值，当载体4.0时代揭开大幕，载体模块的角色变得如此缤纷多彩，一定意义上，载体可以承载IP＋IP附加值，载体甚至于可以一定程度承载“价值交付层”的“路径”模块分发职能，为同在“商业形态层”的“商品”“服务”模块提供流通层面的支撑。

同时，处于3.0时代的载体企业，则不得不面对来自4.0时代载体企业的替代威胁，报纸杂志等纸媒的没落早不是秘密，电视广播增长率也饱受数字载体的屡屡超越，而“替代威胁”通常会是竞争威胁中最为可怕的一种不可逆效应，诺基亚在iPhone面前的兵败如山倒，移动寻呼机在手机产业的冲击下销声匿迹。传统载体面对数字科技带来的降维攻击，努力寻找到自我进化的捷径，会是未来的主流趋势，IP生态商业将加速这种主流趋势的蓬勃发展，也将从主流趋势中赢得“载体”模块的内增式支撑！

表 5－1　商业形态层中载体、商品、服务三大模块对比

阶段	载体史前时代	载体 1.0 时代	载体 2.0 时代	载体 3.0 时代	载体 4.0 时代	载体未来时代
载体代表作	口述、舞蹈、结绳记事、图腾壁画等	竹简、书籍、纸帛、邸报、戏曲、评书等	书籍、报纸、海报、招牌、戏曲等	书籍、报纸、海报、广告牌、电视、广播、车身、电影、戏曲等	数字阅读、数字广告、数字视频、数字音频、数字游戏等	万物
阶段	商品史前时代	商品 1.0 时代	商品 2.0 时代		商品 3.0 时代	商品未来时代
商品代表作	农、林、牧、渔、矿等资源采集类商品	铜、铁、木、编制器等资源人力加工类商品	工业化商品		高度工业化商品、部分数字工业化商品、数字商品	全数字工业化商品、数字商品
阶段	服务史前时代	服务 1.0 时代			服务 2.0 时代	服务未来时代
服务代表作	宗教服务	专业服务，无论是管家或轿夫，还是司机或者家政服务			数字服务或部分数字场景的线下服务	数字服务或全数字场景的线下服务

5.3 孰系诸侯玉带？孰披帝君龙袍？——IP 载体产业博弈论

载体产业的利益博弈，悬系于三大核心要素，分别为：第一，载体产业内商业机构与 IP 动力层的博弈强弱；第二，载体产业内商业机构与价值交付层的博弈强弱；第三，载体产业内商业机构与载体产业内商业机构的博弈强弱。有趣的是，三大博弈强弱要素，在不同阶段的载体模块会时刻变化，这也对载体产业内商业机构的动态决策能力提出持续不断的挑战，也意味着不可能把某一项时间点的决策贯穿到商业机构生命周期的完整过程，这也是商业中常常提到的“兵无常势”或者“谋势而动”——应变，这本就是企业的核心竞争能力之一，回顾人类商业历程的每一次成败，都能发现善于应对变化的商业机构才有更多机会笑到最后。

下文引用一个具有代表意义的商业案例，尝试解读载体产业内商业机构的阶段博弈策略的区别：

美国男子篮球职业联赛（NBA）是北美著名的联赛之一，每年秋天到次年的 6 月，东西部球队会经历漫长的常规赛，一直到东西部前八强杀入季后赛，进而到东西部冠军对峙于总决赛之巅。成立于 1946 年的 NBA，最初的岁月并不光鲜，虽说结束了第二次世界大战之后的美国政府希望人民能借助娱乐治愈战争创伤，但整体来说，才问世半个世纪的篮球运动，没能在 1946 年就绽放出商业光芒，于是，NBA 的前身 BAA 和 NBL 经历了裁员、合并、更名等一系列早期磨难。作为 NBA 联盟历史上第一位篮球巨星，乔治·麦肯一定程度上拯救了 NBA 的球场票房，可整体来说，刚问世前十年的 NBA 活得相当凑合，相当凑合的意思就是球员们在极度凑合的球场打球，接受极度凑合的篮球训练和治疗康复，拿着基本与蓝领机修工差不多的凑合薪水，黑人球员隔三岔五还会听到看台上含有种族歧视的谩骂，那个时代的 NBA 格调，和现在的广场舞差异不大。

回顾 NBA 初生时的窘迫背景，并不是想忆苦思甜或者号召而今身价上亿的 NBA 球员们艰苦朴素，而是希望回到我们准备讨论的 IP 商业案例中。虽然 NBA 的早期穷得和丐帮没多大区别（除了纽约这种超级都市，其他城市球队基本看不到钱，而且在球员工会成立之前，拖欠球员工资是家常便饭，所谓的 NBA 球员和领便当的工地搬砖者有着高度相似性，而那个时代的 NBA 老板也穷得和工头差不多)，可 NBA 的操盘者毕竟是有着丰富商业经验的联盟办公室。要知道 NBA 联盟办公室不是一个社团，而是一个打工机构，所有球队老板一起出资成立 NBA 并且确立利益规则，雇用联盟办公室打点生意。NBA 最初成立时的资方就是全企业家背景，这群老谋深算的资本家自然商业技巧极度娴熟，经验十分丰富。只不过不同于寻常商业机构的使命是如何生产商品或者交易商品，NBA 联盟办公室只做一件事情，就是基于商业篮球赛事实现利益最大化，包括赛事推广、培育、授权商品等一切的行为都可以归结为上述的工作宗旨。在此情况下，NBA 联盟办公室早在 1953 年，就与杜蒙电视网签署了转播合约。那可是 20 世纪 50 年代，中国大致处在最大家用电器就是手电筒的岁月，大洋彼岸的美国人民虽说日子富足一些，但也不过刚刚步入家用电视机全民时代（电视机年出货量百万台左右），大量商业电视台为争夺市场份额，不断推出精彩节目，可想而知，当时还没有多少群众基础的篮球赛事转播会面临什么样的困境，没多久，杜蒙就把 NBA 赛事转播权转卖给美国头牌商业电视台 NBC（美国全国广播公司的简称)，此时此刻，NBA 才算抱上了联盟成立以来的第一条大腿。

随后的约三十年，NBA 的日子比刚开门做生意时滋润些许，伴随一代又一代球星吸引年轻人的目光，也伴随电视转播的推广，更伴随 20 世纪 70 年代运动厂商借力 NBA 球星进行联合推广，总而言之，等到 70 年代末 80 年代初，“大鸟”伯德与“魔术师”约翰逊联手进军联盟时，NBA 已经能逐步形成规模体育商业效益。明显的是球员们开始拿着让多数寻常老百姓流口水的高工资，打客场还能有客场津贴，一线球队的当家球星一般能有机会签 Converse 球鞋代言合同，其他行业代言也经常会垂青 NBA 球星，从信用卡到口香糖，从运动饮料到运动轿车，比起 20 世纪四五十年代球员吃糠咽菜的苦日子，不可同日而语。然而，即便“大鸟”伯德与“魔术师”约翰逊得天独厚地缔造了联盟历史上的精彩，20 世纪 80 年代 NBA 的辉煌程度，依旧只是刚刚越过起跑线。

真正帮助 NBA 走入辉煌状态，首席功臣应该是 1984 年出现的三个人，他们分别为大卫・斯特恩（1984—2014 年任 NBA 联盟总裁)、迈克尔・乔丹（探花）和“大梦”哈基姆・奥拉朱旺。迈克尔・乔丹是 20 世纪 90 年代

NBA 六冠王不再赘述，除了篮球场外，他还影响了商业市场，如果没有迈克尔·乔丹，地球上就不会有 Nike Air 系列；哈基姆·奥拉朱旺不仅统治了 20 世纪 90 年代的赛场禁区，而且在乔丹第一次退役的两个赛季，率领火箭拿下 1994 年与 1995 年两个 NBA 总冠军。可乔丹与奥拉朱旺对 NBA 的贡献加起来都不如总裁大卫·斯特恩。这位律师出身的文职总裁，不遗余力地拓展 NBA 电视转播载体。斯特恩在职期间，不惜降低电视转播权的价格（请注意，是在 NBA 已经电视转播超过 30 年的情况下，降低电视转播权的价格），把更多的比赛场次推向更多电视屏幕。

斯特恩先生执掌 NBA30 年间，主要重大贡献包括：充分挖掘电视载体，极大规模扩大球迷认知和忠诚度；巨星保住行战略，包括迈克尔·乔丹在内的 1983—1987 年黄金五年诸多顶级巨星，在斯特恩的沙盘上不是代表各个球队，而是代表各种个性化的故事（角色主张型 IP）；青少年发展战略（为 NBA 未来球迷发展提供梯队）；全球扩张战略（从市场边缘走向其他大洲）；NBA 生态战略（NBA 不再仅仅是赛事，还走向更为广泛的商业授权领域）。斯特恩所做的一切，虽然没有某一种绝对的统领性战略纲领，但主要的战略发力方向可以归结为：第一，载体扩容，就算牺牲部分短期利益，也要载体扩容；第二，用户扩容，包括利用载体对话电视用户，以及针对年轻人与全球球迷的边界扩张；第三，角色 IP 化，将赛事主张型 IP 与角色主张型 IP 立体交叉成为 IP 矩阵；第四，更紧密地走向“商品”“服务”模块，乃至于染指“路径”和“场景”模块。身为 NBA 联盟总裁，斯特恩先生不是球员背景，毕业于哥伦比亚大学法学院的他，最初以律师身份加入 NBA 联盟办公室，一直到 1980 年出任联盟法务副总裁，他所做的一切，可以看作“IP 动力层”的商业机构（NBA 是不折不扣的赛事主张型 IP），利用“载体”“商品”“服务”模块，全面提升商业利益获取能力的典范。

1989 年秋冬季，寒风凛冽，年过五旬的斯特恩总算在北京说服了央视领导，免费“出送”电视录播权，从而能在央视获取到一个星期一场比赛的播出机会，还终于有机会让联盟办公室的财政预算能为央视转播组飞往美国转播全明星周末和总决赛支付账单。2002 年，姚明被休斯敦火箭队选中，这使得 NBA 成为潮流体育文化的显著标签，NBA 中国办公室兴高采烈数钱数到手抽筋。NBA 赛事转播权能在中国卖出天价的原因就还原到本节初提出的三大核心博弈要素。

第一是载体产业内商业机构与 IP 动力层的博弈强弱。与尚未登陆中国电视屏幕的 NBA 相比，CCTV 有着足够的载体模块博弈力，于是大卫·斯特恩会摧眉折腰低声下气求转播；时至今日，CCTV 诸位领导就算飞纽约，到联盟办公室大卫·斯特恩面前谈转播权，别说免费，就算想套近乎打九五折都难。此乃 IP 动力层和载体产业内商业机构不同阶段博弈力逆转的代表作。

第二是载体产业内商业机构与价值交付层的博弈强弱。大卫·斯特恩接管 NBA 之前，球员获取到商业赞助只是凤毛麟角的个例，譬如 20 世纪 70 年代的沃尔特·弗雷泽就以篮球潮人形象代言运动品牌，但在那个年代，多数球员只求能有免费球鞋穿，能有机会从运动厂商拿钱的球员着实为数不多。斯特恩将 NBA 赛事 IP 化并且将角色 IP 化，再将 NBA 赛事 IP 与球员角色 IP 交叉捆绑，成功让 NBA 赢得无数的赞助商，想要在 NBA 露脸的品牌并没有借力载体（电视转播），而是直接向 NBA 砸出千万美元（无论是麦当劳还是佳得乐），载体产业（电视转播媒体）反而成为 IP 动力层与价值交付层之间可以被绕过的扁平层，这一现象源于载体产业与价值交付层的博弈强弱比，远远低于 IP 动力层（NBA 联盟办公室）与价值交付层的博弈强弱比，NBA 愿意直接做“商品”“服务”授权并且与可提供“路径”与“场景”的合作伙伴共同成长，载体产业的话语权反而落在下风。与很多年前的 IP 动力层必须借力载体产业对接价值交付层模块群相比较，2010 年后的 IP 动力层直接寻求价值交付层合作的案例多了许多。

第三是载体产业内商业机构与载体产业内商业机构的博弈强弱。身为 NBA 这一全球顶级赛事主张型 IP 的主要助力伙伴，载体产业的电视媒体做得并不够理想。同为载体，电视媒体与电视媒体之间互相倾轧，反而提升转播版权价格，让 NBA 赚得盆满钵满；同时，载体产业并没有清晰意识到数字载体的替代威胁以及 IP 动力层自发展载体属性的可能性，因而网络转播版权同样以千万美元计算，且 NBA 自建的官网和 NBA Store 都不缺客流量和增值机会，这些可能一定程度降低了载体产业内商业机构议价能力的流量着陆点，同样可能影响博弈结果。

NBA 的发展历程之精彩绝伦，不是寥寥一个章节所能全盘诠释，可以肯定的是，其中任何一个片段单独列出，都可以作为全球顶级商学院的战略管理教程案例。在此篇章用NBA联盟办公室与大卫·斯特恩举例，仅仅从IP生态产业角度分析载体产业与IP动力层之间的因果逻辑，值得回味的东西就太多太多。

5.4 一夫当关，一夫破关——IP载体产业降维攻击之道

三大核心模块（IP、人群、数据）和五大环节模块（载体、商品、服务、路径、场景）组合构建起的IP生态商业模型中，载体是最具有故事性的环节模块，有趣之处在于，载体产业理论上存在着与IP动力层无与伦比的相互依存效应，可实战中，载体产业偏生又处在数字科技影响最为巨大的前沿，同时身兼机会垂青并身处创新迷雾，IP载体产业可谓摸着石头过河，一步一个脚印努力前行。在此之前的商业历史上，从来没有过任何先辈可以准确回答IP载体产业的从业者们如何在科技巨变的环境中赢得最佳生机的问题，也正基于此，商战显得格外精彩。

如果是载体产业内的商业机构，其如何能在IP生态商业中获取到最大化的商业利益？这是一个大而泛的课题，解剖到细枝末节，甚至可以从人力资源管理或者项目管理学科抽丝剥茧，可从战略角度回答这个问题，答案并没有想象中那么复杂。刘慈欣先生的科幻巨作《三体》描绘过一个璀璨到令人瞠目结舌的画面——降维攻击。外星飞船启动降维攻击时，数以百万计的地球飞船从三维空间被强制压缩到二维空间（即长宽高物体被强行压制到长宽二维，像一张纸上的墨点），在降维攻击面前，科技落后的地球星际舰队毫无还手之力，只能迎接灭亡的命运。这是一场完全不存在对抗的“战争”，与其称为“战争”，还不如说是一场完全不存在对抗的屠戮。当对战双方可以使用的战争技术完全不属于一个世界规则时，所谓的军队数量或飞船数量这种量化指标就显得毫无意义，即便地球联军的太空舰队再以N次方数量增长，在降维攻击面前，更像是送上门的冷菜小碟变成了冷菜拼盘。于是，近年来行业内广为流传一句话：“在降维攻击面前，挣扎徒劳”，用于描述数字科技带来的商业领域降维效益，也用于揶揄传统企业再不寻求升维便很难继续获得生存概率。

那么在IP生态商业模型的载体产业模块，如何做才能扮演降维者，而不

是被降维者呢？毕竟谁都不希望百万旌旗一枪未发就变成皮影，谁都希望自己是主角光环加持的大活跃武将，而不是一开局就被“秒杀”的杂兵。一些载体产业商业机构需要关注的竞争焦点，作用力于 IP 生态商业创新过程，需要被格外关注，且尝试投入资源付诸实现。

- **聚合效应**

载体产业内的传统商业机构，通常会有不得不面对的区域格局，无论是纸媒，还是电视载体形式，这种割据的格局，一定程度降低了载体产业整体博弈能力，而在 IP 生态商业时代，载体的商业利益强弱，一定程度被聚合效应所影响。聚合效应包括跨地域聚合、跨形式聚合、跨人群聚合，这也意味着单一载体形态的商业机构必须面对着从单载体到全载体的进化挑战，而数字科技恰是这种进化所需要的动力。如果说 20 年前的某单一载体商业机构只需要做好自己这一亩三分地的农活儿，那 20 年后，单一载体商业机构必须掌握跨出单一载体的技巧。值得一提的是，单载体到全载体不能被简单理解为从“电视台”转型为“电视台 + 公众号”，即不应被理解为触达端的进化，而应该是内容制作能力的同步进化（内容制作是载体产业的基础价值存在），换句话说，如果仍然以传统单载体制作机制尝试应对全载体的人群诉求，将会输得体无完肤。

聚合效应将帮助载体产业内商业机构赢得更多的市场份额，同步提升对 IP 动力层的议价能力，而单载体到全载体的进化之路绝对是遍地荆棘，以史为鉴，太多单载体商业机构用遍体鳞伤证明了“载体形态”和“内容机制”二者不可或缺，任何不以用户为中心的自我进化，最后只会催生变异物种，而不会是可持续发展的良性物种。

- **策略效应**

正如我们反复强调的，用户只会忠实于内容，而不会效忠于平台，对载体产业内的商业机构而言，这是一种赤裸裸摆在桌面上的生存威胁，但并不代表没有破解的方式。应对用户的客观行为惯性，载体产业内的商业机构可以做的是提升竞争壁垒，采取的核心壁垒策略包括两个。第一是排他或独家性质的 IP 动力层控制策略，任何 IP 模块一旦辐射到载体结构扩散化，对载体产业内一切商业机构来说，都将是一场互相追逐而无力反扑的糟糕结果，排他或独家模式可保障载体产业内商业机构的壁垒。当然，排他或者独家的成本与收益，需要经过精密的财务测算，否则仍然将陷入恶性循环。当排他或独家的 IP 动力层控制策略奏效时，载体产业内商业机构将有机会最大幅度多方向变现（腾讯阅文集团与数字版权作者的合作走的是这条路线）。第二是 IP 差异化策略，不是每一个载体产业内机构都有足够的现金资源可以博取排他或独家 IP 动力层权限，差异化策略是另一条能够尝试的商业路径。举例来说，如果某载体产业内的超级巨头霸占了 NBA 的视频版权，商业规模不如这家巨头的其他商业机构，可以谋求的是部分视频版权或者部分视频版权的再剪辑制作权，进而推出自己加工制作的精彩视频集锦，在此差异化策略作用力下，凭借内容制作机制的优势，减少 IP 动力层赋能的劣势。第三是 IP 聚焦策略，有一个现象常常会被商业观察者熟视无睹，那就是为何体育台与少儿台永远经久不衰？其实底层逻辑并不复杂，体育台针对特殊人群（体育爱好者），是聚合特殊人群关注的赛事主张型 IP 资源；少儿台针对特殊人群（未成年人），是聚合特殊人群关注的卡通 IP 资源。IP 聚焦策略，系针对特殊细分市场的反向策略，无力谋国战，便谋一城称霸，这种模式将保障聚焦 IP 的组合性，有效控制成本，也能打造自我品牌的壁垒。

- **角色效应**

郭德纲有过一句每次说出来都会博得满堂彩的话：“不想当厨子的裁缝不是好司机”。摒弃曲艺领域抖包袱的成分在内，这句话相当形象地诠释了角色多元化的重要性。在 IP 生态商业时代来临时，载体产业内商业机构的使命需要被重新思考。除了承载 IP 与 IP 附加值之外，载体产业内商业机构是否思考过自己也可以扮演同在商业形态层的其他角色模块？甚至于是否思考过自己扮演价值交付层的其他角色模块？没错，任何商业出版物（成功学和名人传记除外）都会强调商业理性和商业能力客观评估，本出版物也在之前章节提到过“最佳格局”和“能力格局”的概念，“最佳格局”强调的是做到什么角色符合利益最大化，“能力格局”强调的是自身能力可以胜任什么角色。在商业实战中，遵循“最佳格局”与“能力格局”规则的同时，还需要回答的是，是否能借力合作伙伴达成多角色模块的扮演。举例来说，某少儿电视台的基础职能是播放少儿卡通，且凭借少儿收视率获取到玩具厂商的广告投放预算，当 IP 生态商业时代来临，该电视台是否考虑过通过获取 IP 动力层授权，并转授权代工厂生产 IP 衍生品，进而再利用电视节目的空档时间以电视直销模式直接出售衍生品？在此案例中，载体模块商业机构（少儿台）对接的 IP 动力层是版权拥有机构，寻求的合作伙伴是负责代工生产的玩具厂，自己再同时扮演价值交付层的“路径”角色和“场景”角色。

IP 生态商业是在数字科技时代获取到特殊成长条件的优势商业，即便如此，IP 生态商业内的方寸竞争仍然需要遵循宏观商业规则的竞争法则制约，无法超出位面规则而单独存在。进而言之，当从业者一个猛子扎入 IP 生态商业中时，最需要时刻保持清醒的并非是面对 IP 领域乱花迷人眼的锦绣，而应该是意识到 IP 生态商业服从于商业基础逻辑，基础位面规则决定一切！

5.5 IP 生态商业案例解析——青岛啤酒，远不止是啤酒

阅读本书的读者会在之前章节读到，IP 可以划分为内容主张型 IP、赛事主张型 IP、角色主张型 IP、场景主张型 IP、会典主张型 IP、品牌主张型 IP，而本书针对 IP 生态模型的诠释论述，更多聚焦在较为感性的方向，对品牌主张型 IP 相对无视。企业寻找 IP 价值赋能时，常常会忽略自身品牌就带有 IP 属性。如何利用这种 IP 属性进行价值延展是一个有趣的话题。当然，在我们探讨品牌主张型 IP 之前，企业需要回答自身是否拥有品牌主张。而这个看似并不艰难的问题，实际答案却比想象中残酷得多。笔者接触了大量企业，发现他们对于自身品牌的认知程度，仍然停留在品牌辨识层面，相当比例的企业回答不了自有品牌主张是什么，在这种情况下，进一步讨论品牌主张型 IP 的生态商业，就很有几分画饼充饥的冷幽默感。

这里引用的案例，是中国品牌的一个骄傲——青岛啤酒。作为传承百年的啤酒品牌，青岛啤酒的品牌很大程度上代表了中国啤酒行业在国际的认知度，它的品牌价值也长期雄踞啤酒产业排行榜首位。摒弃产业地位以及品牌高度，它的品牌主张具有大书特书的必要性。

青岛是一个有故事的城市，远不在于碧海蓝天、栈桥帆影，还在于过去

一百多年的历史风云。19 世纪，清政府无能，西方列强纷纷侵入中国，希望能在中国得到一分利益，德国也不例外。1890 年，德国获得清政府认可，获取到山东的护教权，随后各种神职人员进入山东省内进行传教活动。德国神职人员设立教堂广泛传教的同时，欺压百姓是常态，当地人民与传教士之间的矛盾相当尖锐。而不可忽视的是农民武装力量的存在，鲁东南与苏西北地区素来是农民武装活跃地带，人民与神职人员的矛盾一旦发展到临界点，农民武装便会转化为一股不可控的力量，产生让人意想不到的结果。谁都没有预料到的巨野教案，便突然地发生了。负责巨野神职业务的传教士薛田资，一贯作威作福，唆使教徒与中国人民对立，引起了当地民众的极大愤慨。1897 年，大刀会成员组织数十民众，持械冲入教堂准备杀死薛田资。结果是阴差阳错，恰好山东阳谷与郓城两位传教士能方济与理加略因公出差巨野，薛田资将自己的卧室让给两位出差同事居住，于是黑灯瞎火之间，大刀会与数十群众的怒火发泄到了两位远道而来的传教士身上，刀砍斧剁之下，两位传教士就在睡梦中莫名其妙地死去。

事件发生后不过十来天，德国武装力量进入胶州湾地区，理由是调查“巨野教案”。这听起来相当可笑，中国是一个主权国家，发生涉外刑事案件，再怎么说也应该是中国自有侦缉权与司法权，怎么也轮不到外籍军队“进入”中国领土进行“调查”，但当时清政府没有捍卫国土的能力与魄力，包括青岛在内的胶州湾地区便顺势变成了德国的殖民地。殖民地的历史，是中国在西方列强铁蹄下的屈辱体现，也留给后人一个永远无法忘却的伤疤。

在今天的青岛，仍然可以观察到德国殖民统治留下的印迹，包括建筑特征、餐饮特征、业态结构等。而本案例的主角青岛啤酒的姗姗来迟，也必须先铺陈历史故事，青岛啤酒的品牌传奇具有更令人折服的亮点。1903 年，德国人在青岛建立日耳曼啤酒公司青岛股份公司，短短三年后，青岛啤酒便在慕尼黑博览会斩获金奖荣誉。德国啤酒本就是具有全球标杆效应的产品，青岛啤酒沿袭了德国企业的严谨制造工艺，配合青岛独有的水质优势，形成具有领先性的品牌效应。且在之后的百年运营中将青岛啤酒的品质优势不断传承发展，获得市场领先地位是一种必然。当然，这离不开数代青啤人的努力奋斗，譬如 20 世纪 90 年代中后期青岛啤酒的战略帮助青啤进一步成长为了行业佼佼者。

案例解析

青岛啤酒存在着品牌主张型 IP 的标志特征，只不过这种特征在青啤的品牌主张与消费者认知角度，客观存在偏差，此案例特地从青岛百年历史切入，是为让读者更清楚了解青岛啤酒在百年历程中客观纳入了德国的领先啤酒酿造工艺优势，青岛啤酒品牌背后，记载的是岁月与故事。也许在多数消费者心目中的青岛啤酒可能没那么感性，基本等同于是一种味道相当不错的啤酒，仅此而已。这种消费者认知的狭隘，恰恰忽视了青岛啤酒百年岁月风云背后的沉淀，也忽视了青岛啤酒品牌背后，远不止啤酒这么简单，还存在着相当丰富的产品线。

回到话题原点，青岛啤酒的品牌指向根本不是啤酒，而是包括啤酒文化、啤酒产业、啤酒历史等多重因素在内的综合品牌主张，品牌主张型 IP 的延展性在青岛啤酒的产业结构中随处可见。举例来说，青岛啤酒博物馆是游客不应该忽略的胜景。笔者并不清楚中国是否还有其他的啤酒博物馆，但从青岛啤酒博物馆中，游客不仅可以了解啤酒制造的完整工艺流程，还能对青岛啤酒产生更深入的真实认知；另外，青岛啤酒的产品，远超出常见的瓶装啤酒、罐装啤酒，还有佐酒小食、桶装鲜啤、啤酒纪念品等。

我们从青岛啤酒出发，可以洞察到一个品牌主张型 IP 如何利用自我优势，赋能到产业链条的多个方向，帮助商业利益以 IP 为轴心进行辐射状增长的。

Chapter 6

陷阱——零售流通业IP生态商业剖析

中国古代史，最精彩的莫过于汉到三国的过渡时期，这段岁月云集了大量的顶级谋士武将，烽烟诸侯，数不尽英雄人物。这段岁月也存在着那么几支特种部队，大多都效忠于西北体系（董卓、马腾、吕布体系）、东北体系（公孙体系）或者河北体系（袁绍体系），包括先登死士、白马义从、大戟士、西凉铁骑等，尽管这些特种部队基本都在各场战役中死伤殆尽（历史很残酷，譬如河北袁绍和北平公孙瓒之战，彻底打残白马义从以及大戟士两大王牌兵种的基础建制），可历史上对这些特种部队的描述却有其共性，即都有对特种部队的“装备”描写。譬如以吕布阵营的特种部队“陷阵营”为例，“铠甲斗具皆精练齐整”，很形象地写出了一支仅有700甲士的重装步兵的雄壮。

看三国时代的特种部队会发现，冷兵器时代的军力强弱取决于三大关键：其一，军人是否悍勇（“士气+力量”）；其二，装备是否足够精良完备（“攻击+防守”）；其三，战法是否领先合理（“统御+指挥”）。

现代商业领域亦然，商业机构自身能力乃其一，寻找到有价值的赋能为其二，科学有效的战略部署为其三。而在商品流通业，回答这三个问题的难度，比冷兵器时代的成败定论要难，而且要难得多！

6.1 抬轿子 vs 举杠铃——零售渠道制衡之后的对峙

商品流通业，客观来说可以划分为三种不同的细分类型，第一类是提供商品，第二类是提供流通，第三类是提供“商品和流通”。而解析商品流通行业，需要的商业知识极其庞杂，覆盖到近代商业史以及流通领域价值链分析。

第一类“提供商品”的商业机构，毫无疑问是制造业，其商业模式是将原材料加工成为一个溢价商品（商品价格至少要比“原材料成本、人工成本、厂房租金、机器折扣成本、办公成本”加起来高），从中获取溢价部分的利润，至于溢价利润究竟是源于精细化生产还是扩大销售规模，都存在着可能性。

第二类“提供流通”的商业机构是经销商或者代理商，职责是解决从制造型企业批发或代理，一直到零售终端的全部或部分环节问题。显然，流通环节越多，意味着流通成本越高，而“提供流通”的商业机构并不一定依赖自己解决批转零的所有环节，可以依赖其客户逐级分发，从而获取流通利润差实现盈利。

第三类“提供商品 + 流通”的商业机构，即产销一体化企业。此类商业机构，存在着第一类商业机构“提供商品”的完全职能，也存在着第二类“提供流通”的完全职能，自产自销，即有机会赚取制造加工业利润，也有机会获取触达消费者的机会。

第三类“提供商品 + 流通”的商业机构，似乎是最具有竞争力的存在，实则不然，以中国商品流通业的实际境况来看，第三类企业基本是极度罕见的珍稀物种。首先，任何市场的洞察，都需要提炼市场的结构化特征，中国市场有着幅员广阔的特质，这意味着如果由第三类产销一体化企业的思路来解决问题，征服整个中国市场也许会需要三十年或者五十年时间（不算很长时间，中国存在着超过三十个省级行政单位），漫长的征途意味着任何尚未被统领的区域市场都可能有竞争对手提前占据有利位置，因而，这条道路对有志于流通全国的商业机构而言，有着太多的不确定性。其次，立刻会有读者想到是否加速资源投入提升市场征服速度，这不仅挑战产销一体化企业的资金循环效率，而且对企业的管理而言将带来极大的压力，以中国三十多个省级行政单位的单一面积而论，每个省份需要投入的市级、区县级、乡镇级的经销人员人数，至少以数百人计算，谁能想象一家数万经销人员的企业的管理效率？要知道，快速成长情况下，几年内增长数万员工还需要全国标准化工作流程以及绩效管理，这种经营决策的地雷几乎是一触即爆，理性的决策者不会走这条道路。最后，中国陆地面积约九百六十万平方千米，若部署上万的经销人员驻扎在不同的行政单位负责区域业务，仅仅是差旅费与多如牛毛的办事处成本，就足够使任何一家商业机构的单品价格远远偏离市场合理价格，极度降低企业的市场竞争力。

转身再看商品流通业的产业格局，上述段落所描述第三类“提供商品 + 流通”的商业机构数量在整体产业规模中占据少数，更多的商品流通业角色呈现三种状态，第一状态是“提供商品”，第二状态是“提供流通”，第三状态是“提供商品与部分提供流通”，即部分自营，部分经销商、代理商、加盟商形式。而这种状态的存在，并非商业运营中的目的导向，而是结果导向，即多数尝试第三类“负责商品 + 流通”的产销一体化商业机构，已经在残酷商战中，尤其是 20 世纪八九十年代的残酷商战中溃败到七七八八，存者寥寥。

随后，让我们再尝试换一个角度解剖商品流通业态格局的历史原因。不同于老牌资本主义社会循序渐进的商业步伐，中国在结束封建帝制之前是彻头彻尾的农耕文明；1912 年到 1949 年，经历了军阀内战、抗日战争以及解放战争，长达 38 年的中国没有过系统性商业文明建设；1949 年中华人民共和国成立到 1976 年，中国反复于路线斗争以及计划经济，商业发展空间有限。这一切的背后都沉淀下了导致如今商业格局的重要原因：首先，自古以来，中国没有过系统性的商业文明传承，而 1912 年到 1978 年长达半个多世纪的动荡，更让中国为数不多的商业沉淀灰飞烟灭，这导致了商业缺少底蕴的应变逻辑思维；其次，正因为超过半个世纪的动荡（无论是战争动荡还是意识形态动荡），改革开放之前的中国处于商品严重匮乏状态，这与国民迫切需求商品改善生活的意愿严重相悖，这也在 20 世纪八九十年代给商业带来了野蛮成长的空间；再次，正因为 20 世纪八九十年代的真空市场，该阶段投身商业的企业家凭借“渠道为王”四个字赢得了不菲的商业利润，这些企业在合适的时间抓住了合适的机会，赢得商业利益的同时，并不代表着这些企业仍然有能力应对截然不同的数字经济时代，体现在传统企业谋求转型的积极意愿和创新力普遍不足的真实矛盾；最后，20 世纪八九十年代沉淀给诸多企业的第一个商业真谛是，争夺渠道等于争夺市场份额，即可强化市场力，而常常忽略或者选择性忽略了产品力的重要性，80 年代进驻中国的外资企业领先的管理经验也被中国企业家逐步效仿，这几个因素结合起来，会发现中国传统企业普遍将“营销”看得比天都大，却普遍拒绝反思产品力的领先性何在。

这并不是老生常谈，工业社会发展到一定地步，地球上极少存在某个商业机构独一无二的制造水平，进而言之，商品功能层面的独特性极难被捕捉，映射于日常商业状态，便是商品和商品看上去都差不多，消费者很容易陷入价格决策，进一步倒逼企业再强调精细化运营以降低生产成本。

上述的系统性剖析，希望能够得到一些 IP 生态商业形态层“商品”模块讨论之前的共识。

第一是竞争焦点的转移：从“0”到“1”的时候，渠道为王，而渠道竞争进入到制衡阶段时，对抗必然转移到品牌力与产品力，而产品力普遍难以获取领先时，品牌力会成为各个商业机构对抗竞争的必争之地，而 IP 生态商业恰提供了“IP 动力层”的品牌赋能。

第二是渠道角色的错位：20 世纪八九十年代的“渠道为王”存在着辩证价值，从正向角度看，第一批商品流通业的企业家获取到财富，且身体力行为中国最初的商业化走出了一条难能可贵的经验之路；从反向角度看，为抢占渠道而广泛布局的第二类“负责流通”的商业机构，正在数字经济格局下面临危机，强调去环节利润直面消费者的网购业务正越来越多地得到企业的重视，而“去环节化”背后的潜台词就是经销商需要转型。

第三是数据力量的博取：电商网购业务问世的首要利益点一定是让消费者绕开流通环节，能购买到价格更为便宜的商品，此乃显性结论，另一个容易被忽视的隐性要素在于，商品制造业和流通企业之间的关系在二三十年的发展中已极为尴尬，诸多商品制造业需要仰人鼻息才能赢得经销商更多进货的承诺，且环节流通现象造成商品制造业无法直面消费者，消费者客流量始终掌握在经销商手中。对商品制造业而言，趋利天性会渴望直接对话最终消费者，获得消费者数据，并最大限度切割被经销商分割的环节利润。

第四是利益对立的显化：在可意会不可言传的动机主导下，商品制造业积极接触电商网购是再正常不过的结果，而今摆在诸多商品制造业面前的难题，根本不是做或者不做电商网购业务，而是如果启动电商网购业务的话，一定阶段必定会与经销商环节利益背离，如何解决经销商与网购业务之间的冲突？没有多少企业扛得起所有经销商一夜间甩手不干的烂摊子，因而，网购业务与经销商机制之间存在磨合或者对抗，必须以更谨慎的措施寻找到符合多方利益的科学方法，譬如渠道角色的错位中所提到的经销商角色转型。

20 世纪八九十年代的商品流通业，很像是一群轿夫抬轿子，群策群力，轿子稳健前行；而今的商品流通业，则很像是举杠铃，举着历史沉淀的经销商机制，看着蒸蒸日上的电商网购业务，谨小慎微探索着新的折中之路。本章的着重点系商品制造业本身，流通部分将在后续的“路径”（分发）产业章节进一步展开阐述。

6.2 北纵马，南楫舟——IP 品牌力赋能商品流通产品四力齐发

《三国演义》中有一个很有意思的描述，话说刘玄德造访东吴，与孙权共游登山，眼看江面波涛滚滚一叶扁舟却如履平地，刘备叹息："北方人骑马，南方人坐船，真的是很有道理。"孙权听了很不是滋味，暗思刘备这不是讽刺自己不会骑马吗？于是，翻身上马风驰电掣冲到山脚下，扭转马头再冲刺到山顶，笑嘻嘻地看着刘备说："南方人不能骑马吗?"刘备不甘示弱，翻身上马冲到山脚，也快马加鞭再上山头。孙刘立马山坡对视大笑，此地为"驻马坡"。（上述为《三国演义》部分内容的概述）这段文字的趣味性在于，既点出了孙刘惺惺相惜偏生针锋相对的矛盾心理，又以"北马南舟"之意，影射曹孟德八十三万大军赤壁灰飞烟灭的经典战役。《三国演义》中的经典故事数不胜数，比这段孙刘驻马更著名的故事一定还包括"辕门射戟""温酒斩华雄""过五关斩六将""虎牢关三英战吕布""三顾茅庐""长坂坡单骑救主""截江夺阿斗"等，在本篇幅引用"孙刘驻马"的典故，是希望回到 IP 生态商业商品模块的出发点，从古代战争历史的典故，剖析"赋能"或者"附加值"的加持作用。

冷兵器时代的中国历史，几乎每一次改朝换代都以战争成败定论，宋太祖黄袍加身，兵不血刃夺柴氏政权这种事情极其罕见，多数情况下，中国的历朝历代信奉"拳头大的就是爷"的基础斗争原则。从这些战争中总结经验规律，不难发现，多数侵略性兵种源于中原北部；相反，自从东西晋之后，中原政权多数时间处于守成状态。这种战争状态的客观存在，有特定的历史性与地缘性特征在内，人越是处于穷山恶水、极苦恶寒的环境，越容易迸发出生存血性。形成对比的是，中原与南方由于纬度适中且雨水充足，更容易形成靠土地种植的生存方式，毫无疑问，一辈子需要在荒漠草原和狼群搏斗争食的族群，战斗勇气一定大于一辈子不用太辛苦只需种地打渔便可温饱的族群，此乃其一；北方生物的稀缺性，造成了部落迁移的必然选择，而能跟着部落四处游猎也好，长途迁徙也罢，自然而然会是具有高机动性和高耐力性的牲口，因而北方族群自幼除了睡眠就生活在马背上，从战斗角度来说，与双腿行走陆路或者泛舟游荡于江湖的南方族群相比，领先性不是一点两点，此乃其二；由于生存依赖游猎而非农业渔业，北方族群从小善于弯弓搭箭，

且越是弓马娴熟者越能获得良好的生活条件（猎物丰厚意味着食物与皮毛），一群成天使用弓箭，与一群半数时候抡镬头半数时候抗红缨枪的族群相比，战斗方式的优势显而易见，此乃其三；另外，苦寒之地出来的战士，若不争取到更多的土地和奴隶，就得永远窝在冰天雪地忍冻挨饿，可中原与南方地大物博，更容易谋求生存，不难想象南方族群和北方族群的战斗动机存在天壤之别，此乃其四。在这里，我们并不去分析装备优劣、战术水平、军事机制等因素，真刀真枪的冷兵器时代有战斗目标的战士，有战斗勇气的战士，有机动优势的战士，还有战斗方式占优势的战士，这种战斗已经足够很大程度抵消兵力多寡与装备战术等差异。

上述针对中国古代战争南北冲突进行诠释，只需一些大致的认知，自古北方往南打的套路，在中国历史上99%的时间是奏效的。而南北冲突诠释中的四个要素，折射到IP生态商业“商品”模块，对应关系一样存在，且很值得“商品”模块的商业机构深思。战争时代的战斗目标，对应的是商业机构的价值主张，那么对商品的制造企业而言，价值主张究竟是为用户的物理需求提供一种产品功能？还是为用户提供包括价值因素在内的功能满足？战争时代的战斗勇气对应的是商业机构的创新动力，对商品的制造企业而言，创新究竟是偶发性的赌博？还是常态化的机制？创新满足的是几个参数的优化？还是整个商品的颠覆？战争时代的机动优势，对应的是商业机构所能寻求的附加值，商业机构究竟是凭借原有的资源和机制闭门造车？还是寻求能加速裂变的附加值帮助获取不一样的竞争优势？战争时代的战斗方式，对应的是商业机构的经营水平，如果商业机构寻求IP附加值的赋能，究竟是印刷一个某IP的标志在水杯上就可以？还是从产品角度出发，谋求与IP赋能特性深度结合的可行性探讨？

在6.1节，我们粗略回顾改革开放以来的商品流通业发展历程以及现状的原因，也同样归纳总结了商品流通业存在的痛点，我们发现，本书聚焦的“商品”模块商业机构存在着历史沿革的惯性，市场力的构建几乎是所有商品制造企业的共识，渠道逐步趋于稳定阶段，一部分商品制造业开始尝试在品牌力上寻求竞争优势，这种情况下，企业大量的资金资源用于品牌构建传播，形成极其惨烈的对战，企业力图通过品牌力加持市场力的同时，产品力创新层面面临困境，尤其是基础技术不可能岁岁年年都有飞跃的状态下，产品创新力更像是“产品力微创新+品牌力细分定位”的黑洞逻辑，一定程度限制了很多商业机构寻找新的商业空间。在电商网购业务如火如荼之际，商品制造业又发现，原带来庞大订单的流通环节，会与能帮助企业获取更多利润并且打造数据力的战略部署产生冲突，纷纷焦头烂额于调节这种冲突，而仍然将产品力的战略优先级处于较低位置。上一段落提到过冷兵器时代的“机动优势”，系北方族群不折不扣利用战马赋能赢得全面战争的结果，既然如此，已处在市场力、品牌力、数据力包围下的商品制造企业，寻求一种可以赋能的局外资源就显得额外重要。

IP是一种自带品牌力的形态，其品牌力可加持于商品原有的市场力、品牌力、产品力，并一定程度为企业加速打造数据力，整体发力为企业获取更多的商业利润。

“IP品牌力+商品市场力”：IP附加值是加速商品市场力的催化剂，商品制造业所部署的市场，无非线上和线下渠道（此乃IP生态商业模型的“路径”与“场景”模块，后续还会有进一步详尽剖析），IP品牌力能让渠道变得生动起来，让商品分发不再是静态的稳定结构，而能根据IP受众的变化做出相应的市场结构变化。举例来说，如果某商品联合迪士尼某动画IP打造联名商品，原该商品发售于商超货架或便利店货架的模式就会在合作阶段产生变化，周末部署在大型商业体中庭广场的IP主题活动能成为有力的市场触发点。

“IP品牌力+商品品牌力”：商品的品牌力通常是商品企业定位产品的感性输出，意味着产品面对什么样的市场，提供什么样的价值主张，而IP品牌力能促成商品品牌力的高度浓缩与具象。可能很多读者看过电影《非诚勿扰2》，虽说这部电影水准和《非诚勿扰1》不可同日而语，却受惠于第一部的受众热度，尚未上映便关注度爆棚。《非诚勿扰2》上映后，引发票房海啸的同时，还引发了海南岛旅游狂潮，酒店客房供不应求，海南机票水涨船高，堪称极度经典的IP品牌力加持商品品牌力的撼世之作。

“IP品牌力+商品产品力”：部分读者可能观赏过电影《非常人贩》系列，主演杰森·斯坦森将银幕硬汉形象演绎得淋漓尽致。细心的观众可能会发现，《非常人贩1》中杰森·斯坦森驾驶的是宝马735，而《非常人贩》第2部和第3部中，主角座驾变成了奥迪A8 W12。《非常人贩》系列将高难度飞车动作发挥出极致水平，以致于其中植入的车型产品力赢得了观众的高度认知，或者说，如果原来的用户只是从参数和宣传品认知车的产品力，观影完毕的用户则对车的产品力认知生动起来，能更清楚感知到，什么样的人应该开这样的车!

“IP 产品力 + 商品数据力”：IP 生态商业是爆发于数字科技时代的产物，IP 传播方向即渠道的特质相当明朗，这意味着数字传播和数字渠道高度结合的可行性（譬如运动鞋商品广告定向在观看过某体育赛事 IP 的观众，转化率与数据留存会比无差别理想得多；同样，如果某一群观众是历史爱好者，故宫文创的 Kindle 特色纪念版保护套定向投放，同样能获取到不菲收益)，更意味着商业机构加速构建数据力的目标得到贯彻实施。

IP 品牌力对“商品”模块的全方位加持，存在着必然性和裂变性，对“商品”模块内的企业需要做的是，寻找到合适的 IP 以及合适的 IP 合作机会，尽可能打造属于自身的规模效益模式。需要特别标注的是，单纯利用 IP 品牌力加持商品自身品牌力并不是理想路径，在这个多方位较量的商业时代，四力齐发的 IP 系统效力，将帮助企业赢得稳健的竞争优势。

6.3 下半场，踏破贺兰山缺！——半程盘点和半程冲刺

2003 年淘宝正式问世（阿里巴巴体系最初以 B2B 起家)，京东体系问世于 2004 年，随后的六七年，中国的网购业务得到长足发展。在此，首先需要说明一下“网购”与“电商”并不等同。从概念而言，网购指的是社会消费品网络消费购买，包括 C2C 电商模式与 B2C 电商模式；而电商的范围则大得多，电商除了包括寻常消费者所熟悉的网购之外，还包括 B2B 电商（企业对企业的电子商务行为)、规模以下 B2B 电商以及 O2O 电商行为。在此将网购概念和电商概念进行区分，有助于本书随后要进一步与读者探讨的中国商品流通业半程阶段的特征以及面临的问题。从网购与电商概念的区分，可以解读到：首先，网购的产业规模小于电商产业规模，截至 2016 年，中国的网购产业规模大约在 5 万亿元，大约占据整体电商规模的 20%~25%；其次，消费品网购的产业结构与电商产业产业结构相比，显得简单得多，电商产业结构在过去数年经历了商业领域的反复讨论界定，产生了较大变化，在 2015 年之前，电商产业包括的四大子产业分别为网购、B2B 电商、规模以下 B2B 电商

以及在线旅游产品预订购买，由于O2O电商的逐步升温，在线旅游产品预订购买被进一步升级至O2O电商，这一现象意味着在高速变化的数字科技领域，概念在不同时代可能产生不同的解读；再次，本书聚焦的IP生态商业，概念上更接近于网购，这应该也与绝大多数读者期望值一致，要知道，消费者对“网购”和“电商”模糊的根本原因，便是因为办公室前台每天签收的网购快递造成的感性认知，而商学领域的电商并不像网购那般带有温度。例如，A企业在网上向B企业订购200吨某厚度参数的无缝钢管，这类买卖怎么看都和寻常消费者的日常生活风马牛不相及，却也真金白银属于电商产业覆盖范围内；最后，真正威胁到传统商品流通业的是网购业务，工业品流通由于重度决策、理性决策、群体决策等综合因素，在互联网时代的B2B角度更多呈现为“在线撮合交易”而非“在线交易”，同时，O2O电商系数字科技连接本地生活服务的边界增幅，对商品流通业不构成本质影响，举例来说，当用户可以利用O2O电商购买一个火锅套餐时，并不会影响到该用户也可能另外买一套皮夹克的商品诉求。

中国的商品零售业正在进入半场盘整，半场盘整的意思是，上半场竞争白热化，参与竞争角逐的双方或者多方都需要思考下半场的胜负关键点在何处，需要利用半场休息进一步制定更为有效的战略，以帮助自己所在的利益方赢得下半场的优势，并且需要直面商业对抗的残酷，需要做好思想准备，胜负可能不会在常规时间得到定论，大有可能还需要加时赛。这时候不仅考验的是角逐利益方缜密的战略布局水平，还有勇往直前的毅力。

“半场盘整”的定义并非空穴来风，寻找下半场更有效战术之前，我们首先需要对上半场做一些耐人寻味的盘点。

- **上半场如何?**

中国的商品流通上半场进行得惊心动魄，应该说，从20世纪八九十年代，商品逐步富足延伸到零售流通渠道的占山为王，其间有过相当激烈的竞争，2010年之后，线下流通零售渠道的结构性基本趋于稳定。判断这个“趋于稳定”的信号，并不是说各种社会消费品的市场份额守恒，而是商品流通业的职责开始角色化，制造商与流通商相当自觉地扮演自己的角色，如果有新的商品制造企业问世，便会相当自然地寻找流通商合作，这似乎是一种普世共识。如果说，解决商品流通“0”到“1”的难点是上半场商品流通业态的艰难任务的话，那无法否认的是，商品制造本身进阶速度远远低于流通环节的成长速度，“市场力”大于“品牌力”大于“产品力”的主旋律贯穿了上半场的绝大多数时间，且截至半场休息，产品力的提升并未得到诸多商品制造商足够的重视。

- **为何会是半场？**

如果没有网购业务在21世纪初的疯狂发展，人们依旧有理由相信商品流通业会在很长时间内保持稳定的结构。不难理解，在高度同质化的武器对抗时，很少会促成剧烈变革的可能性，一则人很容易陷入同维思考惯性，忽视更高维度俯视的视角；二则正因为如火如荼的竞争消耗了大量的资金与资源，寻求新战斗力变革性颠覆的概率相当低，两者结合便形成了有趣的分水岭，即商品流通业一直到网购业务的枪炮声打到家门口，才如梦初醒准备背水一战，于是，短短数年间，传统商品流通行业变得截然不同，各种寻找利益增幅的经营动作，无论从创新角度、战略角度还是资本角度，都纷纷浮出水面，这将构成下半场完全不一样的精彩。

- **谁在渴望下半场？**

最渴望进入下半场的是传统商品流通业？这只对了一半，诚然，上半场的主旋律是传统商品流通业的从无到有，但不可忽视的是上半场的下半段，新兴商品流通业已经亮出了獠牙，网购业务以星火燎原之势鲸吞着传统商品流通业的地界，传统商品流通业固然心急火燎想着“逆袭”（经过跌打滚爬，新兴的网购业务对传统商品流通业而言已经不是陌生的物种，正在从熟悉到逐步掌握），而新兴的商品流通业同样跃跃欲试于下半场，众所周知的是网购业巨头都已经把市场扩展到六线城市，还能瓜分的人口红利越来越少，网购业大小头目都清楚知道，下一口肥肉在于如何整合传统商品零售业。既然无论传统还是新兴，都垂涎下半场带来不一样的结果，那么哨声一响的剑拔弩张，根本不算是什么秘密。

- **下半场决胜点何在？**

本章节反复强调，在工业基础技术没有得到质的飞跃前提下，商品从功能需求满足角度的差异化是微乎其微的，在此局面下，衍生出而今商品流通的竞争经常在精细化运营降低成本，以及尝试品牌投入争取用户认知与共鸣。从商业竞争角度看，我们始终认可整体成本领先战略、差异化战略、聚焦化战略的正确性，但是，当商业机构需要寻找到如何帮助品牌力、市场力、产品力、数据力同步增强的关键时刻，合适加持的力量种类值得思考。IP正有资格、有能力、有条件扮演赋能商品流通业的角色，而“商品”模块则将从中获益匪浅。

应该说，下半场的商品流通业，争夺成败的关键已经不局限于市场，市场力打造将不再孤独，IP品牌力加持商品产品力以及商品品牌力的赋能作用，将助推市场力进入到循序加速度的快车道，意味着IP品牌力将催生商品制造商发起一场利益之战，而不只是像上半场那般，停留在简单粗暴的市场份额争夺。在很多企业家看来，商业利润的来源局限于市场份额争夺，也就是依赖营销包打天下，不能不说这是中国商业文明断层的一种片面与局部的错位认知，事实上，一家企业的商业利润包括且不局限于三种不同的方向：其一，更多的市场价值挖掘，包括增加市场份额，提升品牌溢价，横向扩展产品线，以及努力延长消费者生命周期；其二，更优质的运营、供应链价值挖掘，包括强化供应链溢价能力，提升生产运营的效率，降低成品库存、原材料库存以及在产商品库存或在途商品库存，节约成本以达到利润提升目的；其三，经营效率的价值挖掘，包括科学的决策支持机制，降低决策的盲目性，降低试错成本，提升决策优势，加速利润获取速度与利润获取的效率成本。从这三个方向，我们可以发现，商业机构的竞争力，在所有企业家共识的市场之外，关键在于产品、运营及决策水平。于是，让我们继续回到IP生态商业，IP的附加值是一种走出狭隘意义市场的赋能模式，作用力于产品力以及数据力，映射于商业机构的产品运营利润溢价，更能帮助商业机构从数据中寻找到理性决策的依据。

通过IP附加值加持之后的商品制造业进入到下半场的冲刺，将赢得与半场盘点时什么样的不同结果？第一，市场变得更为动态，IP附加值会帮助定向市场变得更为明晰。第二，商品超越原有的功能性需求满足，通过IP附加值的加持，获取到更多溢价。第三，决策变得更为理性，由于IP利用数字互联网的天然加持效应，数据与在线渠道的结合具有天然性和必然性，商业机构将很容易了解到不同的 IP 与不同的品类以及不同的库存量单位在不同的通路出货量的差异，并且随时随地进行策略的调整。第四，用户忠诚度提升，用户对商业机构品牌的认知将从单一的价值主张，升级到具有角色认同感的价值共鸣。

6.4 IP 新兴商品体系漫游指南——IP 类型与商品品类的爱与杀

在之前的段落中，笔者曾经与读者们一起回顾过中国 IP 发展的局限性具有一定的历史原因，而对于历史，尤其是具有错综复杂因素的近代史，研究者经常更愿意扮演观察者角色，尽可能描绘所谓“历史原因”，而并不希望对历史进行过于武断的褒贬定论，本书的立场也不例外，我们希望更为客观地讲述历史，从而寻找到因果脉络，至于促因的对和错，不属于本书讨论的范畴。

中国的 IP 商业历程极具本土色彩，如果从 IP 本身而言，有数千年历史和文化的中华民族毫无疑问具有代表性，但从 IP 商业化角度论证会发现近似于空白蛮荒，一则商业文明的滞后客观存在，二则 IP 得到商业认知与共识较晚。在中国改革开放后大跨步加速商业进程之前，中国的 IP 商业处于较为尴尬的境地，基本可以划分为几个方向审视：第一个方向，中国根本不缺 IP，中华民族于系列细分种类的 IP 角度都不存在匮乏的可能性，差异在于，中国商界很少会有 IP 商业化的思考，例如，北京故宫系明清建筑群，而故宫文创 IP 商业化系近年来的商业举措；第二个方向，很长时间内，中国的确缺失 IP 所有权的商业保护意识，从商业化角度出发，我们不难观察到，诸多所谓的历史传承的 IP，几乎都存在着成百上千家商户在经营的状况，这种场景笔者不一一列举，但凡有过旅游景点经验的人都应该能深刻感受；第三个方向，IP 如何系统性地进行生态商业化，缺失前人经验，如果是古代铸造名匠传承下来的品牌 IP，可能在古代打造的是十八般兵刃，延伸到民间商业演化为打造菜刀锄头，发展到当代也不过是挂着百年品牌的厨房刀具产业，几乎不会有品牌 IP 的拥有者想到将商业触角伸出本有产业范畴。

当我们讨论某一个足以影响世界的商业因素时，从来不会强调无差别影响力，任何规则逻辑都必然受到位面更底层逻辑规则的制约，即便在同一位面，不同的条件和环境，都会让因素背后的逻辑规则发生不一样的结果，因而，包括IP生态商业在内，各位读者如果阅读商业文献，都需要正视自身所处的行业业态，世间不会有适用于所有业态的普世创新模式，或者说，即便是普世创新模式，也需要结合不同业态特征进行科学应用，才可能获得值得期盼的效益。

我们需要对消费商品参照购买者的决策特征，进行相应的分门别类，参照最常用的商品区分模式，可以划分为“便利商品”“选购商品”“特殊商品”“未感商品”，这种区分模式适用于全球任何一个国家的商品类别界定（见表6-1）。

表6-1　不同类别IP和不同类别商品产业的IP附加值效益对比

		品类			
		便利商品	选购商品	特殊商品	未感商品
IP种类	内容主张型IP	轻度作用力	中度作用力	重度作用力	重度作用力
	角色主张型IP	轻度作用力	中度作用力	重度作用力	重度作用力
	场景主张型IP	轻度作用力	中度作用力	重度作用力	重度作用力
	赛事主张型IP	中度作用力	重度作用力	重度作用力	重度作用力
	会典主张型IP	中度作用力	重度作用力	重度作用力	重度作用力
	品牌主张型IP	中度作用力	重度作用力	重度作用力	重度作用力

便利商品指的是用户不用犹豫就会随机购买的商品，通常来说，用户对便利商品具有随机决策性，且会产生反复多次购买的行为特征。便利商品类别对用户来说，不需要花费时间做出决策前比较，多为用户熟悉且具有使用惯性的商品形态。

选购商品指的是用户需要更多时间研究判断，比较不同商品的参数到功效，从而决定是否购买的商品。通常而言，选购商品和便利商品两大类别之间存在着模糊地带，越是接近快速消费品特征的商品越会呈现出便利商品决策特点，而越是接近耐用消费品特征的商品越会呈现出选购商品特点，选购商品中最具有代表性的是房、车、培训课程等。

特殊商品指的是除商品功能之外具有特殊意的商品，譬如收藏品或者纪念品，以 IP 用户为例，有收藏 IP 产品的用户大有人在，譬如第六届全国人民代表大会的纪念邮票，或者香港回归限量版金币等。

未感商品指的是用户找不到购买的必然理由，很少会产生主动购买的动机的商品，例如保险产品、专业级别极高的培训课程（譬如西点师），保险产品对多数用户而言极少会主动购买，而专业课程则只会对专业从业者有感知的可能性。

如表 6－1 所述，不同类别的 IP 和不同类别的商品进行交互，会发现 IP 附加值产生的效益有着天壤之别。

便利商品：内容主张型 IP、角色主张型 IP、场景主张型 IP 通常存在着较为精准的受众，若非精准受众的营销通路（譬如定向推送），上述三大类型 IP 赋能便利商品并不存在着极高的回报可能性；同时，赛事主张型 IP、会典主张型 IP 和品牌主张型 IP，由于具有泛众特点，反而容易催生用户的决策倾向（前提是赛事、会典、品牌本身具有 IP 覆盖力，诸如某街道第二届广场舞大赛之类的 IP 不包括在内）。

选购商品：其重度决策、理性决策、谨慎决策的特点，决定了选购商品用户的决策过程需要参考多种因素，内容主张型 IP、角色主张型 IP、场景主张型 IP 偏向于感性因素的共鸣，强化用户决策前的感性认知；赛事主张型 IP、会典主张型 IP、品牌主张型 IP 传递的是品质和信赖的信号，对用户决策过程的潜在作用力非比寻常。

特殊商品：特殊商品本就依赖 IP 而生，对特殊商品的用户来说，IP 是做出购买决策的极重要因素（不是唯一因素，其他因素包括稀缺性、独特性、不可复制性、时效性等），IP 的赋能会起到极为关键的主导作用。

未感商品：未感商品的统一特征是，用户较难产生感性的认知，任何主张型 IP 赋能未感商品，都能促成用户从缺乏感知进化到感性感知，帮助商品在用户心目中形成具象。

商业机构向市场输出的商品属于什么样的商品品类，是商业机构需要评估的前置工作，需要特别标注的是，并不是所有商业机构仅输出一种商品，一些商业机构的产品线较宽，可能输出的商品同时覆盖两个或者两个以上的商品品类，这种情况下，以商品品类为主导，不同商品品类寻找不同类别的 IP 寻求生态商业效应，会比无差别覆盖一个 IP 的效果理想得多。

6.5 IP 生态商业案例解析——南方黑芝麻集团玩转综艺 IP 营销

以下为案例报道，友情提供支持的是南方黑芝麻集团。

中国饮料市场是一片红海，新品不断推出，也在不断消亡，想要在市场中占有一席之地非常困难。但南方黑芝麻旗下产品黑黑乳却通过冠名深圳卫视《极速前进4》，两周内整体销量增长10倍，电商单品月销量从百余件迅速突破2万件，并在节目播出期间线上、线下多次断货，掀起了一股抢购风潮！

作为上市不久的新兴品牌，黑黑乳的极速前进令人惊叹。那么，黑黑乳为何会选择深圳卫视《极速前进4》节目？节目又是如何帮助黑黑乳实现口碑与销量极速提升的？品牌如何才能真正做好与内容的融合？电视媒体的用户影响力如何爆发？

对此，媒介360独家专访了南方黑芝麻集团饮品事业部市场总监李千，请她讲述黑黑乳的极速前进故事。

观点速递：

1. 饮料品牌必须要有醒目的差异化亮点和足够的用户消费市场。

2. 饮料行业面临消费升级和健康化两大趋势。

3. 投放IP综艺应多元化，要与IP内容、社交传播、娱乐营销等融合。

4. 做粉丝营销、社群营销，一定要和KOL开展内容互动。

5. 场景内容是品牌属性和消费者自身痛点的最佳结合。

6. 做植入广告，要设法调动明星与产品互动，将产品融入场景。

7. 品牌玩转综艺内容，要明星IP、内容IP、衍生IP多方整合，相互渗透。

8. 极致的内容能行之有效地将明星、综艺的粉丝转化成品牌粉丝，转化成销量。

9. 品牌赞助综艺从策略入手，更需做好策划、执行、监督等全过程的细节化管理。

10. 品牌主评判综艺的三个维度：收视表现、台网联动力、品牌用户影响力。

1984 年创立的南方黑芝麻，在饮品冲调市场中一直处于领先地位，但冲调单品的整体市场份额却已在触及行业天花板，南方黑芝麻必须找到一个新的增长点。

在全民消费升级、更加注重健康的大趋势之下，植物蛋白健康饮料无疑是一个巨大的市场。健康的轻脂饮品黑黑乳应运而生，并在 2016 年第四季度上市。黑黑乳作为一个新兴品牌，面临着如何打开市场，让消费者了解、认同品牌的“轻脂”理念，提升品牌知名度，实现产品销量提升等一系列品牌挑战。

面对这些挑战，黑黑乳冠名深圳卫视节目《极速前进 4》，邀请范冰冰为品牌代言人，在行业趋势、明星代言以及 IP 综艺内容等多重动力驱动之下，短期之内实现了品牌的极速式前进。

- **平台和内容选择**

收视率与品牌营销效果的辩证思考

在进行综艺内容选择时，品牌主有着多方面的考量。在台网联动的今天，不能仅凭借收视率来评判一档节目，李千认为评判综艺要从三个维度来看：“收视表现只能作为评价一档综艺的标准之一，其次还应该看台网联动关注节目在社交、新媒体、舆论导向等一系列表现；最后还要看品牌借助这档节目形成的用户影响力，是否能有效形成良好口碑与销售闭环。”

除此之外，还有诸如市场区域、消费人群、投资回报率、整体性价比以及平台配合等多方面的考虑。

营销总部位于深圳的轻脂饮品黑黑乳，首先选择深耕深圳市场，此次冠名《极速前进 4》则是黑黑乳做强区域、布局全国所走的一步很重要的棋。在这方面，深圳卫视聚焦深圳区域、覆盖全国的平台特点正好与黑黑乳品牌需求相契合。

深圳卫视作为排名靠前的卫视平台，有着较高的平台影响力。《极速前进》作为一档已经播出三季的热门 IP 综艺，拥有着广泛的受众影响力。深圳卫视在节目的广告运营方面经验丰富，能更好地满足广告主需求。

同时，在同等价格的基础上，深圳卫视能够为黑黑乳品牌提供更多的合作机会，平台与节目的投资回报率与整体性价比都很高。

品牌赞助节目的终极目的是销售达成，需要节目内容与品牌的深度契合。黑黑乳的“轻脂”理念、消费人群与深圳卫视年轻观众群体、节目的体育运动属性十分契合，可借助节目内容进行社交、娱乐等多方位营销拓展，将明星、综艺粉丝转变为品牌粉丝，最大化发挥综艺节目的价值，最终带动目标受众喜欢、体验、购买的营销闭环。

• 内容开放 营销创新

节目与品牌一起极速前进

作为新兴品牌，黑黑乳需要在节目中通过大量的场景结合，讲述产品的“轻脂”定位理念，以及原配料、产品功效、饮用场景等信息。

而场景则是品牌属性和消费者自身痛点的最佳契合点。因此，在选择综艺节目时，李千对传统的冠名商在节目中只能做产品摆放，硬广告包装露出的品牌综艺广告植入方式不再满意。黑黑乳需要一档真正将品牌与内容做深度结合的综艺节目。

在这方面，深圳卫视早期提出了“运营导向”这一创新营销模式，将品牌项目赞助升级为 Co – brand 的整合，真正做到在客户、制片人、后期公司身上体现“运营导向”，整合各方资源，实现节目与品牌的共赢局面。

开放内容，场景化展示品牌理念及特色

在与品牌合作中，深圳卫视能为品牌开放更多内容，给了黑黑乳极大的发挥空间与更多节目资源，让品牌与平台共同努力，实现品牌在节目中的营销创新与亮点制造。

第一，在节目固定场景中收视率、关注度最高的环节，给予了大量品牌的展示空间，让观众在心情激动、关注度最佳时，自然加深对品牌的认知度和好感度。

第二，深圳卫视结合节目特性和内容与品牌方策划了四大场景，完全将内容“黑黑乳”品牌化。一是先导片改名“黑黑乳前哨站”，介绍节目中十大城市风俗并介绍了当地的轻脂生活场景；二是将赛后访谈改成“黑黑乳再回味”；三是将冠军时刻改为“轻脂时刻”，由黑黑乳人偶在终点为选手打气、助威迎接其胜利归来；四是平台与品牌联合打造了“一分钟衍生”内容环节，结合当地任务城市的美食，将黑黑乳的产品特性、理念融入内容当中，深度

诠释轻脂饮品的产品属性、品类知识、消费场景。

第三，黑黑乳团队分析节目内容，洞察女性“多吃不长胖”的心理需求，与黑黑乳“轻脂”的品牌定位相结合，将节目中与“吃”有关的任务、场景内容，进行连接策划。定制内容场景化地展示了黑黑乳的轻脂理念，拉动消费。

开放内容、联合共建，真正把节目精神和品牌的诉求联系到了一起，无论是任务里的深度植入还是主持人的口述，都将品牌在节目中进行高频曝光，两者完美融合。

营销创新，品牌融入内容，用心做好每一个细节

品牌方考虑到产品的视觉呈现效果更优化，提出想要在节目中加入自己的品牌吉祥物“小黑”（卡通瓶身人偶），增强观众的亲切感与明星对品牌的好感度。基于开放内容、创新营销的平台理念，深圳卫视为“小黑”在节目中进行大量的品牌互动展示，包括任务介绍、指路导向、与明星主持的创意互动等，让黑黑乳品牌元素贯穿了整个节目内容。

综艺节目的观众更多是泛人群，感情需求也是多元化的，紧张严肃的《极速前进》加入活泼、可爱的“小黑”，也是一次节目情感的多元化尝试。在加大黑黑乳品牌曝光机会的同时，也让节目内容风格、情感更加层次化，给了明星与品牌更多互动的机会，也给紧张严肃的节目增添了温馨、轻松的气氛。

李千认为此次合作的一大亮点，就是黑黑乳在节目内容植入时把控每一个细节，涉及其中的人物、布景、任务形式、拍摄角度、后期剪辑都做得非常细致。在此次合作中，黑黑乳团队在每一期节目拍摄前，都会依据产品品牌和品类特性，结合节目场景，策划出最适合与明星互动的内容，并顺利进行拍摄。

• 品牌融入内容的契合点

明星、节目、衍生活动三方 IP 渗透整合

黑黑乳与《极速前进4》的营销合作，全面突破既往 IP 综艺的深度及广度，开创了国内首个以品牌主对 IP 资源从简单借势到主动整合、构建的行为，是一场“综艺 IP + 明星 IP + 衍生 IP”三方 IP 共创式的合作。

利用范冰冰的明星IP效应，与热门IP综艺《极速前进4》进行品牌共建，并推出衍生IP“极速前进·轻体大晒”线下主题推广活动，形成渠道整合声势！横向组局引入其他合作媒体与品牌跨界参与，反哺线上节目与品牌。三大IP相互渗透，相互传递，起到了“1+1+1>3”的作用。

综艺与明星，双IP协同发力

在中国市场，乳类饮品或植物蛋白饮料需要走传统招商路线，而且消费者年轻化趋势非常明显。黑黑乳作为一个刚诞生的新品牌，面临着招商和获得年轻人认可两大挑战。

邀请话题女王“范冰冰”作为品牌代言人，在其5700多万名粉丝的影响力和热门IP综艺《极速前进》双重加持下，既吸引了观众，也能得到经销商的认可，不仅给黑黑乳带来极大的关注，还给黑黑乳的终端市场带来巨大销量。

黑黑乳突破以往品牌方对范冰冰的单一传统硬广告使用（TVC、平面广告），大胆结合范冰冰代言身份、节目战略合作伙伴身份、《极速前进》冠名身份，实现内容营销全面深化。与范冰冰工作室、深圳卫视联合策划：在节目中制定专门的脚本，让范冰冰配合做好品牌与节目内容的深度结合，起到黑黑乳产品示范作用。相比于单纯只做一个品牌代言人，节目的场景化展示，影响粉丝的效用更强大。同时，策划范冰冰社交化、娱乐化内容相结合，将“综艺IP”与“明星IP”交叉互动，共创传播最大效果。

李千介绍，之后黑黑乳将继续围绕代言人范冰冰做好多层次的整合传播。此外，也将依托范冰冰的公益属性，开展“IP+公益”的营销活动。围绕IP综艺、IP明星、IP电商，黑黑乳将打造一个全新的品牌IP生态。

线上整合线下，品牌与节目共创双赢

深圳卫视还从广告创意形式、服务客户方式、营销潜力挖掘等多方面入手，提升平台的营销水平。强化平台与客户资源整合，打造更多合作品牌策略，联合客户打造全国线下活动联盟，创新线下活动，强化品牌互动。

黑黑乳基于《极速前进》的IP价值与理念，推出了“极速前进·轻体大晒”衍生活动，并以此作为线下活动的主题。深圳卫视秉持开放、创新的合作理念，将活动IP版权真正给了黑黑乳，李千介绍说：“我们把‘极速前进·轻体大晒’做成品牌方自己的一个衍生IP，并呼吁更多的品牌方与媒体合作伙伴参与进来，做一场跨界整合、异业合作的营销活动。”

黑黑乳不将其用作商业交易，仅用资源互换的方式让更多品牌参与进来，就可以借助其他品牌的渠道资源与推广资源达到传播新品黑黑乳的目的，并为极速前进节目本身创造更多流量和关注。

黑黑乳目前的市场主要集中在北京、上海、广州、深圳等一线城市，当与其他品牌进行资源互换、联合推广之后，黑黑乳借助这些品牌成熟的电商运营平台，遍布于全国的线下门店，可以实现全国范围的品牌推广，相当于在消费者与黑黑乳之间，架设了一条从“知名”直达“体验”的桥梁，让其他品牌帮助黑黑乳做了很好的产品体验及推广。

李千总结道：“用投综艺的钱，交换回来大量合作伙伴的资源，并借助他们的渠道来曝光、推广自己的产品。”

这一推广形式，一方面对黑黑乳的经销商有很大的信心激励；另一方面则是把综艺从荧屏搬到了线下，让更多人接触到综艺节目，从线下引流到线上，直接反哺节目，实现品牌与节目的共创、双赢。

社会化传播强化品牌、内容影响效能

品牌与 IP 综艺的合作，不应该仅仅是节目内容的合作，李千说：“在 IP 综艺方面的投放应该是多元化的整合传播，品牌不只是和 IP 内容结合，还应该包括外部的社交传播、娱乐营销。”

在节目中，明星与品牌的互动具有很强的示范作用和社交属性。每个企业都有自己的自媒体平台，可以将明星与品牌的互动在社交媒体上进行推动传播，如在微博中，围绕综艺与明星的话题进行一系列营销活动，可以帮助品牌重点提高曝光率，加强与粉丝的“亲密化”联系。消费者从认知一个品牌，到购买这个产品，有很漫长的过程，因此需要一直不断地在社交媒体上进行投入，持续培育市场基础。

同时，在做粉丝营销、社群营销时，一定要和 KOL 多做内容互动。利用 KOL 来影响他们的粉丝，将品牌的知识内容化、幽默化、感性化地融入到社交营销活动中去。

• 放低心态　整合资源

传统媒体用户影响力

黑黑乳在《极速前进 4》播出两期，销量暴增，搜索指数飙升，远超同类品牌，在惊叹黑黑乳极速前进、学习其创新性品牌营销的同时，也能看出传统媒体真正的用户影响力。深圳卫视广告部主任梁有为曾表示，传统媒体放低心态，通过分享、整合资源可以获得更多。

深圳卫视的频道品牌定位是“先锋卫视”，品牌内涵是“有志”“创新”，作为全国最年轻、发展最迅速的电视台，面对网络的冲击，传统媒体在内容和营销整合上找到了一条突破性的道路，那就是开放内容，整合资源。

深圳卫视为了更好地适应广告主需求，为广告主服务，在2017年做了四方面的频道营销创新。

第一，增设节目运营部。从内部广告销售、策划、节目编导、宣传推广等部门抽调经营力量，从外部吸纳内容营销人才组成运营部。他们是广告中最了解节目、节目组中最了解广告的人。

第二，成立产业运营部。利用平台公信力及资源，孵化有潜力的不同行业产业项目，使每个产业项目脱离平台独立发展，并反哺平台。

第三，拥有极强的广告产品创新能力和执行力。

第四，给客户和代理公司充分的承诺并有担当。

广告经营是深圳卫视特色化的重要标签之一，深圳卫视广告部也将为广告主提供创新试验平台，给予其可预期增长性、有效控制风险以及强整合能力，为每一个广告主带来高增值回报。

案例解析

综艺营销一直是诸多品牌的心头之痛，当消费者对展示类创意逐渐麻木，营销升级方向必然是走向内容，而内容营销的对抗系企业所产出内容是否能打动消费者且是否符合企业的价值主张，在此宏观背景下，声势浩大的综艺营销早就成为大量品牌趋之若鹜的“香饽饽”。与市场热捧相比，综艺IP营销的方法相对滞后，很多企业陷入综艺IP营销跟风的被动局面。南方黑芝麻集团联手深圳卫视《极速前进4》，给出一份综艺IP营销的优秀成绩单，需要标注的是，在海量综艺IP节目中，《极速前进4》绝对称不上头部顶级IP，可南方黑芝麻集团却以综艺IP为轴心，全线撬动了消费者的价值认同。

重新审视南方黑芝麻集团冠名《极速前进4》的综艺IP营销案例，我们会发现其成败关键基本在于以下四点。

其一，南方黑芝麻集团没有像诸多跟风品牌一样，选择最热门的头部 IP，相反，南方黑芝麻糊集团极为理性地选择了人群与价值主张相匹配的综艺 IP《极速前进 4》，且在有限资源情况下，将综艺 IP 的营销价值最大化。进而言之，根据自身的商业基础和营销诉求，寻找适合自身的 IP 从而寻求赋能，而非无差别追逐最热门的 IP，系综艺 IP 营销的出发点。

其二，从南方黑芝麻集团市场部的规划操作而言，从来没有将综艺 IP《极速前进 4》视为单一的传播平台，相反，从播出主体深圳卫视，一直到参与综艺 IP 的明星社会化媒体，南方黑芝麻集团不仅尝试使用综艺 IP 赋能，还充分挖掘综艺 IP 的一切可挖掘的传播资源，对综艺 IP 播出平台深圳卫视而言，这也同步带动了综艺 IP 收视率，起到多方共赢的效果，充分调动了双方合作中的主观能动性。

其三，我们观察到，南方黑芝麻集团超出了综艺 IP 的传播利用者角色，还在努力尝试不断地异业合作，通过综艺 IP 资源结合更多异业合作资源，转型为 IP 资源的传播利用者与价值分发者的双重角色。在此规划执行过程中，观察者可以发现，异业合作为南方黑芝麻集团获得自身流量之外的更多关联流量，无论作用力于品牌认知抑或营销转化，从销售数据就可见一斑。

其四，也是至关重要的胜负手，南方黑芝麻集团对综艺 IP 的商业结合过程，充满诸多精耕细作的运营痕迹，这意味着成功的综艺 IP 营销，远远不能止步于 IP 冠名，而更应该思考价值最大化的系统诉求，将企业更多的运营力、市场力和品牌力相融合，寻求裂变效应。

Chapter 7

鸣镝——服务产业IP生态商业剖析

2010年，中国三大运营商做了一件对中国互联网进程有着重大影响的事——签约送iPhone3S手机。当科技发展到一定的成熟阶段，催生移动互联网的并不是硬件设施的阻挠，发展的绊脚石来源于两个方面：第一是连接价格，在3G网络普及之前，手机上网是一件相当需要财富支撑的奢侈之举；第二是连接设备，在乔布斯发明iPhone前，诺基亚所代表的塞班阵营被认为是智能手机的终极水平，而十年后，我们已经清楚知道iOS把塞班秒到“渣”都不剩的现实。2010年，三大运营商的签约送手机活动，同时解决了两大绊脚石，3G的连接成本终于下降到寻常工薪阶层也能接受的程度，而签约送手机的套路，极大程度为智能手机普及起到了引领作用。当然，2010年被称为“移动互联网元年”，将其彻底归为三大运营商的功劳也有偏颇之处，应该说，当时三星的高端机型与苹果一起支撑起了最高一层用户市场，三星中端智能机顶住了中端用户市场，而华南地区的数千家山寨机厂商则联手为低端智能手机市场的普及做出了贡献。

当移动互联成为用户的生活常态时，应运而生的是连接人和服务的O2O之战，此战之惨烈在互联网历史上堪称罕见，同样，泡沫之多也是顶级水准，当数千家号称O2O的创新公司被竞争结果送进坟场时，人们不禁静下心思考，数字科技与服务之间究竟应该如何挖掘商业价值？同样，IP生态商业和服务业发生化合反应时，结果会是如何？

7.1 顺流，逆流，搏激流——服务产业数字时代之殇

O2O这个人为发明出来的词，问世于2010年秋天，当时，整个华尔街资本市场为Groupon（团购鼻祖）的商业价值真伪争论得不可开交，持不同观点的辩论者每天利用报纸头条互相唾骂，恨不得直接堵上别人家分析师的嘴以示愤慨。当时中国的从业者们每天搬着小板凳看海外媒体互喷口水，喷者眉飞色舞外加口水四溅，围观者瞠目结舌恍若身临其境。2010年，中国的互联

网正在逐渐唤醒移动互联网这个商业巨人，而围观美国为 O2O 模式真伪板砖翻飞，是等待商业巨人醒来过程中不错的调剂。

在此为何会用 2010 年的 O2O 作为开场白？是因为讨论 IP 与服务产业价值联动之前，有必要回顾服务产业近十年来的创新历程。

Groupon 让美国分析师非常头痛的根本认知冲突，在于其模式的创新表现，身为团购业务的领旗之作，Groupon 几乎吸引了全美投资者的视线，然而，关于“团购”模式究竟是否存在商业价值，认知却南辕北辙。支持者认为，团购极为有效地驱动用户到店，连接了人和服务；抨击者则坚称团购利用价格杠杆带来的消费者毫无忠诚度，常常是到店一次就销声匿迹，对提供本地生活服务的商户没有可持续价值，事后来看，这两种观点都有其正确性与片面性，或者不妨如此解读：两种观点的激烈碰撞并不在于论证团购业务的价值与否，而在于论证团购业务的价值深度是否配得上如此高的资本期望值。特地用 Groupon 开篇的目的，是为引出 Groupon 的 CEO 安德鲁·梅森一个鲜为人知的创新尝试。当团购业务能为本地生活服务商带来顾客时，梅森尝试过进军商户的数字管理体系，在梅森看来，反击投资人质疑的最好办法，就是团购必须延展角色价值深度，让 Groupon 从客流的提供者角色，转变为客流提供者外加商户数字管理软件提供者角色，从战略角度分析梅森的动机，应该说这是一步好棋，团购业务可以走出用单纯的打折吸引顾客的模式，驻扎商户门面的数字管理，能为团购业务形成足够深的护城河。遗憾的是，商业成功常常不是因为一个好的想法就能实现，之前一路顺风顺水的安德鲁·梅森在这一步好棋上，输得体无完肤，Groupon 并没有成功，梅森也因此辞去 CEO 职位（保留董事会席位，但卸任经营管理职责），以谢经营错误之责。

O2O 在中国互联网的征战史，远远比大洋彼岸的美国来得更为残酷惨烈，笔者在这里不再重复 O2O 商业历程，而是换一个角度，来探寻数字连接服务的历史沿革。

O2O 是一个相当新的概念，但也只是“概念”而已，华尔街分析师们发明出 O2O 这个词，不是因为这个词本身存在着什么领先性可言，纯粹是为了在争论骂战中，能用一个标准化的术语，让骂阵的双方都能用缩写描述争论目标，仅此而已。如果以华尔街在 2010 年归纳的 O2O 为 Online to Offline 作为标准，会发现所谓的“线上成交，到店消费”根本不是团购创新模式所引发的，早在团购模式问世之前的七八年，中美互联网都有在线优惠券销售、在线机票预订、在线酒店客房预订等业务，而且发展得相当成熟，例如标准的在线支付、线下到店消费（航旅或者入住酒店）。进而言之，团购业务尚未触发O2O价值真伪讨论前，就有符合O2O定义的连接生活服务的数字业务存在。

虽然如此，移动互联网带给人和服务的连接模式却截然不同，早在移动互联网普及之前，人们需要端坐在个人电脑屏幕前，按照既定的规划，完成订单并且支付。当移动互联网普及后，人们利用智能手机连接服务的便捷性大大增强，人们可以吃饭时利用智能手机应用预订量贩式KTV，也可以在奔赴自驾游目的地的高速公路上，由副驾驶座的乘客打开智能手机App预订目的地景区门票，人们的购买变得随时随地，再也不需要受一张桌子、一台电脑、一个键盘、一个鼠标的场景限制。移动互联网日益便捷的直接结果就是用户数量以几何级增长，而渴望为顾客提供便捷服务的商户们自然也不会放过这一机会，本地生活服务借力移动互联网推出的创新模式层出不穷。在聚焦讨论“商品”模块的上一章节，我们提到过太多商品制造商将绝大多数精力与资源放在市场工作，却很少把精力资源用于产品力提升，在这一点上，“服务”模块的商业机构，比商品制造业显示出了更多的前瞻性，当然，笔者更愿意相信这种“前瞻性”源于产业业态特质导致的结果判断，而未必源于整体服务产业商业机构的远见卓识。

“服务”模块的产业，远远比常规意义的预计来得更为蓬勃，2017年10月17日中华人民共和国国家统计局网站数据显示，“前三季度，服务业增加值为313951亿元，占全国GDP比重为52.9%，与上年同期持平，比第二产业高出12.8个百分点；服务业增加值同比增长7.8%，较上半年提高0.1个百分点，比上年同期提高0.2个百分点，比国内生产总值和第二产业增加值分别高出0.9和1.5个百分点；服务业增长对国民经济增长的贡献率为58.8%，比第二产业高出21.6个百分点；拉动全国GDP增长4.0个百分点，比第二产业高出1.5个百分点”。从中我们不难解读到的信息是，第一，服务产业已贡献整个中国GDP的50%以上；第二，服务产业仍然保持着领先国民生产总值以及第二产业的强劲增幅，扮演着GDP的重要驱动力角色；第三，重点关注超过30万亿的数据量级，数据可以看作量化的绝对指标，可从商业逻辑讨论的角度来说，数据只是一把双刃剑，因为产业规模越是庞大，通常都暗示着产业机构越复杂，当各种细分产业结构纷纷露出水面，寻找适配多数的规则就变得困难重重。

“服务”一直是一个较为抽象的名词，常规意义上，寻常用户会直观联系到的服务业，通常是“生活服务业”，譬如餐饮娱乐，而从严格意义上来说，“服务”产业的覆盖面极广，参照《国民经济行业分类》（GB/T 4754—2017）的信息，第一产业为农、林、牧、渔（不含农、林、牧、渔服务业），第二产业包括矿业、制造业、建筑业、热力、电力、供水、燃气等行业，而除了第一产业与第二产业之外的所有行业都被纳入第三产业，即服务业范畴，而同样根据《国民经济分类》的界定方式，第三产业一共可以划分为 15 个主类与 48 个子类，不仅分类极为详尽，且不同主类与子类之间的业态特征差异极大（见表 7－1）。

表 7－1　国民经济分类第三产业信息

第三产业——主类	第三产业——亚类
F 批发和零售业	51. 批发业
	52. 零售业
G 交通运输、仓储和邮政业（可以认为是现代物流业）	53. 铁路运输业
	54. 道路运输业
	55. 水上运输业
	56. 航空运输业
	57. 管道运输业
	58. 多式联运和运输代理业
	59. 装卸搬运和仓储业
	60. 邮政业
H 住宿和餐饮业	61. 住宿业
	62. 餐饮业
I 信息传输、软件和信息技术服务业	63. 电信、广播电视和卫星传输服务
	64. 互联网和相关服务
	65. 软件和信息技术服务业

（续表）

第三产业——主类	第三产业——亚类
J 金融业	66. 货币金融服务
	67. 资本市场服务
	68. 保险业
	69. 其他金融业
K 房地产业	70. 房地产业
L 租赁和商务服务业	71. 租赁业
	72. 商务服务业
M 科学研究和技术服务业	73. 研究和试验发展
	74. 专业技术服务业
	75. 科技推广和应用服务业
N 水利、环境和公共设施管理业	76. 水利管理业
	77. 生态保护和环境治理业
	78. 公共设施管理业
	79. 土地管理业
O 居民服务、修理和其他服务业	80. 居民服务业
	81. 机动车、电子产品和日用产品修理业
	82. 其他服务业
P 教育	83. 教育
Q 卫生和社会工作	84. 卫生
	85. 社会工作
R 文化、体育和娱乐业	86. 新闻和出版业
	87. 广播、电视、电影和录音制作业
	88. 文化艺术业
	89. 体育
	90. 娱乐业

（续表）

第三产业——主类	第三产业——亚类
S 公共管理、社会保障和社会组织	91. 中国共产党机关
	92. 国家机构
	93. 人民政协、民主党派
	94. 社会保障
	95. 群众团体、社会团体和其他成员组织
	96. 基层群众自治组织
T 国际组织	97. 国际组织

我们可以将词条意义的服务业，具体划分为五大基础层级：其一，服务于第一产业与第二产业的服务业，通常为产业级服务或者企业级服务；其二，服务于公共事业的服务业，体现在卫生、教育、邮政、环境治理等；其三，服务于国力与社会运营支持的服务业，包括科研、空运、铁路运输、地质勘探等；其四，服务于公共管理的服务业，包括机关、机构、社会团体等；其五，服务于国民日常生活的服务业，包括餐饮、金融、居民服务、文娱等。虽然由于分类的区别，会造成五大基础层级在国民经济分类中的区别，或者交叉覆盖多个主类别、子类别，可整体而言，这些服务业并不存在彼此治理的绝对关联性，而是分别遵从自己所处的角色提供价值服务。

就像 IP 生态商业模型被提出时本书所秉承的原则，生态商业价值偏重于感性的消费者级业务，作用力于“服务”模块也不例外，IP 动力层的赋能可以被施加在任何“服务”模块内的商业机构，其差异却很大，譬如我们很难想象出地质勘探产业利用 IP 赋能，会迸发出什么样的商业潜力。同理，我们也很难想象 IP 会在天体物理科研产业叠加出什么样的商业结果。因而，当我们探索 IP 生态商业的“服务”模块时，我们仍然将注意力集中在生活服务业、社区服务业等消费者耳熟能详的细分领域，希望这样的聚焦推理能寻找到普遍商业化意义层面的规则。

7.2 足够熟悉的阡陌交错——服务业的业态分析

传统相声中，有这样一个小“包袱”。话说清帝驾崩，国丧禁娱，于是传统曲艺艺术家们纷纷改行做小买卖，某艺术家卖核桃，却又怯于吆喝，遂观察其他小贩如何吆喝。隔壁摊贩卖枣，大力吆喝“大枣大枣，大个儿小核儿，小个儿没核儿”，短短个把时辰，客似云来，一车大枣儿一抢而空。艺术家恍然顿悟，学着吆喝“核桃核桃，大个儿小仁儿，小个儿没仁儿”，随后整整一天都没有成交一笔买卖（传统相声《改行》有不同版本，最广为流传的侯宝林先生版本中，收尾包袱是铜锤花脸金少山先生改行卖西瓜，和这里举的例子并不相同）。相声抖包袱博得听众哄堂大笑，可背后的道理却值得深思，就算同为小贩，做买卖的道理却不尽相同，何况百余年后的当代商业，每一个细分领域的规则复杂得多。

如上一节提到的那般，IP 生态商业的法则可以作用力于“服务”模块的商业机构，赋能所产生的商业效力却有着天壤之别，进一步深入讨论之前，我们需要回答三个问题，依次为：服务产业有什么特点？消费者级服务产业有什么特点？IP 赋能对消费者级别服务产业而言有何意义？

- **服务产业有什么特点？**

服务产业的特点，可以从五个角度解析：其一，非独立性；其二，非库存性；其三，非边际性；其四，非时差性；其五，非实体性。

非独立性

服务产业很难存在绝对的价值独立性，通常需要借力商品的所有权转移或者使用权租赁同步实现。举例来说，铁路运输服务中，铁路部门提供的客运服务包括高铁铁路以及高铁列车座席在运程范围内的旅客使用权，而对旅客来说，支付的高铁车票费用，购买的是包括高铁铁路以及高铁列车座席在运程范围内的旅客使用权，以及高铁站售票服务、检票服务、行李服务（可能免费，但免费行李服务可能是安检，托运则需要另外付费）、乘务员服务、高铁驾驶员的运输驾驶服务等。另一个案例，当某一位消费者购买理财产品时，理财顾问提供的咨询与购买服务看似并不收费，其实却是金融理财产品的销售行为，服务同样与商品所有权转移相关，而不会从显性意义上呈现出独立收费的现象。

非库存性

所有的服务不具有库存特征，进而言之，任何一家企业如果为服务储能，支付成本招募50位员工以及支付租赁成本寻找了场地，不论每个星期一是不是有客人到店，人工成本与场地成本稳定存在或部分存在（部分企业会将人力成本切割为固定成本与绩效成本），不会因为某一天没有产生服务交易，商业机构便能将工作人员成本与场地成本储存到有客人来时再使用。

非边际性

服务产业的边际效应与制造业截然不同，制造业通常会测算边际效益以确认最佳产能的调配，可精细化运营手段就服务产业产生的规模效益相对有限，边际的调控难度较大。譬如某法务咨询商业机构共有10位法务合伙人，每人的工作时间为每周40小时，这几乎就是该机构所能提供的全部服务产能，如果希望每周提供“40小时×10人”以上的服务产能，则必须增配更多人手，要不就得指望所有合伙人透支生命，每周工作50~80小时。

非时差性

制造业的商品存在会计处理的存货、在途、原材料、在产品等科目，而在服务产业，此类科目相对而言使用率非常低（如果是跨度几年的科研机构可能在确认收入之前，将成本计入存货科目），通常服务产业根据消费的需求才会提供产能，即消费与服务之间时差几乎不存在，除非一些跨度实在过长、服务成本投入数额巨大且周期漫长的特殊产业，才会存在时差可能性。

非实体性

搬家服务，提供的是将家具家电从A建筑安全搬迁到B建筑的工作，由搬运工完成；客运服务，提供的是将顾客从起点运输到终点的工作；咨询服务，提供的是用更为高效精准的方法帮助委托者寻找到解决方案的工作，由咨询师完成。上述三种服务，搬家服务是搬运工的体能和技巧，客运服务是驾驶员的技能和驾驶，咨询服务是咨询师的知识与建议，虽然体力劳动时效低于技能劳动时效，技能劳动时效低于智力服务时效，但都呈现出非实体性服务的特征。

● 消费者级服务业有什么特点?

作为服务业的重要组成部分，消费者级服务业最容易被用户感性认知，生活在当代文明社会的用户都很容易联想起餐饮服务、家政服务、外卖服务等常用的服务类别，但除了从业者，寻常用户很少会解析消费者级服务业的关键特征是什么。中国市场的消费者级服务业，除上文论述过的五大服务业基础特征之外，还存在着一些业态本身不可忽视的因素，关系到战略部署。

聚合性弱

消费者级服务业的产能提供者聚合度低，这个“聚合度低”针对的是商品制造业聚合度而言，举例来说，电视机制造业会有各种研究方法产生的行业 Top10，从业者可以根据榜单背后的市场占有率判断不同电视机厂商的份额，这个套路在消费者级服务业基本不适用，以餐饮行业为例，整体餐饮服务业规模大约在 3.5 万亿元级别，连锁餐饮集团百胜集团的年度营收也不过是刚刚超过 40 亿元（百胜集团的名字也许有点陌生，谈几个百胜集团下属的餐饮品牌，读者就能大致了解百胜集团的规模，如肯德基、必胜客、小肥羊等）。在餐饮连锁服务领域占有显著地位的百胜集团业务规模，在 3.5 万亿元的餐饮服务业面前都只是沧海一粟，所以想要在消费者级服务业寻找到聚合市场 10% 以上规模的巨头是不可能完成的任务。

本地性强

本地所属的服务产业服务本地所属的消费者级服务市场，这个相当容易理解，最常见的消费者级服务业对应的就是餐饮服务、文娱服务、家政服务、社区服务等，正常的北京消费者断然不会为吃一顿饭开车去一次西安，深圳的消费者也不会特地飞到乌鲁木齐寻找量贩式 KTV。

效动性弱

除了少数能在消费者级服务业获取到规模效应的商业机构，绝大多数消费者级服务业的商业机构，缺乏自主创新的效动性，这里并不针对创新动机，只是客观评价创新能力，能力所需要的资金、资源、知识体系、组织结构等，对规模以下消费者级服务业而言简直是天方夜谭，谁见过管理黑科技的洗脚房，抑或在兰州料理领域出现过自主研发的创新型食材工艺?

依附性强

正因为本地化特征的规模以下消费者级服务商业机构，在整体产业中占据了绝对的高份额，又缺失联动的规模化聚合效应，大量消费者级服务业对标准化创新产品的依附性极强。2015—2016 年，互联网外卖业务从激烈竞争到逐渐尘埃落定，美团和饿了么的外卖送餐管理软件，对多数规模以下餐饮服务业来说就是必然依附的标配，而在诸多规模以下餐饮服务业商业机构与美团和饿了么的合作中，并没有意识到外卖应用提供商逐步具备订单分发能力，以及可能存在的客户议价能力威胁。

- **IP 赋能对消费者级服务业而言有何意义？**

显而易见的客流量

消费者级的服务业，竞争的焦点无非两个关键因素，第一个是服务水平是否比同行做得更高，第二个是服务选址是否能提供匹配和优质的客流量，前者决定了用户认知以及口碑效应，后者解决了过路随机客流的规模大小。IP 的赋能可以从两个因素同时提供有效的支持，当消费者级服务业连接 IP 时，用户认知和口碑效应将不再简单围绕服务水平开展，而会延展到本消费服务业商业机构的独特性；另外，IP 赋能的消费者级服务业能有效吸引过路客流（包括店招或者周边商圈的广告分发相结合）。

溢价，获取到客单利益回报

带有 IP 赋能的服务通常能卖到较标准意义服务略高或者高很多的价格，对人工成本以及场地成本基本恒定的消费者级服务业来说，意味着同等客流成本情况下的客单回报提升。金饰是一个极为讲究品牌性的产业，而金饰产业同时销售给用户的是黄金价格（国家指导价，全中国金店都不可能在黄金价格上挑战指导政策）以及工艺价格（每个不同品牌所给出的工艺价格差异极大），当某百年老牌金饰店挂牌经营时，其品牌主张型 IP 加持的店面，就是能以较同行贵 30% 的工艺价格征服消费者。“溢价”，便是其品牌主张型 IP 带来的直接效应，可通过其工艺服务赢取更多商业利益。

更为持久的用户忠诚度

某些名人故居周边的咖啡馆，通常会有相当不错的上座率，别想当然地觉得店面里面开着笔记本的都是游客，相反，此类咖啡馆很高比例的顾客是回头客。“阳光正午，梧桐婆娑，落地窗和醇香的咖啡，开着 MacBook 写文档，嗅着张爱玲的气息，生活如此美好。”从用户忠诚度而言，无疑 IP 赋能的效力是巨大的。类似案例并不罕见，闹市古刹周边挂着“禅”字样的茶坊也不会缺客人，此乃场景主张型 IP 赋能的结果，而影视明星开的火锅店生意很少门可罗雀，此乃角色主张型 IP 加持的效力。

通过解构服务产业特点、消费者级服务产业特点和 IP 赋能对消费者级别服务产业的意义，我们会发现消费者级服务产业是一个相当具有难度的产业，该产业相对分散，不容易形成壁垒，供应链议价能力有限，规模效益的构建需漫长的道路以及庞大的资金量，而且同质化服务客观存在，但是，IP 附加值却能从售前客流、售中运营、售后维系全方位实现消费者级服务业的价值提升。

7.3 飞将李广，胡马阴山——IP 生态商业化的服务集束效益

正因为“服务”模块商业机构的业态特征，集束化规模效益才变得困难重重，我们可以试想，在幅员辽阔的约九百六十万平方千米的土地上，分布着数以百万计的服务产业商业机构，除却一些人烟稀少的区域，凡是具有城镇化特征的人口密集区域，服务业的攀附性同步增长便是必然，而多如牛毛的“服务”模块商业机构中，能有规模化效益的却是不到千分之一的极少数，绝大多数的服务模块商业机构通常只是一个门面，或者几个门面，对规模以下商业机构占据大比例的服务产业而言，此乃限制集束化效益的真正障碍。“集束化”是商业经营中需要正视的战略竞争格局，“集束化”的优势体现在：第一，具有更为强大的上下游议价能力，通过商业上下游之间的议价空间扩展寻求商业利润；第二，有更为结构化的战略资源组合可能，通过集束化体系内的资源调控，形成多种战略应对的可能性；第三，可获得更为科学的品牌效益回报，即规模品牌效应呈现于规模服务收口的效益回报。

想要在“服务”模块寻找“集束”效益，寻求的关键点为“服务”模块商业机构连接 IP 生态商业的连接部，既然分布式、本地化、非规模化的客观情况存在于服务业态，必然需要探寻一条能契合上述特征的道路，这种“集束”将尽可能考虑到可行性，以及“集束”现象背后的利益制衡。将“服务”模块的商业机构进行分层，将有助于根据不同细分层级制定差异策略的实现。

我们先将集束程度作为界定标准，将“服务”模块商业机构划分为具有集束特征与不具有集束特征的两大基础层级，分门别类探寻 IP 生态商业化的路径。

第一是集束特征的“服务”模块商业机构，以集束效应或集束依附效应为基础的 IP 生态商业化探索。

第二是非集束特征的“服务”模块商业机构，以非商业组织行为的集束联盟形式，寻求 IP 生态商业化可行性的尝试。

非集束特征的“服务”模块商业机构，真正意义归属在“散户”层级，此层级的“服务”模块商业机构彼此之间不存在相对的制约关系，同样，能从上下游获取到 IP 赋能的概率较低，在此情况下，集束联盟形式对“散户”层商业机构而言是连接 IP 附加值的可行性方法。

- **消费者服务连锁集团——自带集束效应的服务商业综合体**

尽管我们强调消费者服务业普遍存在着聚合程度低的现象，却也并不否认某一些服务连锁集团有着自带的集束效应，这些集团以直营或者加盟模式，不同程度聚合某一细分服务领域的市场份额，当然，所谓的市场份额聚合，对于以绝对量的整体服务细分产业而言是不算太高的比例，尽管如此，仍然能帮助连锁集团构建起足以碾压散户层的集束效应。与寻常的散户层服务商业机构相比，连锁集团有着不同程度的决策面中央集权能力，能以规模作为连接“IP 动力层”以及“价值交付层”的议价筹码，且能通过规模效益获取到 IP 生态商业利益。举例而言，某一连锁型的快捷酒店集团也许在中国有着五百到一千家门店，基于此规模，经过精确的财务测算，集团市场部完全可以寻找某一特定的赛事主张型 IP 的所有者或者运营者进行谈判，具有获取到 IP 独家行业授权的可能性，我们在举例中假设这种 IP 授权是欧洲五大足球联赛，获取到 IP 授权的快捷酒店集团，需要在数百家或者上千家酒店充分利用 IP，包括殿堂装修、传播嵌入、客房风格，以及客房内的深夜足球频道，便于 IP 受众（欧洲五大联赛球迷）入住看球，并且为通宵看球的球迷特地开设在赛季期间的房间夜宵送餐服务；受惠于顶级赛事主张型 IP 的合作，酒店在原有房价 248 元的基础上，推出 488 元的“欧洲顶级联赛专属观赛房”产品，将上述的服务按照不同的溢价组合，分别实现 IP 赋能服务的结构配置。上述情形，只可能是全国连锁规模的快捷酒店集团可以做到，一些城市某大学周围散户层的民居酒店，不具备与欧洲五大足球联赛谈判的可能性，就算愿意出天价合作，能就一两家小规模酒店实现 IP 价值回报的可能性也接近于零。

- **消费者服务依附体系——背靠大树的服务商业集散体**

即便是提供给消费者级的服务，也并不一定就直接对接消费者市场，在服务领域存在着与商品强关联的依附关系。举例来说，几乎每一个城市都会存在提供家电维修服务的中小服务商，可能仅仅只是两三家门店，位于闹市不算太醒目的角落，显然，这类家电维修服务商可预见的消费者级服务源于两个方面：第一，知晓该店铺的维修需求者；第二，从网络上或者小卡片上看到家电服务维修的联系电话，通过电话预约维修工上门提供维修服务，然而，这种上门服务并不是常态。众所周知，诸多家电品牌并不具备自己落地所有区县级行政单位的售后服务力量，在服务产业中极为常见的情况是，将某一个区县级售后维修业务外包给一家或几家本地的维修服务商（当然，这种外包需要资质审核以及标准化维修训练），当消费者给某电器品牌打售后电话寻求维修服务时，呼叫中心会按照属地服务原则，将服务订单分发给本地的家电服务商，后者挂着品牌售后服务的资质上门提供维修。对本地的家电维修服务商来说，此类订单的收益源于两个不同方向：一类是保修期内维修，品牌家电厂商将为此维修向服务提供商支付费用；另一类是过保修期的维修服务，服务提供商视维修项目向品牌家电厂商支付成本获取零部件，进而根据品牌家电厂商指导价提供服务，服务与零配件的价格需要与品牌家电厂商进行结算或分成。

在这种模式下，我们可以发现消费者服务依附体系的服务提供者，虽然仍存在着服务业普遍的分布式以及规模以下特征，但由于依附主体的集束效应，同步获取到与IP价值合作的可能性，譬如某脱排油烟机品牌厂商与某IP合作（譬如是与消费者“3·15”晚会合作），发起诸如“质量保障月”活动，以市场服务半价的费用向消费者提供定期检测服务，这时候本地服务商会参照品牌商业体系的IP附加值同步赢得赋能的可能，“赋能”将体现在标准化服务的信赖度以及顾客埋单的欲望。

- **园区类型集束——园区管委会的集束机制**

园区是聚合相似业态的常见形态，集合“服务”模块中细分相似商业机构的园区，可能会被冠以某个城市的称谓。举例来说，某些城市会出现集合民间艺术的艺术城的形态，其中囊括了大量的民间艺术，一则作为旅行的景点吸引散客或者旅行团，二则为民间艺术服务寻找适合孵化的基地。此类形态，通常会由某一个管委会或者管理公司类型的机构实施统筹规划一直到系统管理。在此情况下，以管委会或管理公司作为主体，为整个园区内的相似业态共同谋求 IP 附加值，集束效应可以成立。举一个很常见的例子，很多城市都会发展影视基地，通过影视场景租赁与影视产业链服务为城市提供工作岗位与财政税收，此类影视基地常见的商业利益来源是剧组拍摄租赁业务，可从实际招商角度，如果是超级热播剧的剧组，落地某影视基地本来就能为该影视基地带来 IP 附加值，同时，影视基地内从演员培训公司，到影视场景摄影公司，一直到影视道具或者纪念品售卖公司，都会因为此热播 IP 的存在而获取到服务赋能。

- **协会类型集束——理事会、秘书处的集束机制**

协会或者商会的集束效应，在商业领域稳定存在，但不同的商会或协会对成员的集束效应有着强弱之分。作为一种社团组织形态，协会通常会受到三种以上的行政领导：其一，中华人民共和国民政部社团管理局；其二，直接归属行业主管部门；其三，上级社团组织。多种行政领导，系社团组织形态存在的客观状态，但在业务领导层面，协会或者商会的理事会或秘书处具有直接的主导或倡导力，以商会或协会理事会或秘书处发起集束机制，与 IP 实现赋能合作，同时让社团组织中的成员受益，也是“散户”层“服务”模块商业机构可以探寻的道路，而这条道路并不简单，需要考虑到理事会或者秘书处本身是会员单位的服务者角色。理事会机制或者秘书处机制的设立，系社团组织集束效力的根本关键，并不是所有商会理事会或秘书处都有魄力牵头使用社团财政做一件存在商业风险的事（牵头连接 IP 附加值是一个存在商业风险的事情，事成则皆大欢喜，事败则管理机构需要担责）。

- **联盟类型集束——带头大哥的集束机制**

即便没有园区管委会或者类似管委会的机构，即便没有协会或者商会类的社团机构，规模以下“散户”层的“服务”模块商业机构仍然存在着对接 IP 附加值的可能性，但此处论述的三个“散户”层商业机构的集束模式存在着降阶的逻辑，即在集束效力上，园区集束大于协会集束，协会集束大于联盟集束。联盟集束，会体现在某一个区域行业中相对规模较大的商业机构牵头，号召区域细分服务产业的散户层商业机构形成联盟，共同寻求 IP 生态商业的赋能，但这种逻辑上成立的模式在实战中存在极大的不确定性，松散型联盟对联盟内成员没有强制约束力，商业规则的贯彻存在理论上的契约遵从，商业法律效力低于商业伦理效力，纯粹依赖商业觉悟的松散联盟商业共识的连贯性和持续性存疑。因而，通常走到联盟类型的集束，从商业治理结构而言，成立合资公司明确联盟成员的权责，会对于寻找 IP 生态商业赋能有着更为稳固的保障。

7.4 步步陷阱——服务产业 IP 生态商业化过程中的坎和坑

服务产业的 IP 生态商业化是生态商业模型所有模块中难度最大的，其障碍源于服务产业的非标准以及聚合度低的特征，这种特征在中国历史上有着千年传承，也带来规模化以上“服务”模块商业机构比例低的现象，“规模”是一项极为刚性的产业指标，意味着产业规模，意味着市场份额结构，意味着利润率以及经营管理方面的规模效益。举一个较为极端的例子，世界 500 强的 CEO 如果转行跳槽到某边远地区小吃店，就算是其商业管理决策水平具有全球领先水平，但有限的资金、有限的市场、有限的资源都将从负面影响经营管理效益。一个卓越的决策作用力于世界五百强公司，一年中带来的可能是数十亿美元的利润，而作用力于边区小吃店，全年能产生的效益连职业经理人的薪酬都不够支付。在这种情况下，规模以下企业在决策经营水平上受到人才和决策机制的牵制，也很难获取到撬动行业趋势的创新杠杆。

商业决策经营管理的效率，取决于五大因素：第一，商业决策者的水平；第二，商业机构所处的环境以及竞争格局；第三，商业机构本身可以用于确保效率落实的条件与基础；第四，落实经营管理决策实现效益的关键资源与关键合作伙伴；第五，经营管理决策规模效益的杠杆长短。

对应在“服务”模块的商业机构状态而言，五大因素均处于相对弱势，第一，规模以下的服务产业商业机构通常决策水平有限（如果具有顶级决策水平，“服务”模块商业机构的所有者会发现以职业经理人身份进驻大型企业，获取到的财富都比开一家服务产业的小商业机构要多，本书以商业利益最大化为出发点，不考虑所谓心灰意冷遁世之类的小说情节）；第二，由于产业聚合程度低，“服务”模块商业机构经常处于高度密集的同质化竞争中，业绩好坏常常系于选址带来的客流适配度以及客流数量；第三，规模以下企业的条件与基础通常不会很好，少数规模化的服务产业巨头可能具有一定的条件与基础落实放大决策经营效率；第四，关键资源与关键合作伙伴从来不会从天而降，如果规模以下商业机构拥有极为稳固的关键资源与关键合作伙伴，则意味着利益的多方制衡效应稳固存在，规模以下商业机构并不能够让关键资源与关键合作伙伴“专情”到何种地步，这才是真相，或者说，对可以帮助商业机构迅猛成长的关键资源或者关键合作伙伴来说，没有必然理由帮助某一家规模以下商业机构，当然，如果存在着血缘性或者宗缘性等原因则例外；第五，规模限制了杠杆的力量，让决策规模效益变得极为艰难。

正是由于商业决策经营管理的效率受制于规模背后的影响因素，服务产业 IP 生态商业化面临着一些常见的陷阱，对“服务”模块的商业机构而言，需要警示与注意！

- **非授权的 IP 商业化行为**

IP 的定义中，明确带有知识产权的要素，虽说 IP 并不简单等同于知识产权，可离开了知识产权的要素，我们所探讨的 IP 商业价值将变成海市蜃楼。当知识产权的归属权、使用权、收益权等理念成为普世共识时，IP 生态商业才会慢慢揭开帷幕，这意味着商业法律、商业法规、商业伦理均认同 IP 的授权使用或授权合作，在此环境下，非授权的 IP 商业化行为，是涉嫌法律擦边球的非道德行为。这种情况并不罕见，仅仅以 NBA 球员为例，包括科比以及韦德等不同时代的总冠军球队核心成员，都有过“被代言”的经历。一些中国境内的生殖泌尿系统的民营医院对外分发医院宣传刊物时，堂而皇之地将 NBA 巨星照片印在刊物封面，用于暗示该医疗机构有着领先的生殖系统疾病治疗经验（上述的 NBA 巨星均为美籍非洲裔球员，且作为职业运动员，身体极其强壮，不得不承认，“非洲 + 强壮”两大关键词的组合，很容易让人联想起生殖崇拜之类的原始定义）。毫无疑问，科比或者韦德都是年入亿万美元的顶级巨星，其经纪团队断然不会让球员堕落到担任三流医院杂志封面人物的地步，不难判断此类“被代言”是医疗机构的非授权行为，而 IP 侵权系违法——在法务体系相对健全的规模企业中，法务风险更容易得到系统控制与事先提示，但在规模以下企业为主流的服务产业，是否是授权下的商业决策关系到利益的合理性与合法性。

• 停留于表面的 IP 商业应用

上文曾经举过连锁快捷酒店集团联手欧洲五大联赛 IP 合作的虚拟案例，细心的读者可能会发现，笔者所举的例子中，除了酒店房间风格符合欧洲足球赛事之外，还提到了房间内体育观赛的内容节目，以及为深夜观赛者准备的夜宵套餐等，这并不是随手写的，相反，此案例强调的是 IP 赋能应该作用力于产业本身价值部分，对酒店产业而言，从欧洲五大联赛 IP 汲取赋能时，就已经注定需要将简单的住宿空间提供者角色，转化为欧洲五大联赛观众的服务者角色，这样才会有整体服务的变化，而不仅仅是挂几个欧洲联赛的球队的球衣和队旗。此案例的核心，可以映射到“服务”模块的任何商业机构，服务产业与 IP 的商业应用绝对不应该停留在 IP 道具摆放，服务产业需要结合 IP 受众需求，根据自身服务的价值特征，结合 IP 的特征，寻找价值赋能，而非简单的门面 IP “伪赋能”。

• 支付不适当的巨额对价

不同的“服务”模块产业，连接 IP 动力层获取到赋能的方式均存在差异，并不是使用自己所能支付的最大商业代价获取到 IP 授权就能赢得最佳的赋能比。举例来说，对于面积是 20 平方米的客厅，花费大价钱购买超大型的真皮豪华组合沙发就毫无必要，不仅实用价值远远不匹配实际需求而产生预算浪费，且由于适配错误，还会对小面积客厅产生负面视觉效果，譬如拥挤以及进出的不便。IP 生态的赋能同样如此，“服务”模块的商业机构在寻找合作之前，必须提前进行战略评估，明确自己所处的竞争环境，自己所能发挥 IP 赋能的商业基础，以及自己希望通过 IP 赋能达成什么样的目标，进而才能回答自己需要什么样规模的 IP 价值赋能，不恰当的 IP 合作会一定程度浪费商业机构的资源，且与希望的结果出现较大偏差。举例来说，美容美发的连锁企业，观察到某热播网络剧的几位正反面主角发型均极其别致且有着庞大的粉丝群体关注，该美容美发连锁企业的研发中心，可以在研究发型知识产权归属情况下，对实现同款发型所需要的原材料（譬如喷发胶或者烫发水）以及工艺流程（美发师的工艺标准化）进行研究，当复刻发型走向消费者引发关注与消费时，其实美容美发连锁企业已经获得了 IP 的赋能，但是从法律角度而言，这种效仿必须建立在发明者没有知识产权保护的前提下，此外，若非获得IP授权，该美容美发连锁企业不应该以任何此热播网络剧的名义或者肖像进行宣传。就此案例而言，使用IP的美容美发连锁企业没有为此发型服务支付IP授权的成本，因而其不会赢得类似于“独家合作”之类的权益承诺，但其一样获得了一定的IP赋能背后的商业利益。回顾此案例，几个方面非常重要：第一，此企业应该事先进行知识产权评估，确认在法律法规角度不存在风险；第二，企业的财务预算层面，需要确认的是支付商业代价获取到IP独家授权与自主研发不获取授权，这两种不同决策在市场反响方面会存在什么区别。如果消费者均建立在口碑角度，而非授权角度做出服务消费决策，则此授权成本并非必要成本；第三，“借势”与“剽窃”之间常常只存在一线之差，美容美发连锁企业需要严格把控商业执行过程，任何未经授权的IP形象使用都不应该在商业行为中出现（借助热播网络剧IP的肖像、名称、台词、剧情等）。

上述的三个常见陷阱，在“服务”模块的规模以下商业机构，分别对应的是：第一，侵权性质的IP商业化应用；第二，IP商业价值非充分利用；第三，未经合理测算的IP商业代价盲目投入。对不同的商业机构而言，三种陷阱都或多或少存在于机构生命周期的不同阶段，需要把控的最核心主纲是：IP生态商业化是商业环境等要素进化到一定层级的必然趋势，并不是真空的存在，其逻辑需要匹配更为底层的商业规则、业态特征、商业基础、目标与投入产出测算，无论企业规模大小，这永远是制定IP生态商业战略之前的必要工作环节。

7.5 IP 生态商业案例——麦当劳 & 网易漫画“艾木娘之不思议之旅”

以下为麦当劳 & 网易漫画“艾木娘之不思议之旅”案例的宣传文案，提供支持的是网易传媒以及麦当劳。

四场主题派对，四场不一样的视听盛宴。

网易漫画携手麦当劳举办的四场主题派对在上海完美收官。以网易人气漫画《仙世录》《漫画家与大明星》《嗜谎之神》《中国怪谈》为主题的二次元派对，凭借其丰富多样的风格在吸引了二次元爱好者的同时，也征服了所有三次元。

派对现场，人数之多、热情之高让人难以想象：人多得就像是法定节假日的西湖，疯狂的人潮似乎要将麦当劳踩成“断桥”；气氛好得像刚高考完的学生在狂欢，许多激动的年轻人和角色扮演者热情互动，密集的闪光灯简直亮瞎人们的眼睛。

的确，这样狂酷炫拽的主题派对，怎么能不让人心情愉快呢？

网易漫画看板娘鹿娘和她的闺蜜艾木娘一起点燃了整个派对的气氛，将派对领向最高潮。

2015 年 8 月 11 日，上古四神君，下属二十八星宿，三十二位执掌众生生辰的正神，在《仙世录》古风主题派对中，和小伙伴们一起见证漫字灯牌的点亮。

古筝琴声犹如那空谷幽兰般，一弦一音都似乎撩拨着人们躁动的心。

鹿娘与她的小伙伴艾木娘，更是在现场邀请小伙伴们一起参与套餐搭配大比拼，满屏的食物和隐隐散发出的香味，撩拨着现场每一个人的食欲，胜负欲与美味的结合，让全场瞬间嗨翻。

12 日，各路萌妹、御姐袭来，齐聚《漫画家与大明星》主题派对，甜美动人的笑颜好似拥有蒙娜丽莎的魔力，将现场的每一位小伙伴分分钟带入二次元世界。

一些漂亮活泼的少女带给大家一曲又一曲的欢快舞蹈，将现场的氛围一次又一次推向高潮点！还有可爱的男孩子也加入其中。

13 日，一个个朋克达人现身《嗜谎之神》线下主题派对，为了让更多的小伙伴体验到朋克达人的感觉，网易漫画更是准备了超多款精美的文身贴，让现场的小伙伴们分分钟变身街头潮人！更有独具创意的“隐藏的秘密”活动，让小伙伴们开启特殊手灯，用特殊灯光找到仅属于自己的福利，看清埋藏在黑暗中的礼物。

14 日，黑白无常获得特批，出现在以《中国怪谈》为主题的鬼马怪谈主题派对上，带给人们恍惚而震撼的视觉体验，更是为现场的小伙伴们大方送上属于他们自己的卡通形象贴纸。

还有那迷幻的舞蹈表演，舞者的身躯看似柔软实则富有力量，一举一动、一伸一展之间隐藏着动人的线条美，让现场的小伙伴们深深沉醉其中。

这么多派对，这么多精心布置的环节，是否让你回味无穷？

什么？你竟然错过了！

艾木娘的不思议之旅还未完全结束！

在派对之夜结束后，艾木娘还会在每家门店停留三天，在活动期间若找到我们的艾木娘，使用自助点餐机下单便能收到主题门店所特有的主题漫画明信片。能证明自己喜欢二次元的小伙伴，还能额外获得可爱的鹿娘钥匙扣一枚，不过数量有限，喜欢鹿娘的小伙伴们要抓紧时间前往门店。

最重要的是，如果你还幸运地拿到了标有“漫”字的点餐券，还可以免费获得网易漫画 VIP 卡一张。这么逆天的福利，你还要“废柴”地躺在家里过剩下的暑假吗？赶紧动身前往门店寻找我们的艾木娘吧！

时间短暂，艾木娘只会在每家门店停留三天恭候小伙伴们的到来，快快行动起来吧！

没有找到艾木娘的小伙伴们也不要灰心，我们的门店主题装饰会一直保留到 23 日，快来和我们漫画中的角色进行合照吧！

案例解析

回顾麦当劳近年来数字营销业务的精彩表现，会发现一个极为显著的现象，那便是麦当劳早就过了营销信息告知的传播初级阶段，作为全球著名的连锁餐饮集团，麦当劳的市场部兼顾丰富的商业经验与实操战力，连续若干年若干次的卓越表现，均传递着一个旗帜鲜明的信息：麦当劳早早便达到市场与运营的高度一体化的竞争力水准。对于此判断，可以参考麦当劳近年来频繁得到数字营销业界高度认可的获奖案例，无论是“百度地图 + 麦当劳樱花甜筒跑酷”项目，还是“一点资讯/小米 – 麦当劳充电饱”项目，行业观察者都能发现，麦当劳运营部门与市场部门高度协同的痕迹，进而言之，麦当劳给出消费者的回馈从来不只是优惠券或者视觉展示，更多传递的亮点则是门店在内的商业价值创新。

“艾木娘之不思议之旅”使然，即便从单一数字营销传播案例角度，已堪称是一等一的年度精彩之作，可笔者宁愿更多从 IP 商业传播之外，解析案例的背后整体关键要素。

其一，IP 生态商业的系统部署，传播仅仅只是取悦于信息接收者的表象，麦当劳艾木娘不思议之旅最大的亮点在于改变了商铺的餐饮零售场景，将麦当劳的价值输出，从单一的售卖食品提供就餐的流程业务，升级到 IP 生态覆盖下的餐饮零售场景，为此，麦当劳落实了大量商业传播之外的运营升级工作，让消费者从现场获取到的价值回报，包含了 IP 赋能的深度融入。

其二，所有的 IP 生态商业的资源获取与价值部署，源于“用户中心化”，即以消费者为中心，本案例围绕年轻用户心理诉求为核心建立起的 IP 跨界战略，在此战略中，每一个细节的雕琢，也许并不会让年龄大一点的人感到满意，可对麦当劳此次行动目标的年轻人群而言，却深入击中情感诉求的敏感区，大幅加强品牌认同，且切实反映在用户到店客流量的数据。

其三，IP 商业化与品牌价值诉求，系同一个方向的左右翼。麦当劳的价值主张，一直是为用户带来快乐，而其用户聚焦在年轻人群，于是，如何以年轻人群喜好来定夺麦当劳如何表现，系 IP 生态商业道路上的最大挑战。艾木娘这一脱胎于二次元漫画的角色，对年轻人群来说不仅仅是一个人物，还可视为一种文化认同。显而易见，通过艾木娘不思议之旅，麦当劳传递了清晰的市场信号——麦当劳和年轻用户是同一个物种，而争取年轻用户的价值共鸣，正是麦当劳品牌市场部门致力的方向。

其四，可持续的 IP 合作机制——麦当劳在 IP 商业合作层面，存在着具有创新惯性的持续机制，无论是根据热门大片跨界合作的麦当劳 IP 玩偶，抑或本案例引用的二次元文化，麦当劳从来都将 IP 生态商业看作价值升级的稳定组成部分，拒绝打一枪换一个地方，深信持续的深耕会带来价值从量变到质变的提升。而这也是所有希望通过 IP 生态商业获取更多商业利益的创新者应该秉承的信仰。IP 生态商业，与任何商业一样，即便表象如何感性，背后的商业逻辑依旧充满理性，持续机制是企业可持续运营假设背后的必然，而不是跟风蹭热点的提神鸡汤。

麦当劳在 IP 生态商业的战略，堪称全球餐饮领域的顶层表率，具有行业的标杆效应，也具有 IP 生态商业方法论的启示效应。

Chapter 8

暗镞——分发产业IP生态商业剖析

Chapter 8

[illegible]

分发产业，对应的是IP生态商业模型中的“路径”模块，而在整个生态商业模型中，最容易抽象化的便是“路径”模块，同时，“路径”又处于数字商业时代巨大变革的过程中，这给探索者带来了极大的困扰。

如果想用最为简洁明了的词语，尽可能贴切地描述分发产业，不妨如此审视：处于IP动力层的IP模块，施加作用力于商业形态层的“载体”“商品”“服务”三大基础模块，同时，“载体”“商品”“服务”不可能处于完全真空的商业环境中，需要通过“价值交付层”的“路径”与“场景”模块输送到用户（即“人群”模块）。如果说IP所有者实现的商业形态为“载体”“商品”“服务”中的任何一种或者任何多种，都必然借助某一特定“场景”实现价值交付，“路径”则是“载体”“商品”“服务”与“场景”之间的桥梁模块。假设某IP赋能的商品通过连锁便利店进行分发，则便利店渠道即扮演“路径”角色，而便利店内的货架则系用户接受价值之前的“场景”角色；同理，再做一次假设，如果某IP赋能的载体通过视频网站播放，则视频网站扮演“路径”角色负责分发，用户接受IP赋能值的场景则可能会是在电脑前，或者在通勤路上对着智能手机。

上述的两个案例，提到的“路径”模块中的便利店或者视频网站即本章聚焦的分发产业代表，需要特别界定的是“载体”模块常常容易与“路径”模块相混淆，“载体”指的是承载IP与IP附加值的虚拟形态，包括图片、文字、音频、视频、H5、游戏以及直播，而“路径”模块内的分发产业结构更为复杂，包括能分发“载体”的价值交付形态，也包括能分发“商品”与“服务”的价值交付形态。

8.1 孰言不是刘借荆？——当分发产业不再是分发产业

分发产业包括了内容分发（对应“载体”）、零售分发（对应“商品”）、服务分发（对应“服务”），这也是分发产业所对应的“路径”模块，会同时承接“载体”“商品”“服务”的“商业形态层”的原因。早在“载体”篇章，我们就提到过，在这个数字商业时代，数字科技对于不同的细分产业所产生的创新改造进度不尽相同，需要建立理性认知的是，伴随“载体”“商品”“服务”纷纷因为数字科技而产生变化时，负责承接“商业形态层”的“路径”模块也必然存在相应变化，这有点类似于一座桥梁，原本通过者可能是步行者或者推手推车者，当时代变迁，越来越多需要过桥的通行者从步行和推手推车进化到开四轮机动车时，自然而然会对桥提出更高的要求，桥需要从原来的双行道升级到四车道或者八车道，需要从原来的木桥升级到水泥桥或者钢筋混凝土桥，以符合通行者的需求。类似的进化需求，存在于“路径”模块，身为“价值交付层”最靠近 IP 附加值的区域，“路径”模块衔接着“商业形态层”与“场景”“人群”模块，换句话说，如果没有“路径”模块所指向的分发产业，“载体”也好，“商品”也罢，“服务”亦然，IP 生态商业化的可实现程度将大幅度降低。

应该说，“路径”模块所指向的分发产业有着相当的时代特征，如果说 20 世纪的分发产业只是负责传递，那么今天，分发产业已经越来越接近价值本源，甚至由于价值数字化的演变，分发产业的价值结构已产生了截然不同的演绎方式，自然而然地，这种截然不同也会在分发产业于 IP 生态商业内扮演的角色中体现出明显的特质。消费者为需求满足而埋单（这是商业价值最接近本源的概念，虽然消费者实际支付的代价中包括了为商品之外的宣传或者渠道流通成本买单的部分，可消费者心目中的认知或者潜意识认知中，常常认为自己购买的是满足自己需求的某一个商品或服务），而最直观满足消费者需求的商业形态，可能是映射在“载体”“商品”或者“服务”中的一项或者数项结合，分发产业扮演的是将满足消费者需求的商业形态输送到消费者交付场景的角色，在此情况下，数字化科技确实对分发产业的彻底变革起到了无可比拟的作用。

用一个具有一定代表意义的案例来解释这个问题。

在 2008 年，移动手机的使用者对于叫“充值卡”的东西肯定不会陌生，此物件的外形酷似一张有磁条的卡片，背后有着一个可以刮开的密码区，购买者获取充值卡后需要刮开背后的密码，随后拨打某一指定号码，为自己或者他人的移动设备充值。当时移动手机的使用者获取充值卡的主要渠道是运营商营业厅或维修点、书报亭、福利彩票亭、便利店、网购。上述的五大分发产业路径中的第五项即“网购”的从业者，很快就发现了这种分发行为不仅低效而且相当无聊，从用户购买到消费的行为逻辑上看，用户所购买的通话服务根本不需要一张物理意义的密码卡。于是，最初尝试挑战充值卡逻辑的网购商户走出了跨时代的一步，只要用户在网上付费购买充值卡，商户就会告知其密码，用户只需简单的操作就能完成手机充值。这里所引用的案例可以看作普遍认知，却很少会有从业者分析其中的原因。其一，从便捷性来说，一种购买方式是付费后等1~2天快递送卡到手，一种购买方式是随时买随时到账，就算再怎么不擅长算账的消费者都该清楚哪一种方式更方便。其二，从合理性而言，虽说当时的快递费用已经相当具有竞争力（不说苏浙沪包邮，其他省份的快递费用在2008年中国电商物流打得头破血流的时代，并不算昂贵），但毕竟仍然存在着物流成本，能用IM软件譬如淘宝旺旺的信息发送就解决的问题，为何要用快递？其三，从效益性来说，这种“创新”极大地符合通信服务提供商的利益，我们来看一个不需要精准数字的虚拟案例：某通信运营商推出了单价100元的话费充值卡，考虑到需要让用户方便购买，于是以9.3折建立批发机制，随后，该省份的各级经销商纷纷赚取批发零售差额（即用户购买100元的充值卡，运营商获取到93元，为运营商分发的环节分掉7元的利润），当“去实体卡”的模式被发现后，运营商瞬间发现了自己可以赚100元的方式——原本逐级经销商解决的无非是运营商没办法保障每个街区都能买到充值卡的问题，而今的运营商可以网上直销话费，至于是不是卡的形态都无关紧要，符合经销商利益最大化的诉求。

那么问题接踵而来，我们需要思考的是，在此案例中，分发产业毫无疑问处于一个剧烈的变革期，某些分发产业中原本有机会凭借分发价值获取利益的角色，已经不再具有分发价值，如上案例，而今的线下实体网店销售充值卡的行为仍然存在或者说并未彻底消失，可通信运营商也好，消费者也罢，对原始意义话费分发产业的依赖性已经大大降低。有趣的是，依赖性降低的根本不是需求降低，而是满足需求的方式发生了质的飞跃，数字服务直接替代了物理意义的实体服务，相应产生的变化是原本承担分发物理意义实体服务（充值卡零售服务）的分发产业，也相应变化为实体服务相对萎缩而数字分发服务快速成长的格局。

类似上述案例的情况，现实生活中并不少见，异曲同工的是十年前打游戏，会有一种名曰“游戏点卡”的物种存在，而在这个时代，物理意义的点卡，也同样受到了网络游戏或者手游中增值业务的冲击，换句话说，游戏点卡分发产业的生存空间急剧压缩，游戏运营商更乐于直接通过游戏内的充值增值服务获取到直接的用户付费利润，这种分发产业内的结构化战争也许比想象的更为惨烈，以前还有过某公司依赖卖点卡发财致富，时至今日，如果分发产业中还能有点卡分发商的一席之地，那才称得上是异常罕见的商业奇迹。

科技进化是人类日常生活越来越便捷的基础，而所有具备商业创新价值的物种，无一例外存在一个共性，即让原本复杂的需求满足方式，变得更为简约，此铁律可以匹配任何获取到创新价值红利的现象予以论证。分发产业亦如此，如果上述的话费充值卡尚不能全方位作为解析此现象的案例，我们不妨转向金融行业进一步审视。众所周知，传统意义的理财产品最常见的合作伙伴是银行，即银行柜面的工作人员会向储户推荐某理财产品，这种现象背后，银行扮演着理财产品的分发产业角色，理所当然也会获取分发角色背后的环节利润，而在这个数字金融逐步常态化的时代，银行柜面的分发产业角色亦同步进行着数字科技变革，一则理财产品的提供者，不满足于环节利润划分，越来越多建立自身的数字直销通道，譬如 App 或者数字官网直接服务投资者；二则银行本身也考虑到包括柜面房租以及人工成本的递增，大幅度资源投入寄望于业务向网银端迁移，在这两种作用力的共同努力背后，消费者利用数字业务实现更为便捷的投资理财系人心所属（一种方式是需要柜面排队若干时间后看一份冗长的投资文件，另一种方式是更为灵活的碎片化理财），自然而然促成投资服务分发产业的结构变化，从实体分发转向数字分发，而数字分发的便捷性符合当代年轻投资者碎片化、移动化、场景化的特征，茁壮成长是一种必然。值得警惕的是，不能简单将数字分发与实体分发的表象看作分发产业独立进化的结果，我们需要注意到，数字时代来临时，投资产品的提供者同样努力改变着商业形态，不同程度地尝试变现更为灵活、更为小额的投资商业形态，分发产业的数字进化可以看作伴随商业形态层升级的同步升级，驱动力源于用户变化，也源于商业形态层的变化。

8.2 从地缘导向，到人缘导向——让 IP 成为分发集散中心

传统意义的 IP，其自身的分发力都只是一般，更谈不上 IP 附加值的系统处理能力，就像本书尝试在各个章节探讨的那般，传统意义的 IP 需要解决包括商业形态层、价值交付层以及数据贯通轴在内的大量系统创新问题，而按照 IP 动力层赋能的逻辑节奏，最先能够直接赋能的系商业形态层，即“载体”“商品”与“服务”，于是，商业形态层赢得 IP 附加值的同时，下游的分发产业也将顺势赢得 IP 附加值的加持。

分发产业借势 IP 赋能具有相当的独特性，身为“价值交付层”的最上层通道，分发产业 IP 赋能可以极大降低“商品形态层”的赋能成本，且一定程度提升 IP 赋能的商业效率，让我们使用一个具有对比性的案例来尝试解析分发产业 IP 商业化的有趣之处。这是真实案例，鉴于部分信息尚未得到权威确认且过程存在可能的一些争议，笔者隐去此案例的公司名称。

J 商场是上海闹市中心的一处大规模商业中心，如同绝大多数的商业综合体一样，J 商场存在一定比例的百货商场业态特征，即大部分商铺由服饰业态构成，组合以部分餐饮娱乐服务，以及部分文化消费服务。众所周知，百货零售业态饱受网络购物产业的冲击，这种冲击相当直接，也极度恐怖，本质源于四个方面：其一，网络购物去环节化的同时，得天独厚地带来价格竞争优势；其二，传统百货零售业态中的服饰鞋帽等常见零售模式，恰与网络购物最大结构比的服饰鞋帽重叠，而网络购物让消费者购物选择更有主动性，自然而然百货零售商场人烟稀落；其三，传统百货零售业态的分发过程存在无法逾越的信息差，经常基于某一推销员的巧舌如簧，消费者的信息获取单方面来源于品牌方员工，无法比对其他消费者的口碑评价；其四，需要自己拿着购物袋继续逛街的不便（这是笔者由上千调研样本分析出来的数据结果，网购提供快递到家，而百货零售大多不提供快递到家，大约接近 35% 的消费者将此差异列为选择网购的第三大影响要素）。当面临网购业务的直接威胁时，J 商场与其他百货零售企业一样，采取了积极的自救措施，所谓的百货零售业“自救措施”，归根结底有几个基础套路：第一，开始一些互联网广告投放，走向所谓的 O2O 营销的方向；第二，一些业态开始调整，针对百货零售

商业体内的商户调整业态结构，让生活服务业与文化服务业的比例提升，期望更多顾客到店；第三，尝试更多的数字 CRM 系统，譬如微信 CRM，更多尝试售后跟进鼓励消费。

上述三大基础套路分别对应的是“客流量从哪里来”“如何让顾客贡献更多利润”“如何让顾客经常性来店”，映射到实际商业管理层面，就是市场、运营和 CRM 的三大路线。这谈不上翻天覆地的创新，也谈不上什么神奇商业物种，为数不少的百货零售业都会如此寻找数字时代的突破，而 J 商场做的不只是这些。与寻常的百货零售业态相同的是，J 商场也在寻求创新与改变，与寻常百货零售业态不同的是，J 商场将视线转向了 IP 方向，举例来说，J 商场一度在双休日大堂中庭区域，摆开架势进行轰轰烈烈的《王者荣耀》现场 PK 赛事，不同选手登台组队，超大屏幕投影，数以千计的观众驻足见证《王者荣耀》小组赛，同时，关于《王者荣耀》的部分主题展区也在周边展开，形成相当不错的集客效果。

《王者荣耀》——2017 年王牌游戏中的“战斗机”，这样一款全民爆棚级的超级游戏，其情节性、娱乐性、泛众性都属于内容主张型 IP 的代表作。于是，当 J 商场这样的百货零售商业体，寻找《王者荣耀》这样的 IP 赋能加持的时候，有趣的裂变效应便产生了，客流在 J 商场发生了比往日更长的停留，商业体内诸多的商户相应也迎来了更多的潜在顾客，获取到相应的成交机会以及更多可能的利益机会。

J 商场与《王者荣耀》的商业案例解析会非常有趣，其中一些解析的方向或者结果也许一目了然，而另一些则可能存在争议。

第一，IP 进驻百货零售商业体谈不上是非常罕见的创举。由于笔者生活在上海，经常会看到喜羊羊灰太狼、哆啦 A 梦、Hello Kitty 等多种 IP 出现在不同百货零售商业体的主题展模式。这种模式谈不上先进性，可 J 商场所做的《王者荣耀》大赛，却不同于主题展模式，充分挖掘了《王者荣耀》游戏 IP 的特性，让客流从参观者转变成了参与者，从单纯的信息观察者升级到了乐趣的享受者，背后引申出来的解析是，即便是借力 IP 赋能，也需要缜密构建赋能的形式，交互仍然是最接近客流，且能帮助效力提升的手段。

第二，之所以将 J 商场与《王者荣耀》作为案例解析，很大原因是百货零售业有着分发产业的明显特征，百货零售商业体联手 IP，百货零售商业体内的商户可以享受到 IP 带来的客流增幅。如果是某百货零售商业体内的单一商户实施 IP 赋能会如何？无疑，这同样具有可行性，差别在于并非所有商户都具有强大的连锁规模以保障 IP 谈判的可能性，因而，分发产业 IP 赋能模式，能让分发通道内的利益获取者“雨露均沾”，达成聚合效益的商业结果。

第三，J 商场的案例并不是毫无瑕疵，观察者会很容易发现，商场主管部门实施了 IP 赋能于分发产业的行动，可商场内商户却仍然只是在享受 IP 赋能带来的客流量而已，商户本身对 IP 主题的响应程度并不尽如人意。在这里会形成两个有趣的推导，其一，百货零售商业体的业态特点，决定了商场和商户之间是契约合作关系，而非辖属关系，这意味着 IP 赋能直达贯通会面临决策意志不统一的局面，而类似现象在分发产业 IP 赋能的商业实战中非常普遍；其二，假设商户能同样高度配合 IP 赋能做出相应的响应策略，譬如商户店内同样做主题装饰，或者商户内电视屏幕播放的也是中庭区域万众瞩目的《王者荣耀》大赛呢？这仅仅只是一个问号，且笔者感性判断，这未必是最佳策略，原因在于商场内商户的引流方式，通常为争夺商场内客流或者商场外引流，《王者荣耀》赋能于商户，并不一定适用于所有商户需求，举例来说，翻台率需求较高的餐饮业，会希望原来吃一顿饭需要 25 分钟的快餐顾客，由于在店内盯着《王者荣耀》赛事转播的电视屏幕而赖着 50 分钟霸占一张桌子吗？因而，我们会得到一个有趣的结论，即便分发产业获取到 IP 赋能，获取到分发流量的接受单位，是否也需要统一 IP 化？此乃具体情况具体分析的焦点，而非一股脑儿回答是或者不是的判断题。

第四，笔者并没有获取到足够支撑判断的信息，本次《王者荣耀》的现场赛事，J 商场究竟是否支付了知识产权使用费给腾讯互娱？笔者从现场目睹到的现象而言，主要的 IP 结合赋能，体现在超大屏幕的《王者荣耀》赛事现场直播，以及一些数量不多的《王者荣耀》IP 人像摆设。从《王者荣耀》IP 的使用情况来构想，此赛事涉及《王者荣耀》IP 许可，笔者就此问题请教了法务领域的从业人士，得到的回复是：赛事本身若使用《王者荣耀》为主题，则需要授权，现场人偶摆设只要符合游戏公开人设则不违规。由于此案例尚无法考证 J 商场是否向腾讯互娱支付过授权费用，本书将其定义为存在不确定因素的 IP 商业化行为。

第五，类似的分发产业对接 IP 赋能，从商业逻辑来说，属于可持续的连贯效益机制。回到 J 商场举办的《王者荣耀》大赛案例，同时拥有赛事主张型 IP 属性以及内容主张型 IP 属性的加持，拥有第一季、第二季到第 N 季的持续操作可能，当然，这种持续操作的可能并不是无限的，一旦《王者荣耀》IP 逐步降温，则连贯效益会同样降低。连贯效益机制意味着分发产业 IP 赋能的积累沉淀模式论证有效，即第一季参与过《王者荣耀》大赛的游戏玩家或者观众，可能由于关注赛事，而每周或每两周抵达活动场地参赛或观摩，当然，这是 J 商场作为百货零售商业体所希望看到的客流增长以及消费增长的趋势。

利用 J 商场与《王者荣耀》大赛的 IP 赋能作为案例，一则由于此案例有代表性，且有值得一表的亮点，而非千篇一律的 IP 雕像罗列或者主题展；二则从此案例可以论证衍生出来的经验法则太多，细分的不同分发产业都有机会借力不同的 IP 打造不同的赋能机制。

8.3 铁锁横江，十丈软红——分发产业 IP 生态化联动效应

直观探讨 IP 赋能分发产业的联动效应，可能会有较为抽象的观感，于是，笔者仍然用一个亲身经历，来与读者们做较为直观的交流。

2016 年，笔者受邀出席中国民营书业年度峰会。所谓书业，是出版业的关联环节产业，简而言之，某一位作家洋洋洒洒写了四十五万字，此乃 IP 作者或者拥有者，在 IP 生态商业模型中对应的是 IP 动力层的“IP”模块；出版社按照出版协议申请出版并且印刷成书，此乃出版业，在 IP 生态商业模型中对应的是商业形态层的“载体”模块；随后，书籍不会自己长出四条腿跑到读者书柜里面，书业便是扮演分发角色的业务环节，对应的是价值交付层的“路径”模块。直观认知书业，可以对应到的产业是书商以及新华书店（或者其他书店），总而言之，书业承接的是书籍从出版社的仓库一直到书店陈列的环节。而书业内，又可以划分为书商与书店两个细分环节，书商负责的是从出版社到书店的环节，书店负责的是从店面到消费者的环节，站在分发产业角度，书商与书业都有分发产业特质，不同之处在于书商的分发角色是 B2B，而书店的分发角色是 B2C，就像本书坚持的原则那般——IP 的生态商业更多体现在消费级商业效应，因而，接着要解析的这个案例，将从书店的分发角

色探讨如何实现 IP 生态联动。回到案例本身，书业年度峰会的现场云集了大量新华书店的总经理，而笔者受邀出席的出发点，是书业同仁们希望能有一次从互联网思维作用力于书业的创新角度进行的讲座分享，带着这个任务，笔者事先进行了一定的行业研究，并且准备齐全课件，会议现场有相当热烈的讨论与沟通，暂且不表，这只是案例的引子。

新华书店这个商业机构群体，面临着两难的境地，第一，消费者大量转向数字阅读或者转向网上书店购买，令线下新华书店门庭冷落；第二，想要给出诸如“一个产业时代已经过去应该放弃新华书店模式”之类的回答，根本没有可能性，要知道新华书店模式不是寻常意义的商业模式，新华书店承担的不仅是卖书的责任，还有普及民智的社会责任，是超越商业角色的社会担当，新华书店模式要坚强地生存下去而不能放弃（类似情况在国民基础产业中很常见，例如，就算亏损，一些路线的铁路仍然需要运营，邮政产业仍然需要运营，这是民生的基础业务，无法简单用商业利益衡量，新华书店也一样）。面对逐渐升级的生存挑战，新华书店产业普遍采取的积极自救措施是改变销售的商品结构，从卖书延伸到卖文具、卖玩具、卖文房四宝、卖拼图邮票、卖纪念币，甚至卖纸尿布和保健品。这种变革存在一定的合理性，对应的负面效应就是一些新华书店很不像正宗的书店，却像兼带着卖书职责的古玩市场或者杂货市场。知识带有温度是不假，可知识带有温度并不代表新华书店就得像杂货店一样生存，书业领域的普遍困惑是如何改变，或者说，如何能在数字科技时代积极改变。

在书业年会的分享之前，笔者饶有兴趣地研究了书业的现状，核心聚焦在以下几个方面。

- **当代的人们究竟是不是还阅读？**

笔者的研究结果显示，人们仍然坚持阅读，且大量数据调研表明，坚持阅读的人数与阅读时间都在稳步增长，大约 1/3 的受访者数据证明，纸质书不会被放弃，而这部分坚持纸质书要求的受访者，均属于教育程度相当的财富支配人群。

- **如果人们仍然在阅读，新华书店门庭冷落的原因何在？**

笔者的研究结果显示，阅读者分流，一部分的阅读者转向碎片化阅读，即从社交媒体获取碎片的阅读体验，一部分的阅读者转向纸质书的数字阅读体验，即通过电子阅读器（譬如亚马逊 Kindle 阅读器）阅读，一部分坚持纸质书阅读的读者，通过电子商务网站购买实体书。这三种分流方向，导致了新华书店的人流量与购买量降低。

- **是否有可借鉴的经验来论证书店模式未来的生死存亡？**

研究结果显示，从经验来看，书店模式受到数字科技的冲击客观存在，但从北美洲以及澳洲的先行实践经验中可以发现两大制衡点：第一，数字阅读市场占有率上升到一定百分比后，缺少后续上升动力，甚至会出现些许下降趋势；第二，受到网络冲击后的经营亏损，迫使一些书店关停歇业，可在一批书店谢幕后，北美洲与澳洲的书店数量仍保持稳定，有相当数量的书店保持稳健的经营状态。上述两个制衡点表明，数字互联网并未完全夺走阅读者，而是在部分阅读者走向数字化后，数字阅读与实体阅读形成制衡并存的态势，对此，中国书业可以参照。

- **是否有成功经验证明，书店在数字科技时代生存状态更为良好？**

研究结果显示，有成功经验证明，不仅有，而且数量不少。分析国外的书店生存状态会发现，现存的书店早就不单纯扮演简单的书籍分发角色，而是转型分发服务或者场景，部分运营良好的书店提供写作环境服务、电影拍摄场景服务，另外，大量运营良好的书店会提供咖啡等阅读时简单的配套生活服务。

上述的案例是笔者在中国民营书业年度峰会上一次分享前进行的行业研究结果，结果的指向解读出来也许耐人寻味，笔者从国外成功的书店产业看到，生存良好的书店不再简单满足于书籍分发这一商业变革方向，和中国书业面临互联网冲击如出一辙，不同之处在于中西方变革思路的差异，中国的书店多从“书籍分发”走向“商品分发”，因而书店越来越像小商品市场；而海外的成功书店则从“书籍分发”转型到“书籍相关的阅读服务分发”以及“场景服务分发”，两个不同的变革方式形成了截然不同的商业结果，迄今为止，国外一些成功书店还扮演着旅游业地标角色，而在其变革升级的路径中，可以相当容易地寻找到 IP 赋能的痕迹。

有部分书店除了日常销售书籍，还高频举办作家签售首发仪式。这种模式借力的是作者角色主张型 IP；部分书店则极度热衷于接拍电影，让书店更多成为内容主张型 IP 的组成部分，从而实现“网红”特质；至于上文提到过的提供写作环境的书店，强调的是有多少作者从该书店环境写出了畅销书籍，于是借力写作这一场景主张型 IP，成为写作爱好者趋之若鹜的圣地。

书业年度峰会时，笔者的研究聚焦于书业，同理，分发产业的诸多商业机构均可以一定程度借鉴上述案例的思维模式，书籍受到多重冲击时，首要解决的并不一定是用营销活动吸引顾客到店，而是回归商业本质，回答顾客为何要到店，到店究竟能给顾客带来什么样的需求满足。许多年前的书店能满足顾客购买书籍的需求，今天呢？购买书籍背后的阅读需求，已经有着更多元化的解决方案，书店在需求满足方向的独特性大幅度降低，那能有什么其他理由让顾客到店？国外成功经验不约而同走向 IP 赋能的创新驱动，中国的书业也需要同步思考变革创新究竟应该设定在小商品方向还是 IP 赋能方向。

8.4 分发产业 IP 商业化的狙杀与冲阵——难点、痛点、关键点

需要声明的是，分发产业 IP 商业化，与分发产业分发具有 IP 赋能的商品或服务，并不是矛盾的概念，身为价值交付层的承接模块，“路径”体系对应的分发产业，理所当然能从商业形态层汲取 IP 动力，区别之处仅仅是在于分发产业自主 IP 赋能，自控力更强，但同样需要支付成本，计算财务收益，而从商业形态层借力，则成本也许会大幅度降低，可由于角色价值降低，IP 赋能的控制力也会相应降低。

分发产业 IP 商业化，最常见的误区主要有以下五个方面。

- **忽略上游的 IP 赋能借力**

分发产业的 IP 生态商业化，不应该忽视来自商业形态层的赋能借力。举例来说，“路径”模块的分发产业扮演的是桥梁角色，负责将来自商业形态层的“载体”“商品”“服务”输送到桥梁彼端的“场景”阵地，处于“载体”

“商品”“服务”源源不断过桥的阶段，桥梁本身能因为“载体”“商品”“服务”的战斗力加成而相应加成。更形象一些，如果是战争时期，一座运兵桥正在通过若干部队，此时此刻运兵桥受到来自敌对方的攻击，运兵桥上的武装部队自然而然会拿起枪支弹药进行回击，因而，运兵桥上的部队战斗力很大程度决定了桥梁的安全程度，当然，为桥梁的安全考虑，同样可以构筑为保护桥梁的专用高炮群或者其他防御力量，可无论如何部署，桥梁上的武装战力都能为桥梁安全加成。同理，作为桥梁的分发产业，能从过桥的“载体”“商品”“服务”获取到加成进而提升自身竞争力，而“载体”“商品”“服务”获取到 IP 赋能时，等同于过桥的武装部队有着更为优良的战斗武器，桥梁的安全性将赢得更为稳固的保障。

角色使然，分发产业商业化首要考虑的便是“借势”，从“载体”“商品”“服务”借势！

这种借势在商业实操中并不罕见，一些百货零售商业体会借着影院上映某海外大片的时机，在中庭区域或者餐饮区域同步举办海外大片相关的主题活动。更值得思考的是，此类从借势切入的主题活动，常常通过资源置换完成，而一定程度降低百货零售商业体的资金成本投入。对 IP 本身即海外大片而言，电影这种形式是“载体”，“影院”是价值交付“场景”，百货零售商业体整合分发力量借势海外大片，同样能为票房提供有力的支持，甚至有机会带动 IP 的周边商品销售，符合片方的利益。类似的合作在商业实操中有一定的经验和基础，亦符合利益链条中各个模块的需求。

所以说，能从“载体”“商品”“服务”的 IP 赋能借力时，分发产业千万别手软，可获得皆大欢喜的结果。

- **不恰当的 IP 赋能或涉嫌违规的 IP 赋能**

IP 不能简单等同于知识产权，但可在消费者级商业变现的 IP，却具有知识产权的权属特征，越来越多得到法律与社会伦理认同的知识产权使用，需要遵循法律规范以及公序良俗的制约。分发产业经常会对接多种不同的下游“场景”，而分发产业本身自律也好，对下游“场景”产业的制约力也罢，都无法走出 IP 知识产权边界的强制效力。

未经授权的 IP 应用，或者超过授权范围的 IP 应用，在分发产业屡见不鲜。前者意味着分发产业将面临 IP 所有方的法务维权可能，后者则意味着一定成本获取到 IP 授权后就肆无忌惮越界使用。前者属于未经许可的违法商业利益获取，后者则是背离理应遵守的契约精神。在之前章节提到的上海闸市区 J 商场主题赛事便是笔者迄今还很难获得真相的“可疑”案例，《王者荣耀》大赛本有着良好的商业表现，可现场的主题赛事是否获得了腾讯互娱授权？笔者并没有确切信息可以证明，如果获得 IP 授权，应该说此案例堪称 IP 生态商业分发产业的典范，足够让观众击节叫好；如果未经授权使用《王者荣耀》，则性质值得斟酌探讨——当然，不排除一种可能性是《王者荣耀》的 IP 所有方根本没有为游戏进行过知识产权申请与保护，这种情况下，在灰色地带走法律擦边球路线，并不值得鼓励与效仿。

- **仅为 IP 表象的分发产业错失**

一个现象常常容易在商业运作中被忽视，即 IP 生态商业模型的另一条路线“数据贯穿轴”的存在，之前提到过，在 IP 生态商业模型中，“IP”“人群”“数据”为核心模块，而“载体”“商品”“服务”“路径”“场景”为环节模块，在整个生态模型体系内，“数据”恍若一条若隐若现的暗线，贯穿在每一个模块以及每一个模块的因果关系之中。对分发产业而言，“数据”的价值不应该被忽视，分发产业承载的角色任务是将商业形态输送到交付场景，桥梁的天然属性能增加使数据过程获取到沉淀的可能性。试想，“载体”“商品”“服务”都需要来自“场景”的数据反馈，而数据通道便从分发产业贯穿，分发产业不同于场景的散布，有着一定的集束特征，数据沉淀、整合及再应用，都具有极强的想象空间。

IP 在分发产业的商业化应用可以繁花似锦，却不应该忽略数据的沉淀，换一个角度审视分发产业，并不难得到结论——未来分发效率的提升，必然基于数据能对分发机制的提效，或者说，IP 赋能分发产业的效应可以区分为显性的分发提效以及隐性的数据沉淀与数据应用，隐藏的数据层面效应不应该被忽视。

- **打一枪换一个地方的运动式 IP 赋能**

一些分发产业的商业机构，会较为感性地凭借领导者喜好部署工作，IP

赋能的工作亦然，市场部门领导者看到几篇微信上的营销“鸡汤文”瞬间灵感大发，部门会议上有感而发希望工作创新，接踵而来的是轰轰烈烈的运动式 IP 赋能，某一个 IP 合作项目盲目上马，持续数周结束后没有总结归纳，没有系统整理，迅速成为领导政绩以及档案室的尘封材料。这种举措很常见，却不可倡导。

IP 赋能分发产业需要考虑到分发产业的持续发展特征，当分发产业可以凭借 IP 带来的附加值获取到更为卓越的业绩提升时，针对 IP 赋能工作的系统部署则需要提上工作日程。一项 IP 赋能项目为何成功？成功在何处？有哪些不足？消费者如何做出反馈？利益合作方的反馈如何？回答这一系列问题，并不是为了让已经完成的 IP 赋能项目变得更为亮眼或者对其进行批判，而是探寻分发产业商业机构适配度更高的 IP 选择策略、IP 合作策略、IP 运营策略等后续策略的必要工作，以便于第二波、第三波，乃至于第 N 波 IP 赋能项目可以常态化支持分发产业商业机构日常运营，且便于人们精益求精寻找提高效能的方法。

- **角色定位**

分发产业结合 IP 赋能时，不应该忘却本身分发角色的职能所在，所有的分发角色，职能都是为分发工作赋能，因而需要考虑到分发体系内合作者的利益最大化。如果是百货零售商业体的格局，则百货零售商户的利益是 IP 赋能行动的关键受益者；如果是新华书店这样的书籍分发模式，则新华书店内不同出版社的货架场景，应该能从 IP 赋能中获得支持。进一步探讨的就是，分发产业 IP 赋能，不仅需要考虑分发产业商业机构自身如何连接 IP，还需要考虑分发机构如何能将 IP 赋能进一步转化为分发职能的一部分，能让 IP 赋能通过分发机构的工作，落实到分发体系内的场景合作伙伴。

当 IP 赋能分发产业时，产业内分发机构的角色不是玩家，而是机制的牵头者、设计者与服务者，是放大器，而不是舞台剧演员。

分发产业存在着数量繁杂的细分产业机构，每一个细分领域也各有价值链的不同，因而分发产业 IP 赋能无统一模式可循，唯一可以肯定的是，以分发产业的价值链入手设计策略，IP 赋能不是赋能在分发产业商业机构，而是需要分发产业商业机构将赋能转化为更大幅度的宽幅映射到分发受益者，这才是可持续 IP 赋能工作的关键要素。

8.5 IP 生态商业案例解析——锤子手机

以下为徐上峰先生授权网易财经发布的一篇关于锤子手机评论的报道文章，这一评论从观察者角度分析锤子手机的对错成败，引用此评论仅仅为呈现更多案例相关的信息，不代表笔者以及从 IP 生态商业角度分析的态度。

锤子手机大败局　罗永浩究竟做错了什么

2016 年至今，锤子手机严重亏损，罗永浩凭借自己三寸不烂之舌与人脉融来的钱，马上油尽灯枯。早就夸下“苹果第一，锤子第二”海口的罗永浩岂能不急，频频走穴，与资本攀亲，便是一直寻找脱手机会。

锤子科技被收购的传闻此起彼伏，从早期的阿里巴巴、联想，到小米。在我看来，这些对象中，阿里是最合适的，由它接手锤子科技，让锤子推出自己的 Yun OS 系统，有一定的利用价值。但即便阿里有钱，也得考虑现实烦恼——把罗永浩心中的高“逼格”品牌用来造低端机，可谓两头不讨好。

锤子手机这个烫手山芋，在智能手机洗牌的今天，利用价值和存在价值都大打折扣。尽管新上任的酷派 CEO 刘江峰，不惜溢美之词地给锤子手机做广告，说锤子的价值在于他的团队。但在我看来，这不过是朋友之间的客套罢了——过去几年，锤子推出的手机，没有一款在市场上掀起小的波澜，且一代不如一代，人们对老罗和锤子那点好感，也在一次次失望中消磨殆尽。

那么，锤子今天究竟还剩下什么？可以说，只剩下一个罗永浩，一个网红。罗永浩的情怀赚够了，从一个教师，一个企业家，发展成一个网红，以刷脸的方式存在——在国内一些大型发布会上，通常能见到罗永浩的身影。这正常吗？

朋友圈的自我迷醉

2015 年 12 月 29 日，Smartisan T2 发布会现场，国家会议中心的大门口早早就排起了长队，还有不少粉丝拉出横幅给老罗助威，就这阵势来看，连华为等手机品牌也比不上。而留意当时的朋友圈（科技圈）还会发现，很多人都对锤子这款手机充满敬意。一家在业界拥有极高关注的企业，一个在业界有着极高呼声的企业家，为何没有消费者领情？

在创意匮乏的年代，罗永浩打着“执着创新”的旗号，让人敬佩。但锤子科技应该跳出朋友圈，才能看到真实的自己，才能找到真正的问题所在。圈内人对锤子手机高评价，或许是不好撕破脸面，或许是出于对罗永浩的人格魅力的崇拜，这种崇拜会让罗永浩及锤子手机迷失方向，不顾消费者的看法，自我沉醉。这就是为什么每款锤子手机的发布，都会在圈内引起轰动，都能获得圈内人的广泛认同，甚至好评如潮，但锤子手机却过得很挣扎。

锤子手机传播很强势，但却是圈内人的一场自娱自乐。他们应该多问问普通人需要什么手机，为普通人造手机，而不是过于在乎媒体记者、创业者、投资人的看法，这些圈内人会让锤子科技一叶障目。

陷入狭窄创新误区

在规模经济时代，在重资产的手机行业，锤子可谓生不逢时。锤子诞生时，行业已处于洗牌状态，华为、vivo、OPPO、金立、联想、小米、魅族等为代表的国产手机，拥有庞大的出货量，在元器件采购以及与代工企业谈判时，有强大的议价能力。而锤子手机因为出货量较少，失去了成本优势。因此，锤子手机售价偏高（锤子 T2 手机拥有 4.95 英寸屏幕、3GB 内存，配备骁龙 808 处理器、售价 2499 元），这不是互联网手机的玩法。买互联网手机的人很现实——价格归价格，情怀归情怀。

锤子手机的确有些个性化设计，在创意上别具一格。比如锤子 T2，隐藏了金属中框断点，隐藏了 SIM 卡槽，隐藏了电源键，让产品更简洁和美观。但光有这些还不够，对锤子科技而言，这些创新对消费者有多大意义？搞清楚这个问题，显得更为重要。

罗永浩的执着，某种程度上不见得就是好事。其对智能手机的理解，容易让锤子手机陷入狭窄创新的误区——这些创新，并不是普通消费者需要的。也就是说，锤子手机依然停留在为极客造手机上，而极客从来都是少数人。

相比细节上的孜孜追求，锤子手机要弄清楚智能手机用户最大的痛点是什么，这才是最关键的问题。从消费者的反馈来看，续航、拍照、使用流畅度等，这才是手机用户最需要解决的痛点，也是华为、金立、vivo、OPPO 等长期攻克的重点。消费者不懂 PPT，也没有耐心去看 PPT，而那些鼓吹锤子手机好的人，却不肯为锤子手机掏钱。

从公司成立之初，罗永浩就没有搞清自己的衣食父母是谁。锤子手机打上罗永浩一个人的印记，迷失在情怀之中，道路难免越走越窄。

本文为徐上峰授权网易财经《亦观察》专栏发布。

案例解析

并不是所有的 IP 生态商业结果，都源于缜密的事先策划，锤子手机便是如此。罗永浩先生当年与西门子电冰箱的维权故事，使“罗永浩”成为相当瞩目的 IP，正因为西门子客户服务部门的低效能，与罗永浩对质量的执着形成鲜明对比，“罗永浩”IP 成为品质要求的代名词，此乃“锤子手机”为何会用“锤子”命名的历史渊源，也是“锤子手机”的忠实粉丝们的人心所向，某种意义来说，出货量相当“凑合”且未见出彩市场表现的“锤子手机”，能获得如今的知名度，完全受惠于“罗永浩”IP 带来的用户流量。

罗永浩与锤子手机的发展历程，不一一赘述，相信读者们会观察到些许能在 IP 生态商业领域参详的经验。

其一，IP 赋能需要付出不小的代价，而恰当的时机，也许会产生无心插柳的 IP 效应。以罗永浩先生怒砸西门子冰箱的影响力事件而言，迄今为止，笔者都不觉得罗永浩先生是为哗众取宠而为天下先。应该说，在社交媒体还不太发达的当年，各大品牌对用户维权需求采取爱理不理的态度相当普遍；与此同时，西门子具有大型企业的通病，层级复杂，极难提效，也是构成事件的重要促因。可从正常人的心智来说，维权无门的结果通常也就是拨打消费者维权热线，能当众怒砸冰箱者毕竟寥寥无几，罗永浩先生的所作所为代表了很多消费者一直想做却没有付诸实现的态度，因而，获取到消费者群体的高度认同是一种合理结果，或者说，罗永浩先生的行动结果，也许是他自身都没有想到的，后续的商业模式延展，系个人 IP 效应不可预计地成长之后，再进行规划应对，个人 IP 打造的行为系偶发行为，却获得了良好结果。

其二，罗永浩先生个人 IP 效应之所以获得完胜，正缘于人为规划缔造个人 IP，想要获得罗永浩先生如此成功的地步，需要投入相当庞大的资源——进而言之，IP 的缔造与赋能，需要缜密规划与执行，但一些富有传奇色彩的 IP 成长计划成功率毕竟凤毛麟角，两种看似矛盾的态度需要同时存在于 IP 运营者的商业态度中，第一种，别太过于奢望顶级 IP 能通过短时间爆发力赢得市场认同，多数情况下，能适用于长期价值赋能的顶级 IP 都需要多年积累以及资源组合；第二种，如果出现了神来之笔的 IP 筹码，必须不惜代价努力商业化，此乃极为罕见的商业机会，断无过门不入之理。

其三，IP 可以是感性的，商业却必须更为理性。罗永浩先生怒砸西门子冰箱的场景犹在眼前，何等荡气回肠！何等大快人心！可一旦回到锤子手机的商业角度，我们会发现，在智能设备领域寻找一份商业价值回报，需要运营细节的地方太多，仅仅一个“罗永浩”以及“锤子手机”的联动 IP 很大程度为一个新型手机品牌获得了低市场投入、高品牌知晓度的超值回报，但单纯 IP 远远不够，关注锤子手机的读者也许已经回想到当年第一代锤子手机下线，基础质量惨不忍睹，能满足预售需求的合格品数量供不应求——进一步思考，锤子手机是 IP 背后的价值主张体现，可用户最终购买的是一部有智能操作系统的通信设备，如果无法满足基础工业质量，IP 驱动的情怀也不会让用户无限埋单。

其四，IP 具有相当的壁垒效应。就像上一段提到的那样，锤子手机刚下线时，基础工业质量都没有达到合格线，满怀希望的消费者面临着期望值与现实的巨大落差，按照常规商业规律来判断，一个初问世的高期望值商品若面临此境况，通常意味着“见光死”，可锤子手机凭借 IP 带来的粉丝效应顽强挺了下来，挺到解决供应链以及生产质量问题，挺到走入质量稳定期。换位思考，如果基础工业质量问题不是发生在锤子手机，而是任何一款山寨手机，基本能直接把山寨手机送进地狱，不会再有未来，可支撑锤子手机生存下来的正是 IP 壁垒，为锤子手机获取到了不一样的生存空间。

Chapter 9

嚣沉——场景产业IP生态商业剖析

近年来，一句叫“万物皆场景”的话流行于创新领域，衍生的现象是无论什么创新项目，创始人拿着商业计划书见投资人开会时，开口闭口必谈场景，实则不然，场景的效力规则一直存在，而今创新领域倡导的并非新的场景规则，强调的是创新数字科技发力于场景时，挖掘到的价值创新增幅部分不同于传统，仅仅“场景”这个词，毫无新意。

IP 生态商业内的场景产业，是最接近用户人群的环节模块，在这一点上，IP 生态商业秉承上述的创新业务中提及的场景效力规则，但由于 IP 赋能的存在，效力规则将发生有趣的变形，且获得更为可观的商业效益。场景模块在 IP 生态商业模型中，位于价值交付层的中端，上端接口为分发产业，从分发产业获取需要价值交付的“载体”“商品”“服务”，下端接口为最终用户人群，即价值交付层的最低端，亦是生态商业模型中的三大核心模块之一，系 IP 生态商业利益的最终提供者。

综上所述，场景产业可以看作利益的收口环节，无论 IP 动力层如何天雷地火，无论商业形态层如何巧夺天工，最终都需要接触用户实现价值交付，IP 赋能带来的价值驱动才能得以实现，否则一切均为镜花水月，而场景产业扮演的就是守门员与收割者的重要角色。

9.1 明月大江，清风山冈——场景产业 IP 赋能的变与不变

场景产业是价值交付层对接用户的环节模块统称，在商业实战中，场景产业可以划分为两大不同的种类。

第一类是效能类场景产业。主要针对的是可提效的价值交付场景，举例来说，如果在某快消品牌借力一年一度的 ChinaJoy 而举办的二次元角色扮演活动上，让每一个商超货架边上的导购员穿上二次元服装，会对客流起到一定的效能作用。在效能类场景产业中，我们会发现，该场景产业本身具有价值交付属性（货架本来就是用来陈列商品便于用户挑选购买），伴随 IP 赋能，

该场景的效能将获得一定程度的提升。

第二类是动能类场景产业。主要针对的是以 IP 为核心动能的价值交付场景，举例来说，某动画博物馆会吸引大量的家长带着孩子去参观，这种情况下，博物馆本身就是以动画片 IP 为核心动能而建立（没有这部 IP 动画片，该博物馆没有存在必要），IP 的动能效应支撑该场景的价值交付，IP 是此类场景产业的最基础驱动力。

从企业的基础竞争战略来说，两种不同的场景产业分别走的是差异化竞争战略与聚焦化竞争战略的不同路线。对效能类场景产业来说，类似的价值交付场景多如牛毛，IP 赋能帮助其与其他的价值交付场景产生不同的区别，这种区别不仅体现在用户辨识的便利性提升，还体现在价值交付过程的乐趣。我们仍然以上述的角色扮演导购员为例，当用户所选购的商品无明显功能差异时，购买过程的趣味性便成为一项一定程度左右用户决策的因素，常规意义上二次元文化沉浸的宅男对角色扮演装束的萌妹子缺少抵抗力，购物同时拍个合影、发个朋友圈也在情理之中，货架商品的顺势提量系水到渠成的结果；对动能类场景产业而言，IP 则意味着核心价值体系打造的重中之重，IP 的选择以及围绕 IP 打造的场景价值，完全以 IP 受众为中心，以核心聚焦的用户需求缔造整体场景。仍然以上述某动画博物馆为例，如果是低幼化动画片，博物馆出口的应用商店所售卖的授权纪念品，可能会是儿童玩偶或者儿童书包文具类，断然不会出现动画片形象的水烟袋或者痒痒挠，反之亦然，如果博物馆是基于某清代文化名人，则授权纪念品自然而然偏重于陈列收藏譬如砚台或者纸扇，断然不会出现印有长袍马褂长辫子的清代文人形象的儿童书包或者儿童床上用品四件套。

效能类场景产业与动能类场景产业，所采取的竞争战略区别，决定了两种类型的竞争场面的客观因素。

第一种是效能类场景产业。更为灵活的变化以及持续的 IP 赋能机制打造，针对相应价值体系的泛意义用户，要向多次多维寻求 IP 赋能，IP 的选择在不同阶段可以指向不同，从内容主张型 IP 到赛事主张型 IP，千变万化，各有精彩，考量的是场景运用的应变能力；效能类场景产业的短板同样存在，由于 IP 选择以及赋能机制的不确定性，存在着不同阶段波动的可能性，且由于效能类场景产业不具备壁垒性，直接竞争的类似场景产业完全可能将竞争拖入欲罢不能的泥沼，当然，IP 知识产权授权的规则既定，即便陷入同质化竞争，也不会是同一个 IP，IP 同时间同空间不会撞车，IP 效能机制却会，两个高度同质化的 IP 效能机制在同时间同空间内会发生彼此效力的虚耗，降低对方的商业竞争因素效力，同样自己也无法达到最佳因素效力。

第二种是动能类场景产业。更为持久的稳健效益，以及一定宽度的 IP 赋能价值载体/商品/服务的结构化组合能力，将一项 IP 或若干 IP 群深度挖透，根据单一 IP 或 IP 群的用户分层，细分泛用户，组合以不同的载体、商品、服务，通过精细化运营，实现最大效力的组合效益；动能类场景产业的软肋也客观可见，由于 IP 或者 IP 群的相对固定性，整体产业前期投入较大，且一旦成型不具备灵活转型的可能性，同时，产业价值纵深有限，不易获得规模效益的突破口。

IP 场景产业中，不变的是场景产业对 IP 赋能获取的效应刚性，变的是 IP 选择、IP 赋能机制、IP 赋能持续性以及 IP 赋能价值宽度，在 IP 价值纵深方面，观察者会发现很有趣的现象：就算是同一个 IP，赋能在效能类场景产业与动能类场景产业，上文陈述的战略优劣势都不会有所区别，让我们用一个案例做一个更为具体的阐述。

宫崎骏先生是著名的漫画家之一，其作品《天空之城》《猫之报恩》《千与千寻》《起风了》等，均堪称是顶级之作。宫崎骏先生的动漫从来不是服务低幼化观众，而是充分渗透以人文思想，对世间哲理的诠释深入人心，也因为如此，宫崎骏大师在 2014 年荣获奥斯卡终身成就奖，说得更直白一些，宫崎骏在动漫领域已绝对是大师，绝非画打斗类玄幻动漫的寻常画家可比，甚至不过分地说，宫崎骏在动漫领域差不多就是有史以来第一人，没有之一。在宫崎骏的标签背后，至少云集了三大 IP 标签：其一，宫崎骏本身就是超级 IP；其二，宫崎骏作品集是 IP 群，而且是顶级 IP 群；其三，宫崎骏作品的配乐系畅销音频 IP。

宫崎骏先生的 IP，于 IP 生态商业的场景产业角度，有着极具代表性的标杆作用。首先，宫崎骏及以宫崎骏动漫为 IP 核心的场景产业合作相当普遍，包括主题纪念品以及授权给其他商品售卖等合作类型，喜好海外旅行的读者应该并不陌生；其次，宫崎骏先生及以动漫 IP 为主题的主题博物馆一直在持续运营，这些博物馆有涉猎多个宫崎骏作品 IP 的，也有专注于某个 IP（譬如

《龙猫》主题）的单一场景产业的；再次，宫崎骏动漫的配乐，一直是动漫爱好者喜闻乐见的形态，其主题音乐会经久不衰（笔者本人亲临其境的音乐会就有多次），而在数字音乐软件中，宫崎骏动漫音乐一样是热门下载的曲目，音乐 IP 为 IP 的拥有者同样能带来一定规模的版权回报。宫崎骏先生的例子，恰从多维论证角度，阐明效能类场景产业和动能类场景产业借势 IP 赋能的组合可能，宫崎骏 IP 不断与不同的商品合作是效能类场景产业合作模式，而宫崎骏作品博物馆则是动能类场景产业的标志，至于音乐 IP，则同步呈现出效能类场景产业和动能类场景产业的双重特质，既具有灵活的商业变化可能性，也具有稳健的 IP 持久赋能效力。

回到场景产业 IP 赋能的基础，效能类场景产业与动能类场景产业的价值本源，决定了两者之间与 IP 结合的切入点，后者完全以 IP 作为商业价值发起的撬杆，前者则将 IP 视为价值的助燃剂，换句话说，离开了 IP，效能类场景产业仍然会存在，只是无法从 IP 获取赋能，但离开了 IP，动能类场景产业则会不复存在，因为其存在的价值主张便是满足 IP 受众的需求，而无论这种诉求源于“载体”“商品”或者“服务”。

需要标注的是，场景产业具有相当的多元性，使用动能类与效能类作为区分，只是划分场景产业最为简单的类别分析方法，商业实操中的场景产业千变万化，远非两大种类可以彻底囊括，相反，最常见的场景产业 IP 化，需要沿袭商业形态层的环节模块作为界定标准，即划分为交付“载体”的场景 IP 化，交付“商品”的场景 IP 化，以及交付“服务”的场景 IP 化，进而与动能类场景产业以及效能类场景产业进行交叉分析，将较为清晰观察到场景产业如何寻找 IP 生态可能性的真相。

9.2 缔造 IP 为核心的世界观——旅游场景产业 IP 价值探寻

伴随人类工业化程度越来越高，科技全方位改变着人类的工作与生活，虽然本书着力点在于尽可能探寻 IP 生态商业化的逻辑体系，可真正帮助人类生活升级的科技，远远不只是商业科技，至少还包括改变人类健康进程的生命科技（基因与医疗），改变人类生活质量的空间技术（外太空空间与宜居空间探索），改变人类生活环境的能源技术（低污染或无污染的可持续高效能源），改变人类发展效率的智能技术（大数据到智能生产制造），改变人类基础生存的农业技术（农作物改良与农业效率可控制）等。在多种技术的前沿探索过程中，逐步发明并且逐渐普及化的一些技术，会很大程度让生活变得不同。举例来说，17 世纪的人类无法想象生活中汽车满世界风驰电掣，同样，20 世纪的人类也无法想象有一个叫智能手机的物种会让人每天若干小时对着屏幕如痴如醉。回到正题，基础物理科技以及能源科技的发展，多方面作用于人类生活的很多细节，其中一项就是人类可以相当便捷地乘坐航空飞行器穿梭于各个大洲，当空中旅行的成本已经是普通人可以接受的时候，休闲旅行便成为常态。

如同所有力图发展的产业一样，旅游产业也经历了很多年的励精图治，需促成旅游产业高速蓬勃发展的四大因素——交通、组织、服务、目的地，都在不断地系统化成熟，上段落提及的航空技术让交通变得更为便利，而旅行社业务（无论线下实体旅行社还是线上 OTA）为游客解决了线路规划到线路组织的问题，旅游景点的酒店与餐饮也健全起来，与此同时，作为最终满足游客需求的目的地，则发展出了稳健周全的景区管理模式。在这种场景产业中，景区模式极具代表性，这是一种汇聚了景点价值与服务价值的模式，需要让游客感觉到：第一，景点的价值得到完整的体现；第二，景点价值体验过程中，对景点的整体服务感觉到满意。在此价值导向指引下，景区模式水到渠成地延伸出三种分支，第一是自然景区，指的是自然风光为主的景区，满足的是游客游山玩水或探险跋涉的需求，具有代表性的譬如四大名山或者海宁观潮；第二是人文景区，指的是存在着历史人文价值的景区，可能是某名人故居或博物馆，如北京故宫；第三是人造景区，满足的是游客的游乐需求，具有代表性的是主题乐园譬如迪士尼乐园或象山影视基地等。这三种不同的景区模式分支并不完全矛盾，在商业实景中存在着交互，譬如名山大岳经常不乏文人墨客的历史题跋碑刻，带有明显的人文景区融合特性；位于美国马萨诸塞州的 NBA 名人堂博物馆，虽保存着 1946 年以来 NBA 最齐全的文献资料，存在着人文景区特征，却也有着高科技的模拟篮球训练等娱乐设置，带有人造景区特征。

探寻旅游场景产业的 IP 生态商业化，必须结合三种不同分支和 IP 之间的结合方式差异。

- **自然景区**

自然景区本身就是IP，具有场景主张型IP的所有商业特性——自然景区的IP生态商业化，需要从自然景区IP（场景主张型IP）以及自然景区内的子IP（可能是场景主张型IP或者角色主张型IP，譬如黄山迎客松，或者鼓浪屿的郑成功像）两个角度同时入手。由于自然景区的天然IP属性，IP生态商业形态将同时覆盖“载体”“商品”“服务”三种具象形态。我们以河南嵩山少林寺为案例解释这种现象，由于少林寺同时兼容了三种属性，即旅游、佛教、武术，根据此景区的客观条件，我们可以就“载体”“商品”“服务”三个商业形态看到极具立体化的IP价值架构。

载体层面：少林寺的IP出现在各种载体，包括20世纪80年代风靡大江南北的武侠片《少林寺》，也包括少林寺场景的影像载体，还包括佛经等音频载体。

商品层面：少林寺的IP商品相当普及，作为一个佛教寺庙，少林寺IP标签的宗教物品在教徒心目中有着相当的地位，同时，少林寺IP标签的各种衍生商品也相当热销，包括少林素饼这种食品（这是少林寺CEO释永信的一个商业创举，而且在卖场零售渠道的部署还相当不错）。

服务层面：景区应该有的服务少林寺一个不少，同时，由于具有佛教的特质，少林寺提供的佛教法事服务也具有很强的效力，此外，少林寺周边的武术学校吸引着成千上万的全球武术爱好者，教学服务一样闻名中外。这是武术圣地的IP效应，但需要标注的是，少林寺作为一个景区、一个佛家圣地以及一个武术圣地，治理上却存在较多的产权与管理权的冲突，这是历史遗留问题所致，具体不再展开，而本篇章需要解析的是场景产业商业化模式，不涉及产权治理方面的建议与讨论。

- **人文景区**

人文景区多有历史沿革，可能是历史上某一位名人的祭祠，也可能是某一个名人经历过的场景，譬如关庙在全国各地多作为人文景区存在，而多数关庙并不与关羽相关，而是关羽在后世被神化过程中引起的角色崇拜；再譬如浙江兰渚山脚的兰亭为东晋著名书法家王羲之的园林，声名显赫的《兰亭序》为名可见一斑；又譬如汉中斩渊石，相传为三国时代蜀汉大将黄忠飞马斩曹魏大将夏侯渊的故地，因而成为北魏西蜀在汉中争夺战的关键节点而闻名。我们可以发现，关庙是祭奠历史名人关羽的地方，兰亭则带有书法大家王羲之的生活痕迹，而汉中斩渊石则带有历史战火的记忆，这些标签均不同程度支撑起了旅游场景产业的生态商业。若有过人文景区旅行经验的读者，也许瞬间可以回忆起各种人文景区的 IP 衍生载体（譬如《印象·刘三姐》等），IP 衍生商品（武侯祠的诸葛武侯的羽毛扇等）以及 IP 衍生服务（譬如与名人故居标志性建筑的拍摄服务）。人文景区有着极为丰富的故事性沉淀，覆盖范围包括内容主张型 IP、角色主张型 IP、场景主张型 IP 等，足够在“载体”“商品”“服务”的商业形态层进行组合演化，并且通过人文景区这一价值场景进行用户“交付”。

- **人造景区**

不同于自然景区以及人文景区的后开发，人造景区的第一出发点便是服务于游客的娱乐诉求，最具有代表性的人造景区无疑是主题乐园，而主题乐园模式的每一个细分场景设置，都为满足游客的娱乐诉求（娱乐设施）、购物诉求（纪念品购买）、食宿诉求（主题酒店或者主题餐饮）。仍以迪士尼乐园为例，每一个细分景区无论是“明日世界”还是“海盗湾”，都会被直接 IP 定向到《星球大战》等科幻 IP 体系或者《加勒比海盗》等探险 IP 体系——在细分景区的娱乐设施建设上，匹配细分景区 IP 主题是刚性标准，同时，每一个细分景区出口处的纪念品商店的库存量单位会有倾向性，会更多设置与本细分场景相关的 IP 纪念商品出现在货架陈列。另外，迪士尼乐园的细分景区都有主题餐饮服务，便于一整天在乐园内玩耍的游客就餐，主题餐饮同样尽可能切合细分景区进行主题设置，为游客提供餐饮服务。我们可以发现，人造景区也会在运营中习惯性利用 IP 赋能到商业形态层，进而利用 IP 场景化进行分发，显然，IP 赋能背后的溢价也是一种必然，上海迪士尼乐园的餐饮价格基本等同于机场餐饮，较乐园外的餐饮价格略贵，但也等同于其他国家迪士尼主题乐园的餐饮收费水平，绝大多数游客仍然能够承受溢价后的餐饮服务（溢价部分为 IP 场景带来的赋能增值）。

旅游场景产业是 IP 赋能最成熟的场景产业，欠缺的可能是针对 IP 赋能的系统化研究与沉淀，因而，需要考虑两个决定旅游场景产业盛衰的核心要素：第一是 IP 强弱决定赋能强弱，无论是溢价或者是规模化，故宫 IP 带来的赋能一定比犄角旮旯儿的某火柴博物馆带来的赋能要强很多；第二是 IP 赋能的结构化需要科学的商业知识进行推演与论证，一样是主题景区，IP 赋能的增值率会有天壤之别，我们可以参考迪士尼主题乐园与其他效益较差的主题乐园。

9.3 钢丝上的绝岭雄风——零售与服务产业的 IP 生态商业化改造

商品零售的价值交付场景，通常可以划分为线上零售与线下零售，线上零售会体现在用户的商品信息交互界面，而线下零售则会反映在物理意义的陈列货架；同理，服务产业的价值交付场景，也可以划分为线上的数字服务以及线下的实体服务，前者的场景产业会更多体现在服务功能交互界面，后者则存在于提供服务的线下场景。

一旦将商品零售与服务按照线上线下的类别进行区分，我们会发现，对用户来说，商品零售存在着去“逛街”的可能性，而服务产业则反之，此规律是一种超越数字化程度的逻辑体系。在无所事事时，用户可能会选择在线下零售场景逛街打发时间，也可能会打开某网购 App 翻着页面消磨时光，线上也好，线下也罢，用户的“逛街”行为经常会是无意识的，即开启“逛街”模式时，用户并不带着购物的明确消费动机，消费行为经常会伴随“逛街”的过程而不由自主发生，譬如很多有过卖场购物经验的读者不妨回忆，原本步入某大卖场只是想着买几包餐巾纸顺便消磨时间，离开卖场走到收银处时，却发现不知不觉塞了满满一辆购物车的商品。有趣的现象在于，类似的无意识消费动机，在服务产业而言却是罕见的小概率事件，用户购买服务通常基于需求触发。从服务产业的线下场景看，用户感觉到饥肠辘辘或者希望安排朋友聚会，才会寻找餐饮服务，断然不会有闲来无事逛饭店的奇葩雅兴，更不会有用户闲暇之余逛足浴店或者量贩式 KTV。这一系列服务产业的用户连接均系于消费动机的产生与延展，就算视线转移到服务产业的线上场景，此规则也依然生效，任何用户都不会无所事事就去打开滴滴出行，更不会有用户无聊到打开摩拜单车数周边单车玩。这种现象，衍生出了商品零售场景与服务场景的天壤之别，前者的场景连接的是用户与商品信息，后者的场景连接的是用户与服务功能，前者期望用户停留更多时间，后者则应在更短时间内满足用户诉求。

上述现象可以归于以下四个原因。

第一，商品具有仓储性而服务带有即时性，“逛街”购物可以视为无意识的囤积商品，而服务不具备仓储性，可解释缘何不会出现无意识逛服务产业的现象。

第二，线上商品零售的现象已极为普遍，服务线上化程度却远没有想象得那么发达，大量的数字科技只是连接用户与服务功能，价值交付场景仍然在线下实体（线上预订航运服务，线下乘坐飞机；线上预订生日宴会，线下到店吃饭；线上预订客运服务，线下乘坐专车，等等），折射在业态进化的方向上，很容易观察到商品零售线上场景对线下场景的用户侵蚀，存在着业态内自我进化以及用户转移的明显特征，而线上服务则可以很大程度视为对线下服务场景的补充，存在着补强线下服务场景便利性的加成效应。

第三，线上零售提供的是从导购到商品的展示与介绍，一直到购买过程，进而到物流交付的全过程，线上服务场景通常扮演服务分发的交付场景，即用户很难仅仅凭借交付场景 IP 化而认知服务水平或服务特色。例如，某网购 App 开启了《灌篮高手》主题商品区，陈列球鞋、球衣、球包、篮球、护腕、护膝、头带等系列运动商品，请注意，使用《灌篮高手》主题装修的交付场景，并不意味着此区域内的商品均必须为《灌篮高手》商品，所有喜好《灌篮高手》的热血球迷可以从这里购买到各种篮球运动装备——在此类商品零售交付场景的 IP 化进程中，对 IP 达成价值共识的用户更容易形成付费购买的决策意愿。同样的例子如果发生在某生活服务 App，则结果会有所不同，当《灌篮高手》主题区域开放后，若干收费的街区篮球场被列入专区，于是问题来了，用户因为《灌篮高手》而订球场的可能性存在吗？当然存在，可对绝大多数理性用户而言，订篮球场的行为不会仅仅受线上服务交付场景是否 IP 化影响，而是更关注该区域内每一个篮球场是否有《灌篮高手》的 IP 主题加持（我们设定用户因为《灌篮高手》而付费订场是唯一动机，案例分析中忽略价格、距离等因素）。因而，商品零售与服务产业于 IP 场景化的着力点应该有所区别。

第四，线上零售场景几乎可以无视数量与规模带来的成本压力，线下零售场景则需要客观考虑以货架或单位面积的 IP 场景成本。服务场景的线上或者线下亦如此。

我们能从现象背后看到原因时，进一步探寻 IP 生态应该如何部署在商品零售或者服务产业的逻辑就会清晰很多。

- **商品零售场景的 IP 场景化部署**

仓储性特征决定了消费者的感性购买冲动，IP 场景化应该考虑到用户的感性决策特征，将价值交付场景尽可能从时间空间层面升级。举例来说，电影网站的商城经常出售各种 IP 玩偶或 IP 纪念品，可是当院线出口处开始出售 IP 玩偶与 IP 纪念品时，谁都可以想象得到刚看完《星球大战：原力觉醒》的粉丝会毫不犹豫购买“千年隼”飞船模型的决断。有心的读者会发现，这个案例的场景是线下院线。一点不错，理性而科学的 IP 场景布局不会简单回答“线上或者线下哪一个更有效率”之类的选择题，而是应该综合考量场景要素来寻找答案。

与此同时，线上零售场景无视数量带来的场景成本压力，这种特性需要在商品零售场景的运营中被重视，对线上零售场景而言，IP 化之后的交付场景在未来数月内对应的客流量无论是百万级抑或千万级，场景成本完全不会产生变化，形成对比的是线下零售场景，如果 800 家专营店外加 3600 个专柜一起启动场景 IP 化，我们可以知晓场景成本有多高。正因为如此，对于规模化商品零售企业，线上零售场景的 IP 化应该得到更为优先级的考虑；作为参照物，规模以下商品零售企业，则需要比对线上、线下 IP 化的成本再寻找财务测算后的平衡点，进一步确认如何部署。

此外，用户无意识“逛街”的特性不应该被忽略，利用 IP 吸引用户更长时间停留于交付场景，能大大提升场景效果，当然，场景 IP 化与场景内商品的属性需要高度吻合。

- **服务场景的 IP 场景化部署**

上文提到过，数字化互联网带来的很多所谓“人连接服务”，本质上是线下实体服务在互联网上提供预订选择功能的一种延展，因而，不同于线上零售威胁到线下实体零售的替代性创新，服务产业的数字化创新，可以视为线上对线下服务场景的补充。从这一出发点来看问题，会发现线上服务场景与线下服务场景之间显而易见的区别——线上服务的交付场景，更接近线上平台对线下服务的在线分发，而线下服务场景则可以视为服务的真实交付，无论交付定义为线上还是线下的服务订单完成。

线上服务场景产业的运营者，需要提升对线下服务的控制力，仅仅作为服务资源的罗列者与堆积者的角色将让 IP 赋能大打折扣。如上段落提到的《灌篮高手》IP 赋能案例表述的那般，如果线下的篮球场馆没有配合的欲望，则线上场景的 IP 赋能只会流于表面；反向思考，所有的线下服务场景需要思考的是独立勾勒属于自身的 IP 场景价值，举例来说，假设用户在一个本地生活服务平台 App 寻找餐饮服务，在若干信息的筛选中，带有 IP 属性的餐饮服务提供商更容易被关注，譬如与某动画人物 IP 合作的炸鸡店，显然会比其他没有 IP 标签的炸鸡店更容易获取 IP 受众的关注。通过 IP 赋能需要门店内装修、餐具风格、套餐名称、工作人员服装等多重因素共同实现场景 IP 化。进而言之，与任何一项商业一样，服务场景产业仍然极度重视将 IP 与价值本源进行强关联，表面化的品牌联合将远远不足以支持 IP 场景赋能的期望值。

9.4 数穷与术穷——场景产业 IP 生态的困和窘

单纯讨论“场景”模块究竟是一种物理意义的门店或者货架，还是一种虚拟意义的交互界面，也许并不客观。应该说，“场景”这个创新领域的常见名词，不应该被描述为孤立的一种名词解释，在商业创新层出不穷的今天，“场景”被赋予了创新范围的逻辑关联，成为商业价值探索的特定维度。物理维度的“场景”也好，抽象意义的“场景”也罢，当其被纳入创新价值探索的领域，至少应该包括五个基础元素，分别为“时间”“空间”“触发”“动机”“动作”。

任何力图摸索“场景”价值的创新者，都需要针对“场景”回答包括五个基础元素在内的系列问题，可以被描述为“用户在什么时间，处于什么空间，通过什么方法触发场景，该触发方法背后蕴含的是什么样的动机，而在触发场景之后，后续的用户动作会是什么”。对于“时间”与“空间”要素，这里不具体展开，可以如此认知："时间决定用户处在什么空间"，上班族上午 8：00—9：00 通常会在通勤交通工具上，住校的高校学生多数晚上 9 点后会在寝室吃夜宵，或者在熄灯前打游戏、聊天。总之，多数生活存在既定规律的人群，"时间"与"空间"决定了其所处的场景。

"触发"要素指的是处于特定场景内的用户，将以什么样方法行动。"触发"只是表象，"动机"才是创新解决方案的路径切入点，正如福特汽车公司创始人亨利·福特那句被商学院认为金科玉律的名言那般："如果我按照用户需求发展，则我现在可能是一个卓越的马夫！"亨利·福特听到的用户反馈永远是"我需要一匹跑得更快的马"，而福特先生没有积极投身于马类饲养畜牧产业，而是致力汽车产业，成就了福特汽车帝国。这个案例非常形象地阐明了一个商界铁律：现象与本质存在区别。而在"场景"领域的价值探索中，同样需要鉴别用户触发的方法与用户实际动机的差异。我们用一个高校住宿学生人群非常常见的现象诠释问题，就像上文举例的那样，晚自习后回到寝室，学生们大多不会立刻睡觉，而是会有吃夜宵、整理资料、洗漱、聊天等行为。学生寝室的夜宵最常见的是方便面，这是一个行为现象，可这种现象背后的真相是学生的饥肠辘辘以及对美食的垂涎。互联网外卖业务迅猛发展之后，方便面在市场的降温非常明显，可以说，互联网外卖业务摧毁了方便面商业模式的市场边界，在降维攻击面前，传统方便面巨头连对手如何实施空地打击都没看清楚，就已经看到销售报表的节节败退。把方便面与互联网外卖业务拿出来分析，是为更透彻解析"动机"这一基础元素的关键效益，了解"触发"是一种对现象行为的认知，而解析"动机"则是进一步寻找解决方案的出发点。

"场景"的最后一个基础元素是"动作"，这也是"场景"最值得称道的衔接性特质，任何"场景"都不是孤立的存在。午餐时的衔接场景可能会是呼叫专车离开，逛商场时的衔接场景或许是探寻周边的美食。"场景"的衔接性，让"场景"价值具有通过千万条路径可寻找到流量上下游的机会。

所以用五大基础元素阐述"场景"，是因为"场景"作为 IP 生态商业的基础模块，同样受到五大基础元素级规则的制约。当 IP 赋能于"场景"模块时，五大基础元素将不同程度带来挑战和机会，回应挑战并且获取机会，系"场景"产业 IP 生态商业化至关重要的一步。一些问题的回答，将有助于梳理场景产业和IP相结合时的思考逻辑。

- **IP与时空因素**

时空是“场景”存在的基础，IP价值是否能在该时空内得到良好的部署以及回报，与时空带来的场景特性有关。不同时空造就的“场景”对于IP赋能的响应力度会有所区别，而区别取决于两个基础维度，第一，处于该时间点的用户，是否从行为学角度能对IP产生附加的响应可能性？第二，该空间位置是否具有良好的IP结合度？

- **IP与触发因素**

触发背后的行为方法，直接关系到IP是否能够赋能以及赋能力度的大小。举例来说，处于电影院出口区域的场景，由于用户刚刚受到IP电影的影响，对IP纪念品零售商店的接触欲望便会提升，用户的行为方法直接契合IP纪念品零售模式；在演唱会出口处的场景则可能恰恰是相反的，演唱会现场是许多人同时散场，人流会大大分散用户的购物欲望，大家仅仅专注于快速离场。演唱会模式的IP赋能触发，反而发生在演唱会入场前，演唱会的歌星IP商品，无论是T恤还是荧光棒、荧光板，都会赢得相当不错的市场。仅仅就电影IP与演唱会IP两个极度相似的场景（观摩场景）相比，都会发现IP赋能的触发分别产生于散场后与进场前，其他具有明显特征差异的触发则会显得迥然不同。

- **IP与动机**

“场景”模块中的“动机”鉴别能力，将直接关系到IP赋能的机制设置，就像本节开篇时举的例子一样，“触发”背后的是“动机”，鉴别真实“动机”则意味着选择多种解决方案中最有效的一种。回到上段落提到的演唱会开始前用户会有购买个性T恤或者荧光棒、荧光板的行为，当我们鉴别出这种“触发”背后的动机是增加演唱会观众参与感时，并不很难得出结论，购票场景就可以前置所谓“演唱会至尊歌迷套餐限量五件套：荧光T恤+荧光板+文身贴纸+小喇叭+迷你望远镜=199元”的IP商品同步销售环节，以提前获取的便捷性提升用户购买欲望；同理，演唱会散场时人潮汹涌而观众很难有闲情逸致购买纪念品，并不代表观众留念的“动机”有所变化，如果根据购票时留下的观众手机号码，在离场前 15 分钟对场内的观众统一推送“本场演唱会尊享纪念版 CD 套装”的一键购买信息，也许其中就会有一些观众产生购买的欲望。

- **IP 与动作**

所有的场景都不是孤立场景，零售购物 App 的底层算法已经尽可能利用 IP 来寻找用户的更多利润贡献。例如读者尝试打开网购 App，购买如“星球大战 T 恤”或者“魔兽争霸帽子”，立刻会发现网购 App 会在推荐购买板块继续推送“星球大战双肩包”以及“魔神争霸纪念款手机壳”。以 IP 作为维度，以持续购买作为假设的衔接场景，对网购的数字科技而言是家常便饭。而对于网购零售之外的其他场景产业而言，也需要考虑以 IP 作为轴心，如何进一步衔接后续消费场景，或帮助自己获得进一步的衔接场景价值，或者利用衔接场景的分发能力获得分发产业的价值。

让我们将视线回到场景产业的最初出发点，由于科技发展不同步，线下场景虽有着先发优势，却由于产业惯性，恰在数字化程度上陷入被动，这很大程度限制了场景 IP 商业价值的挖掘，而线上场景虽已娴熟利用 IP 赋能，却又受制于对线下场景的陌生，尚未实现线上线下真正意义的价值联动。IP 能够有效连接线上线下的场景产业，但这种进程不能简单寄希望于 IP 这一单独商业元素的发力，也在于包括认知、技术、资源、机制等多种能对商业环境产生举足轻重影响的系列要素的共同发力。

9.5 IP 生态商业案例解析——《非诚勿扰》与近景北海道

以下为案例信息的报道文档，摘自新浪福建频道 2010 年 7 月 30 日，原文名《非诚勿扰：“植入式广告”的成功》，由于全文较长，且需从 IP 生态商业解析为切入点，故只摘录文章中关于电影《非诚勿扰》的植入式广告信息部分，以供读者作为背景参考。需要标注的是，《非诚勿扰》中有大量的品牌广告植入，本章聚焦的案例解析将着重于北海道旅游资源，其他品牌植入的现象在摘录的原文段落中会有所体现，但在案例解析部分将暂时忽略。

下面，让我们一起来看着《非诚勿扰》中到底有多少“植入式广告”（或疑似）片段。

1. 清华同方笔记本——出现在片中葛优写征婚启事片段。“清华同方”那四个字特意来了个大特写，胡可在片中炒股用的也是清华同方笔记本。

2. Motorola手机——男主角葛优在片中用的是Moto A1600，女主角舒淇用的是Moto AURA R1。

3. 海南航空、大新华航空——片中多次出现这两家公司飞机的镜头，并多次出现“欢迎乘坐大新华航空”的欢迎词。

4. 美年达、汇源果汁——舒淇在飞机上准备食物的地方放着几种饮料，这两种最为突出。

5. 巴黎贝甜——葛优填征婚信息时所处的地方。

6. 剑南春酒——舒淇拉上葛优喝酒，精美的剑南春酒瓶从各个角度被拍摄。

7. 嘉士伯啤酒——出现过好多次，正面有“best”英文单词，背面是嘉士伯。

8. 茉莉餐厅——冯远征在片中还强调了一下，说跟自己名字相同。

9. 招商银行信用卡——葛优和舒淇吃饭时用此卡埋单，还有葛优在海口时招商银行的大幅广告。

10. 杭州西溪湿地、留下镇——杭州的各大景区片段。其中，西溪湿地的风景拍得异常唯美，出现了“西溪，且留下”的广告词。而且影片里多次出现杭州旅游点、杭帮菜馆、杭州路名等，简直就是杭州旅游观光片。

11. 留下镇房地产别墅项目——西溪湿地内的别墅项目，单独把某房地产公司做的别墅片段播放出来，完全就是一个全景式房地产广告。

12. 日本北海道——简直就是北海道的城市推介影片。

13. 海口——也是城市推介。

14. 斯巴鲁汽车——这部电影中的座驾也占去不少镜头！就算停下时，两位主角也会在斯巴鲁的Logo旁边对话。邬桑驾着斯巴鲁行驶在稻田间，加上伤感的歌曲……完全可以作为汽车广告单独播放。

15. 温莎威士忌——葛优与友人在日本北海道走进一家名叫“四姐妹”的居酒屋，两人坐定后问老板娘要了一瓶威士忌共同商讨投资计划。当居酒屋老板娘的托盘呈上温莎威士忌和一瓶日本生茶时，这瓶洋酒不仅有一个长达 3 秒钟的特写，而且葛优还对酒屋的老板娘讲了一句绝妙无比的台词：“加冰块不加绿茶”。而这句广告语是全球最大的洋酒公司为推广旗下一款威士忌进驻中国市场而想出来的。

16. XO——这酒被舒淇拿来喝。

17. 意大利邮轮 Costa 号——出现多次的邮轮，远景近景都有，多角度、多方位介绍。先是一个全景，再用飞机航拍，然后是其名字的特写，广告意味强烈。

18. 中信建投证券——经历了金融风暴的生意人范伟站在船头和葛优一起观望。他们看见了来年股市的狂飙和中信证券的标志。

19. 中国移动——方中信站在一个牌子旁，上面有中国银行和全球通 VIP 俱乐部标志。

20. 万国公墓——可以看到广告词“民政部正式批准大型永久性陵园”。

21. LV 皮箱——葛优、舒淇去北海道时拎的箱子，舒淇在教堂外等葛优时，镜头给了此箱子一个特写。

22. 国泰寺。

……

IT 通信（电脑、手机、通信商）、酒（白酒、洋酒）、餐厅、茶馆、公墓、银行、航空、汽车、邮轮、景点（海、温泉、庙、教堂、小街……）在电影《非诚勿扰》中，“植入式广告”一应俱全。

案例解析

舒淇饰演的笑笑，和《非诚勿扰》系列电影一样，再次成为全民级角色 IP，这是舒淇的魅力所在，岁月没能在她的眉梢留下多少印痕，虽然已不再年轻，舒淇的笑容依旧如春风一般。当舒淇的眼睛眯起来，嘴角微微上扬时，整个屏幕尽是暖意，道不尽的温婉。舒淇的笑，没有经历过生活的人读不懂，而不妨把《非诚勿扰》看作一个翻译器，至少让很多读不懂的人开始半似半非的领略，原来笑容背后还能有故事，原来笑容并不仅仅是愉悦，还能是三分沧桑、三分世故、三分天真、一分释然的表情综合体。

幸好，《非诚勿扰》不止有笑笑的笑，《非诚勿扰》还有着精雕细琢的北海道风光，衬托着《非诚勿扰》的故事线。从某种意义上来说，一份厚如醇酒的背景放在故事中，有几分万能材料的感觉，剧情压抑时，风光能及时疏导，让人兴叹总算还有美景不负青春，不至于被不如意事占据全部；剧情欢乐时，风光则能锦上添花，让人进入升级版的锦绣场景，让人为大自然鬼斧神工而惊叹。

回顾《非诚勿扰》和北海道旅游资源 IP 结合的案例，有若干闪光点值得思考。

其一，内容主张型 IP、角色主张型 IP、场景主张型 IP 在《非诚勿扰》中打造出高度价值共同体。北海道作为整部 IP 的大背景，赢得大量的镜头时间，且根据 IP 剧情，北海道扮演了多个情节的剧情枢纽，可以如此认为，作为场景主张型 IP 的北海道，寄望内容主张型 IP 能将自己的价值主张向用户宣贯，必须就自身特点寻找和内容主张型 IP 的强结合点，在此角度来说，北海道旅游局做得无懈可击。

其二，如果说上段我们提及的是技术层面的要素，那这里我们回归到战略层面看问题，审视北海道旅游局结合《非诚勿扰 1》IP 的战略部署是否合理。《非诚勿扰》开拍前，恰逢中国出境游人口数量年年攀升，不开玩笑地说，中国游客几乎养活了大半个东南亚的旅游市场。在此背景下，北海道毕竟不同于马来西亚或者菲律宾这类热带潜水胜地，也不同于东京、大阪、奈良、京都这些日本人文名城，希望吸引中国旅游人口的聚焦，是正确的战略决策，寻找《非诚勿扰》这样的热门 IP 合作而不是简单买一些地铁车厢广告做硬广告投放，是高明之举。事实证明，用户之所以被激发对北海道的旅游热情，更多因为影片中北海道的风光与剧情的结合，试想如果北海道风光不是植入到影片《非诚勿扰》，而是在地铁车厢内发放广告，那将是一种多么可怕的营销悲剧……

其三，《非诚勿扰 1》与北海道旅游局的成功合作，将内容主张型 IP 结合场景主张型 IP 的主基调奠定，这不仅为场景主张型 IP 寻求跨界赋能提供了极具参考意义的先例，也为《非诚勿扰》系列打下了扎实的商业基础，甚至成为《非诚勿扰》系列的传承，诸如《非诚勿扰 2》中结合的场景主张型 IP 转移到了海南岛，主套路与《非诚勿扰 1》如出一辙。

其四，《非诚勿扰》系列可以看作个例，我们深入一步观察内容主张型 IP

产业，并不难发现诸多类似痕迹。譬如徐峥的《人在囧途》系列，便以植入闻名于世，且成为系列电影的稳定基因，受众用户并不会抵触，相反，系列电影陆续播出后，已经有一批追星族以研究每一集的品牌植入数量为乐，反倒成就《人在囧途》IP 系列追星族文化的一条不算太冷僻的支线。

作为一系列内容主张型 IP 的电影，《非诚勿扰》征服了大量的追星族，作为内容主张型 IP 与场景主张型 IP 相结合的 IP 生态商业案例，《非诚勿扰》同样有相当醒目的旗帜效应，更何况舒淇饰演的笑笑这一角色主张型 IP 的增色添彩，相信如果将来继续推出《非诚勿扰》后续系列电影，仍然会在此方向赢得越发卓越的商业回报。

Chapter 10

断章——IP生态商业不得不说的那些事儿

IP生态商业研究中有着相当多的难点，逐步梳理IP生态商业的过程中，笔者的主要难点在于核心模型涉及战略管理、创新管理、价值链管理、运营管理、营销管理等商业学科，而不同显性商学之间并不完全共通，因而，学术切入点差异会对IP生态商业模型的论证尝试带来挑战。围绕“IP动力层”“商业形态层”“价值交付层”以及“数据贯通轴”逐步展开讨论的过程中，诸多关系到IP生态商业领域的概念，需要尽可能用跨学科的定义进行阐述，而这确实很难。如果说写作中面临的难点是解决跨商业学科的IP生态商业模型的贯通，那真实的IP生态商业实施过程中，还会遇到各种暗礁，包括对商业目标的实现带来未知的助力或者阻力。

有趣的是，未知的因素并不简单等同于风险，而是需要在IP生态商业过程中知晓且考虑到的因素，部分因素有助于商业实施的提速，部分因素有可能会让试错成本变高，为创新者带来灭顶之灾。

10.1 IP生态商业不是请客吃饭

所有的商业利益，背后指向的都是货币利益，说得直白一些，商业利益的背后指向的是“资金”，也就是“钱”，生意的目的就是为获取商业利益，因而，商人趋利此乃颠扑不破的最直接价值指向。而在商业世界的角逐中，任何对利益的追求都会关系到残酷的竞争对抗，换句话说，IP的确能为商业赋能，能通过全新的一条路获得商业利益，可这条路的探索过程却不会是一帆风顺的。我们来举一个例子，多支探险队同时承担着进入陌生森林的寻宝任务，该森林从来没有过先人遗留下的地图或者笔记，没有人知道深入森林五千米之后会遇到什么样的风险。此时此刻，探险队和探险队之间的胜负概率在于：第一，是否拥有更丰富的陌生险恶环境生存经验，以帮助队伍即便处在陌生环境和险恶条件，都能利用积存的知识与经验获得更高比例的生存机会；第二，是否拥有更为强大的生存装备，包括食物、武器在内的补给，以及更高科技、抗风险的现代化装备，一群拿着猎刀披着兽皮的探险者，与一群拿着全自动步枪、携带便携式无人机与夜视仪的探险者，在陌生环境中的存活概率会截然不同；第三，是否拥有更为睿智的头脑与优秀的环境利用能力，明知道多支探险队都在一个森林中寻宝，与谁联盟？与谁对抗？何时握手？何时厮杀？这都需要睿智的判断才能寻找到最佳应对策略；第四，是否拥有比多数竞争对手更好一些的运气，即便是在上述三个条件上旗鼓相当，一支探险队一路有惊无险就找到宝藏，另一支探险队则在路上连续遭遇霸王龙、剑齿虎、哥斯拉，两者的运气自然是不可同日而语，获宝的概率也会彻底不同。

上述森林探险寻宝的案例，折射在商业领域，四个条件对应的依次为：第一，商业机构的能力优势，一群身经百战的商业创新者在此领域的阅历和过程驾驭水平；第二，商业机构的资金和资源，毫无疑问，资金储备意味着一切，某种意义来说，资金可以解决绝大多数资源短缺问题；第三，经营与战略水准，上兵伐势，中兵伐谋，下兵伐力；第四，运气，IP 生态商业的价值摸索也无法摆脱商业胜负概率论的基础范畴。站在藏宝森林的门口，依旧需要这四个条件决胜，所以，任何探险队断然不能因为 IP 价值的庞大利益而忽视路途的风险，一切能谋求利益的对抗都是刀山火海，IP 生态商业探索也不会例外。

笔者接受 MBA 训练时，人力资源管理课程导师胡君辰博士的一席话，迄今仍然在企业管理历程中被笔者奉为金科玉律：“一个良好的企业管理者心态，需要同时认识到两个事实，第一个是坚信一定会有办法达成目标，第二个是千万别忘记达成目标的路途上必然存在障碍重重。”这句话背后指向的是创新者的关键心态，既不要气馁畏惧于困难之前，又不能得意忘形到忽略困难的存在。这一铁律于 IP 生态商业领域一样奏效，世界上不会存在既有庞大利益又不需要解决困难的好事儿，利益永远属于能解决他人不能解决的问题的人。所以，IP 生态商业绝对不会是很多企业家心目中谈笑间强敌灰飞烟灭的雅事，同样需要披荆斩棘、步步为营的艰难厮杀方能突围。

IP 生态商业的创新价值探索，以下几个关键的要素需要在精细化运营中得到重视与执行。

·联姻 IP，寻求正确的价值主张

中国 1911 年结束帝制一直到进入改革开放的长达半个世纪期间，客观而

言，商业理念处于相对断层的尴尬境地，一则商业理念的逐步健全为未来带来良好的增量预期，二则需要正视理念健全过程中的试错代价。中国的商业成长过程中，数量庞大的商业机构常常陷入为提供商品服务而提供商品服务的盲区，忽略了一个商业机构的所有行为都应该围绕“价值主张”作为最终指导原则。

IP 生态商业也不例外，当 IP 红利来临之际，企业如何能从“价值主张”入手，寻找更为科学的价值区间？这是一个极其有意义的课题。如果说联姻 IP 之前的企业以某一件商品提供来满足用户的某一种特定需求而获取到商业价值回报，那当企业联姻 IP 的战略部署成型之前，就需要谨慎思考自身企业所扮演的角色，究竟仍然是原价值主张的 IP 升级版？还是深入融合 IP，价值主张从原来的单纯商品服务提供，升级到 IP 驱动型的生活态度？有趣之处在于，此问题并不应该用是或不是来简单回答，正确的价值主张对商业机构的重要性，并不一定因为本书切入点为 IP 生态商业而产生曲解。

· 战略基础

上文提到过，分解一个商业机构创新力最基础的维度，是“市场”与“资源”，当企业手握高位市场以及高位资源时，任何创新都会变得游刃有余，当企业处于低位市场以及低位资源控制者角色时，尝试任何商业都会面临巨大风险。现实中，大部分的企业并不会处在高位或低位的极端境地，而是手握市场层面的中等筹码或者资源层面的中等筹码，在这种情况下，审视战略基础显得尤其重要，如果是手握市场筹码的商业机构，IP 将助力资源筹码升级，着力点将在于产品力的精心打造，如果是手握资源筹码的商业机构，则需要考虑 IP 自带品牌力效应，寻求市场力的全面升级。

战略基础系任何一家商业机构寻求价值创新的起跑线，IP 能够一定程度助力基础筹码的裂变，可根本的规模化量变，仍然在于商业机构对系统经营创新力度的控制，IP 不是如意金箍棒，并不是任何人拿着它就能畅通无阻。

· 苦战，恶战，存亡战

除非某一个 IP 之父恰好就是希望合作的商业机构创始人的近亲挚友，愿意无视商业价值回报而给出近似于零的 IP 授权，否则绝大多数的 IP 价值结合，都需要结合市场价值规律。一言以蔽之，天下没有免费的午餐，不能奢望苍天眷顾给出一份逆天改命的神手牌。所以，IP 生态商业的升级，不妨看成是商业机构支付创新对价之后获取到的创新角逐入场券，而不是获胜奖杯。既然如此，IP 生态商业的利益回报，理所当然系于商业利用什么 IP 以及如何利用 IP，在于商业机构如何保障自己获得 IP 筹码后的牌路。

这是一场存亡之战，无论微信上的营销“鸡汤文”写得如何繁花似锦，IP 生态商业也从来不会温情脉脉，而是风刀霜剑背后的雷霆雨露。

·不同商战环境的兵种配置

绝大多数情况下，专业人士处理专业工作的原则不会被颠覆，IP 生态商业亦然，如果商业机构原有的团队与组织架构已经存在一定的惯性，则需要考虑到面对新兴商业理念时的兼容性风险。通常，商业机构面对截然不同的商业作战需求，只有四种可行方法能解决团队兼容性难点：第一，提升团队的自我学习能力解决问题；第二，外挂组织架构组建专业团队解决问题；第三，寻找外部合作伙伴，借力合作伙伴的专业能力解决问题；第四，组建新的公司独立解决问题。这四种方法对应的分别为业务面、组织面、合作面以及治理面，对不同格局的商业机构而言，可选择的道路并不千篇一律。

整体而言，IP 生态商业的部署是一项系统性极强的工作，需要考虑到价值主张与战略基础，需要考虑到组织行为与公司治理等多方面因素。回顾具有代表性的 IP 生态商业领先企业美国迪士尼公司，也许它呈现给用户的是充满温度的动漫人物，但背后的商业决策却充斥着战略智慧与冷静决断，所有的战略都是在缜密思维中构筑而成，不会是脑子发热的率性之作！

10.2 非常态，非常道——IP 生态商业化与宏观战略管理

提到战略管理，精于此道的从业者，立刻能联想起整体战略部署的方法论，而在商业管理领域，战略管理同样有着相当细致的细分，参照宏观战略，落实到细分战略，适用于任何战略创新的尝试，同样，IP 生态商业化的战略部署也无法摆脱此道。

空口白话说一句“我们准备在IP生态商业领域有所建树”，这在战略指导层面没有实际价值。这有点像一群游客迷失于茫茫沙漠，先知望星占卜说一句“我们一路向西”，完全可以看作精神意义大于实操意义的图腾类神谕，真心要指点一群迷失的游客走出充满危机的无人区，势必需要回答“我们在哪里”“我们面临什么环境”“我们计划到哪里”“我们有什么优缺点”“我们有什么装备与补给”“我们以什么方式向西（就算是步行，也需要确立日行还是夜行，每天行进速度等细节）”“前行过程中，如何确认方向的正确”等问题。如果这一系列问题得不到解答，本着“一路向西”的模糊指导思想，一群游客开始所谓的“走出无人区”，最终结果是难以获得生存机会。这个道理也一样适用于IP生态商业化，战略将决定系列问题，而系列问题未得到缜密思考之前，企业领导者一句“我们准备在IP生态商业领域有所建树”，和神棍色彩的“我们一路向西”毫无区别，或者说略有区别，区别之处在于小说中凡是某先知放出此类神谕，多半行进途中还会遇到所谓宝藏、迷城类遗址，会有惊心动魄之战，而在商业实战中，神棍类指令的唯一结果就是试错成本暴增、亏损概率大幅度提升、创新战略进度不可保障等若干负面因素循序出现。

参照1978年Raymond Miles与Charles Snow的《组织战略、结构与方法》中提及的观点，企业的战略并不取决于组织类型与风格，而是在于企业需要战略来解决的基本问题。从这个角度分析，笔者将企业需要解决的问题划分为以下三大基础种类。

第一是事业问题：市场份额管理。

第二是工程问题：企业如何执行解决事业问题的方案。

第三是行政问题：企业如何架构以适应解决事业问题与工程问题的需要。

三大基础问题类别的区隔边界，事业问题指向的是企业市场目标的挑战，工程问题指向的是企业运营目标的挑战，而行政问题指向的是企业组织与管理目标的挑战，这三种问题指向的挑战存在着进阶特点，即工程问题系支持事业问题解决方案而相应产生，同时，行政问题则为解决事业问题与工程问题而相应产生，这意味着三个问题轴构成一个三维模型，工程问题轴的进度投影在事业问题轴形成的阴影部分大小，取决于行政问题画出来的曲线变化，在此，阴影部分是战略效力的体现，而行政问题画出来的曲线意味着结构对解决两个前序问题的力度（见表10－1）。

表 10－1　　不同战略类型面对问题、措施的对比

战略类型	环境	特点	战略基础问题	战略基础措施
防御者	环境变化缓慢	作为成熟行业中的成熟企业，采用高效生产、严格控制、连续、可靠的手段，努力保护自己的市场地位。例如风行世界的肯德基和麦当劳连锁店都属此类企业组织	事业问题：如何保持稳定的市场份额	差异化经营或整体成本领先
			工程问题：如何实现差异化经营或者整体成本领先	集中化、垂直整合
			行政问题：如何保证效率	规范化程序、功能划分
探索者	高速变化的市场环境	一种致力于发现和发掘新产品与新市场机会的企业。它的核心技能是市场能力和研发能力	事业问题：如何探索和定位新产品、新的市场机会	满足变化的顾客需求，乃至于创造需求
			工程问题：如何对新产品和服务的创新发展择优而行	拥有较多的技术类型和较长的产品线
			行政问题：如何协调经营活动与创新活动	去中心化，任用通才（而不是专才），扁平化管理，鼓励部门间的合作
分析者	介于稳定与高速之间的中位市场	这是一类规避风险同时又能够提供创新产品和服务的企业。它致力于有限的一些产品和技术，以质量提高为手段，力争超越竞争对手	事业问题：如何保持现有市场份额，如何发现新的市场和产品机会	保持现有产品和服务的质量、水准和效能，与此同时要采取足够的灵活性以及时捕获新的商业机会
			工程问题：如何保持现有产品和服务的质量、水准和效能，与此同时要采取足够的灵活性以及时捕获新的商业机会	当市场稳定时，通过技术改进来保持低成本；当市场发生变化时，通过发展新产品和服务，来保持竞争力
			行政问题：如何同时管理这两个方面	培育不同部门间的合作。分析者企业的显著特征就是平衡，平衡于防御者和探索者企业之间

（续表）

战略类型	环境	特点	战略基础问题	战略基础措施
反应者	任何市场	这是一类对企业外部环境缺乏控制的企业，它既缺乏适应外部竞争的能力，又缺乏有效的内部控制机能。它没有一个系统化的战略设计与组织规划	事业问题：未知	未知
反应者	任何市场	这是一类对企业外部环境缺乏控制的企业，它既缺乏适应外部竞争的能力，又缺乏有效的内部控制机能。它没有一个系统化的战略设计与组织规划	工程问题：未知	未知
反应者	任何市场	这是一类对企业外部环境缺乏控制的企业，它既缺乏适应外部竞争的能力，又缺乏有效的内部控制机能。它没有一个系统化的战略设计与组织规划	行政问题：未知	未知

通过四种不同的战略类型，我们很容易观察到不同战略的选择者。处于不同的环境，具有不同自我能力的企业，采取的战略完全在于所面临的具体问题区别性，可能有一些读者已经在判断自己服务的商业机构处于什么战略类型且与竞争对手进行暗自比较，实际上战略与战略之间的比较没有实际意义，对不同的企业而言，处于不同的环境有其不同的特点和能力，决定其面临的问题不同，自然也注定其解决问题的战略不同，我们不能武断地认为“反应者”战略就比其他三种战略低下，相反，正因为“反应者”战略所处的环境不明且其不具备改变环境的能力，又缺失有效的内部控制机制帮助界定问题、分解问题和解决问题，才会应运而生采取看天吃饭的“反应者”战略。我们不能断言选择“反应者”角色的战略选择水平是高是低，但可以确认，当一家商业机构选择“反应者”战略时，此机构的商业竞争力以及内部管理机制均存在较大的缺失，也将有抗风险能力较弱、决策失误成本高、核心竞争力不足等多个现象体现。

不同的战略类型，拥抱 IP 生态商业时的延展战略有着天壤之别。

防御者战略 × IP 生态商业：将 IP 赋能最大限度发力于差异化经营，谋求差异化，寻找市场认可度提升的方式方法。同时，不可忽略的 IP 赋能于整体成本领先，市场成本的精细化运营，将帮助防御者有着更大的话语权。采取防御者战略的多为成熟产业、成熟企业，有着相当周密的内部控制水平，帮助企业从环节规范化角度，探寻 IP 价值最大化的回报，是不可忽视的决胜因素。

探索者战略×IP 生态商业：利用创新需求红利，借力 IP 赋能征服更多市场，同时，具有高竞争力的技术特征以及足够宽幅的产品线，保障 IP 能从多个角度结合产品或迎合或探索或触发新的需求。不可忽视的是强技术领先特征以及宽产品线，还将体现在更具有深度的 IP 价值结合，而不简单停留在浮于表面的授权或分发。扁平化管理特征，注定探索者战略的采取者有着相当敏锐高效的市场反应能力，将 IP 生态商业视为长效机制而非阶段机制，是探索者战略应该做的！

分析者战略×IP 生态商业：进可攻、退可守的企业能力，让分析者战略的采取者通常有着从市场跨越到运营能力、组织能力、管理架构的强结构化特质，这意味着分析者战略的采取者会划分自有商业机构，选择不同阶段与不同 IP 生态商业的价值深度，毫无疑问，这会降低创新风险。另外，内部管理机制带来的板块式组织惯性将带来两重影响：其一，单一板块可以尝试 IP 生态商业化作为尖兵；其二，系列板块的联动也许会衍生出裂变效应。

反应者战略×IP 生态商业：由于缺失改变外部环境的能力，且内部机制不足以支撑战略规划和组织设计，反应者战略在 IP 生态商业化进程中相应被动，跟风是一种做法，同时，寻找可聚合的上游，以集束效应寻求 IP 生态商业价值也是一种做法，能一定程度降低风险，获取到有限的创新红利。

宏观战略管理蕴含的环境、能力、问题、措施等因素，将让 IP 生态商业也变得各有千秋，变化的是战略选择将带来 IP 生态商业的提速或者停滞，不变的是战略选择的科学性与正确性始终是衡量未来效应的晴雨表。

10.3 红旗下的 IP 生态商业——中国商业特殊性带来的机会与思考

当下，中国的 IP 生态商业面临着空前的机会，也面临着极为严峻的挑战。机会与挑战的并存，源于中国经济阶段与商业状态的必然，对商业价值创新者而言，利弊同在，激流搏击擅泳者胜，乃根本规律。早在本书的前几个章节，我们就提及过中国经济阶段与商业状态取决于地缘性特征、地理性特征、宗缘性特征等多重历史沉淀的结果，系列结果将给中国 IP 生态商业的未来带来万亿级红利，而这万亿级产业红利将渗透至国民日常生活的方方面面，成为人们习惯的刚性组成部分。

身为全球第二大经济体，中国未来商业规模对标的对象是美国，而中美恰处在东西半球的类同纬度，均有着较为广阔的疆土，不同之处在于美国商业经济有着全球领先的发达程度，而中国在改革开放后刚刚起步几十年。前者快速修复第二次世界大战后遗症，倡导全球数字经济，后者则从计划经济跨入市场经济后保持着高速增长率，国民生活水平与国际话语权不断提升。

视线转移到 IP 生态商业领域，中国与美国的现状也截然不同。

首先，中美两国的 IP 历史基因不同：中国完全不缺 IP，数千年来这方土地产生了太多带有 IP 特性的形态，从孔庙到兵马俑，从水泊梁山到川蜀栈道，凡是有人文记录痕迹之处，多自带 IP 属性，何况千年文武风流，数不尽的精彩人物故事，为中国寻找 IP 价值的破发提供了有力的支持；有趣的是大洋彼岸的美国，从建国迄今不过二百余年，严格意义来说根本不具备历史传承，无论 NFL（美国职业橄榄球大联盟）超级碗杯总决赛中场休息，还是某大学毕业盛典，被宣扬的历史名人翻来覆去就是猫王、迈克尔·杰克逊、玛丽莲·梦露这演艺圈“三件套”，而法国人嫌弃美国没有饮食文化的段子也同样有名——换句话说，巨无霸级的商业帝国，天生并不具备太丰富的历史人文 IP 可以借鉴。

其次，中美两国的 IP 商业基础不同：虽然和中国的千年文明相比，美国历史简短到几乎可以忽略不计，但从 IP 商业角度来说，美国却有着足够让中国从业者俯首学习的资本，内容主张型 IP、角色主张型 IP、场景主张型 IP、赛事主张型 IP、会典主张型 IP 及品牌主张型 IP，均能在美国商业现状中找到成功的案例；与之相比，中国虽历史传承悠久，中国商业却对 IP 商业化缺乏重视，无论从立法角度还是商业伦理角度看，很长时间内 IP 知识产权的商业化如空气一般透明。美国的 IP 生态商业化已呈现出巨人的身影，而中国只是刚刚起步的孩子，参照巨人的脚印，能学习很多 IP 商业领域的智慧，也能少走很多的弯路。

再次，中美两国的 IP 红利空间不同：人口数量的优势，以及节节攀升的国民人均消费力数据，都让中国有机会成为 IP 生态商业第一大市场国，红利期正在逐步开启，以“90 后”与“00 后”为代表的新型消费力人群，将为

IP 生态商业安装上加速引擎。与中国相比，正因为 IP 生态商业的成熟度较高，美国的市场空间反而缺少大幅度飞跃的可能性。不可忽视的是，美国 IP 产业基础领先，基数较大，即便是低百分比的增量，庞大的商业规模数字仍然能出现。

最后，中美两国的 IP 发力角度不同：美国的 IP 生态商业发展，与其他领域商业爆发力，均在过去百年同步并行，这造成美国的 IP 动力层、商业形态层、价值交付层均相对成熟；而中国则是在迅猛达成多向商业进展后，循序开启 IP 价值联动的阀门，IP 作用力于多个成熟商业领域的效能显著，商业经验和商业资源的交叉效应彰显。

在中国，IP 生态商业需要更贴近经济阶段与本土基础，才能获取到投入产出比最佳的回报。而在中国的 IP 生态商业环境中，一些需要额外注重的机会或者要诀不应该被忽视。

其一，本土商业的 IP 模块远远没有达到 IP 动力层健康状态应有的饱和度。本书之前章节提到过，IP 动力层如整个生态模型的心脏，若无强有力的 IP 动力层负责输血，所谓“IP 赋能”就像空中楼阁一般不可想象。而中国现状的 IP 动力层，无论是内容丰富程度还是结构完整程度，均落后于初级阶段水平，这种现状的存在，本质源于物质文明尚未成熟之前，市场对精神文明需求会呈现出相对粗线条迹象。2018 年，当全中国人民都意识到消费升级正在揭开序幕时，本土商业的 IP 模块成熟水平已很难匹配日益飞涨的 IP 动力层需求。在这一境地下，三个商业方向存在值得期盼的巨大机会出现：第一是 IP 自主开发，以补充整体商业 IP 动力层的能量不足；第二是 IP 生态商业服务，以提升 IP 赋能作用力在商品形态层与价值交付层的效力；第三是 IP 生态商业分发，以建立具有差异化特性的分发价值独立存在。

其二，全球一体化的 IP 使命观需要被打造。上文我们提到过中美在 IP 生态商业的差异可伴随全球一体化进程，文化交流将变得越来越频繁。习近平主席提到的“文化自信”，不仅仅指向中国人民应该更多致力于本土文化学习与保护，还意喻文化输出帮助世界了解中国，而 IP 毫无疑问是让全世界从“认识中国”到“认知中国”到“认可中国”的重磅战略筹码。也许 IP 生态商业会是一场角逐激烈的商战沙场，同时，需要看到这个没有硝烟的沙场承载的是中国文化使命，是中国全球战略。

其三，IP生态商业时代的人才机制系重中之重！20世纪80年代，第一批外资企业逐步落户中国，凭借领先的生产管理经验，外资企业获取到极为不菲的商业利润，而在当时，外资员工占据中高管理岗位是常态。由于商业利润优势带来的人力薪酬竞争力，外资企业成为诸多高等教育人才的首选，也促成了20世纪90年代，高校普遍开设商科学院或者商科院系。20年后，中国本土商业高速崛起，强大的学习能力快速弥补与外资企业管理优势之间的落差，并大量接收高校商业训练的人才。当IP生态商业时代来临，产业红利仍然需要学习能力与人才梯队的鼎力支撑，如果说经历数十年磨砺的中国企业管理者们已经逐步掌握如何学习领先者的经验，那中基层IP生态商业的从业者，则更需要人才培养机制的同步健全，才能规避商业爆发期间的人才黑洞现象。

其四，商业第N极的崛起可能。改革开放以来，中国已形成三大商业极点，分别为以上海为代表的华东集群、以北京为代表的华北集群、以广深为代表的华南集群，三大商业集群以轴心极点城市为引擎，带动区域虹吸效应，对资本与人才形成极大的鲸吞吸附力。这是历史发展的结果，除了华北首都的商业高地，华东与华南的两大商业集群均有沿海贸易港的地理优势加持，这也是20世纪后半段全世界商业贸易类型城市集群崛起的普遍规律。当IP生态商业揭幕时，数字科技缔造的互联网信息工具让地球变得格外“小”，沟通与远程协同已不再是商业面临的最大挑战，这也让中国包括西南与华中在内的城市链，有机会成就商业第四大与第五大极点。请正视一个现象，华中也好，西南也罢，从来不乏批量输出人才的高校群，且迫切希望获得附加值更高的产业升级机会！

10.4 IP生态商业的下一个脚印，以及蝴蝶效应

IP生态商业的终点在哪里？这是一个有趣的“伪”问题，常规意义上的“终点”需要符合一定的条件、产业规模、就业人口、产业细分类别等，因而，当我们尝试思考IP生态商业的“终点”时，会发现所谓的“终点”设置并不具备量化的可能性。所以，与其说我们尝试探寻IP生态商业的“终点”，还不如说我们正在尝试推演IP生态商业的下一个里程碑，以及IP生态商业发

展到下一个里程碑时可能的产业形态。

既然将讨论的问题聚焦在“里程碑”而不是“终点”，则可以透析的维度将理性得多。何谓“里程碑”？“里程碑”意味着历程中的一个关键节点，视为分水岭也好，胜负手也罢，“里程碑”的关键特质在于将历程前后划分为两个泾渭分明的阶段，前后两阶段有着完全不同的阶段使命、不同的行进方式以及不同的行进动力！

将“里程碑”的前后历程，根据现阶段 IP 生态商业的特性进行归纳整理，会获得以下的阶段特性。

- **IP 动力层的挖掘或制造**

现阶段的 IP 生态商业时代，IP 动力层同时存在着两个现象，第一个现象是具有生态化商业价值的 IP 尚未被发现与发掘，一则商业意识尚不够健全，二则一些 IP 归属权存在着历史遗留的灰色与模糊；第二个现象是已经被商业化的 IP 结构相当凑合，以至于普遍意识中的所谓“IP”直接被指向小说、电影、游戏等内容主张型 IP 与角色主张型 IP，而在认知中便不由自主产生偏差，忽略了场景主张型 IP、赛事主张型 IP、会典主张型 IP 以及品牌主张型 IP——IP 动力层的乏力，于商业领域体现在海外 IP 的规模化入侵，诚然，中国本土内容主张型 IP 竞争力不足是一个促因，而中国商业忽略其他多种不同主张型的 IP 亦是无法回避的意识短板。

- **IP 赋能路径的多元化**

若不赋能，IP 只是一种文化现象，仅此而已，现阶段，IP 动力层被推动进入“生态商业化”的程度较低，无论是商业形态层的赋能，抑或价值交付层的赋能，都基本停留在形象贴标或同款玩偶的水平，如何将 IP 赋能融入到更深层次的生态商业路径中这个问题，有待 IP 生态商业发展到一个里程碑时期才能给出满意的答卷。一句话总结，IP 赋能可以是任何符合用户需求的形式，但 IP 赋能不可能只停留在形象层级的赋能，而是应该多方向走入价值赋能的深度。

- **IP 法律政策的健全**

具有明显知识产权特征的 IP，将获得立法层面的重大支持，将 IP 知识产权变现从商业道德层级的共识，提升到“有法必依”的强制性规则阶段。同时，多个方向的政策将先后出台，鼓励 IP 生态商业发展，IP 生态发展的各种商业机构和个人创新将得到扶持与鼓励。

- **IP 赋能工具的进阶**

发展至今，可见助力 IP 生态商业的工具相当匮乏，尽管 IP 生态商业模型中提出了“数据贯通轴”，可在现阶段的商业实战中，“数据贯通轴”也仅处于起步阶段，远远不足以支撑起 IP 生态商业完美态的工具需求。IP 一旦跨入到生态商业，则生态商业模型中的任何一个角色都需要工具，帮助决策效率、执行效率、管理效率的提升。“里程碑”到来之前，作为行业的观察者，有理由相信至少应该有系统化的工具问世，且达到一定程度的行业普及，虽然此阶段的工具未必有着足够强大的功能覆盖 IP 生态商业的方方面面，但应该能在某些商业环节产生显著的支持效益。

- **IP 商业化方法论的进化**

一切科学合理的商业结果，均会遵循商业逻辑规律，IP 生态商业亦如此，方法论的进化将直接决定未来 IP 生态商业产业边界的增长速度，以及产业边界内细分结构的健康程度。就像本书的前言中笔者所提到的，IP 生态商业价值的认知都存在较大盲区，更别说具体商业运作中的指导性方法论匮乏。IP 生态商业方法论的逐渐成熟，会促使整体生态商业加速冲过“里程碑”，以更具有爆发力的速度进入后续阶段。

- **IP 生态商业基地的建立**

就像杭州成为电商城市一样，旗舰级战略集团阿里巴巴为西子湖畔带来数字商业的赋能，成为杭州一个独特的城市标签。IP 生态商业也不例外，一个或若干个 IP 生态商业基地将会问世且稳步运营，从事 IP 领域事业的商业机构会得到从条件到人才的全面支持，并且为不止一个城市带来产业升级，同时，商业基地周边城市集群也将受益于资本和人才的虹吸效应而逐渐繁荣。

- **IP 生态商业人才储备初具雏形**

中国并没有专门的人才培养机制为未来的 IP 生态商业铺垫，而在“里程碑”到来前，我们无法期望专项人才车载斗量到过剩的地步（过去，我国高校培养机制有过无序状态，给后续数年新生就业市场带来供过于求的弊端），相反，我们更倡导根据产业发展的合理而进阶的人才培养机制。“里程碑”时刻到来时，基于高校的人才培养机制应该形成有序的架构，部分课程的科学性得到公认，高校毕业人才得到针对性较强的职能岗位且学以致用。

IP 生态商业的“里程碑”预想，将为 IP 生态商业的后一个阶段提供起跑线，生态商业竞争的参与者将在有序的产业环境中获得高速发展的系统支持，其中的佼佼者将代表中国向全球展现中华 IP 生态商业的力量。作为“里程碑”时刻到来的前序阶段，IP 生态商业的前行将处在逐步提速的状态，这有点像原地推动一个超大的轮子，最初开始推动时，推动者需要付出极为艰难的力量，伴随巨轮慢慢滚动前行，自身的惯性将大大降低难度，推动者需要从力量贡献者，转型为适当力量投入的方向控制者，“技巧”将取代“力量”成为巨轮滚动前行的最关键要素。

IP 生态商业的下一步并不算遥远，预计会需要 5 ~ 8 年时间，中国的 IP 商业即将迎来“里程碑”时点，前序阶段将是创新红利与创新风险兼顾，后序阶段则红利规模降低，创新风险也同步降低，先发优势在 IP 生态商业历程中仍然生效，但只有更为缜密冷静的创新者才有机会享受创新的饕餮盛宴！

10.5 IP 生态商业案例解析——《德云社》以及《德云社》系列商业现象

以下为案例报道文档，摘自《德云社商业模式中的互联网思维：剧场做入口，商演综艺做收入!》，2016 年 9 月 28 日刊登于和讯网，由于原文篇幅较长，本节仅仅摘取部分内容且略有改动，作为读者了解 IP 生态商业的切入点，不代表笔者态度。

知名的民间相声团体德云社中，郭德纲采用的是带有中国传统戏班色彩的家族式管理。郭德纲认为，“家族式管理对于相声这门传统民间艺术而言，最合适”。事实上，随着德云社规模的不断扩大，原来松散的草台班子逐渐变成了公司化运作，在剧场收入和全国各地进行的大型商演让德云社名利双收的同时，郭德纲及其团队也面临着如何调和家族经营与现代化公司运作方面的矛盾。

租场子模式转分账模式：演员拿大头

唱河北梆子出身的钟朝晖是北京德云社文化传播有限公司（以下简称德云文化）的副总经理，他从1993年开始承包了天桥乐茶园的演出。

2004年，郭德纲与钟朝晖合作，把天桥乐打造成了德云社的大本营。2005年，郭德纲一夜走红。

钟朝晖说，郭德纲一直倡导的是剧场相声，因为吸引观众的源头也是剧场。但是2006年以前，别说是不景气的相声，就连剧场当家的话剧上座率都非常低。于是，如何找到相声在剧场盈利的方式，一直是郭德纲及其团队考虑的事情。

长期以来，剧场为了保证收入，都实行场租方式。钟朝晖计算了一下：一个可容纳200人的小剧场，相声演出票价是20元到30元，水电人工及其他费用每天是1500元，一场演出的租金有3500元，因此演出方压力很大。票即使卖七成，也只能说不赔钱。

对于演出方来说，最挣钱的是分账方式。按惯例来讲，剧场与演员的分成比例是五五、三七、四六，演员拿大头。"演员与剧场双方得保证上座率在八成以上，才会采取分账的方式，"钟朝晖说。在2007年郭德纲的鼎盛时期，这个上座率并不成问题，于是德云社在与张一元茶馆、湖广会馆等谈判时，均提出了分账模式。

但新的问题来了，随着由德云社带动的相声剧场的复苏，德云社相声演出团队的阵容在增大，开销也在增大。

事实上，小剧场演出只能保证不赔不赚，唯有商演才能真正增加收益。郭德纲已然意识到了这一问题。钟朝晖说，现在是郭德纲的商演在贴补着德云社一大家子。

剧场经营转多元化布局：围绕相声做吃的、穿的

钟朝晖说，原来的德云社是一盘散沙，想继续发展，成立公司是必然的。事实上，德云文化的法人代表并非外界所传的郭德纲本人，而是郭德纲的夫人王惠，郭德纲是名誉董事。之所以这样安排，是想让郭德纲把更多时间放在相声上。

然而，从草台班子到公司的转变过程并不轻松，公司和演员之间经常会出现矛盾。钟朝晖说："一直以来，演员对工资的理解就是劳务费，比如，被电视台请去做节目，对方直接给的就是劳务费，不会给你讲这是不是上过税的。但公司运作后就不行了，每个月拿工资都必须要扣税，这也经常会让演员产生误解。"对于给演员安排的场次，由公司统一编排，这就必须考虑到个人收入的平衡。

德云文化成立后，在剧场经营方面，北京地区除已有的三家外，还拓展了湖广会馆分场。钟朝晖表示，德云社也在想着走出北京，到天津、沈阳等地开分社。但是始终没有进展。

除了相声演出，德云社也在寻求着多元化经营。2008 年，德云社成立了德云华服公司，由郭德纲夫人王惠负责。郭德纲对成立这家公司的解释是："演戏就会涉及演戏的服装，一部电视剧涉及的服装好几十万元呢，我们每年都拍戏，自己有服装公司和厂子，首先我们自己很方便，剩下的我们就放在门面，如果有人愿意做个唐装，这不也是好事？"

关于德云私房菜，"说相声的都喜欢吃，我们一定得弄跟自己有关联的。"钟朝晖说，这些都算是德云社多元化经营的一步棋。

相声艺人走商业化，观念有分歧

其实，郭德纲对于相声产业链的理解很简单：相声是产品，电视台是广告，剧场是商店。德云社现在的发展还是以演出为主，其他项目都是水到渠成的选择。

对于有广告宣传平台功能的电视台，作为演员的郭德纲与负责经营的钟朝晖有过不同的看法。钟朝晖认为，很多相声新段子不应该首先在电视台曝光，这样会影响人们来剧场观看的热情。但是，郭德纲则认为，电视台可以让更多的人分享他的相声。

"演员们多数没有太多的经营意识。"钟朝晖说。艺人的角度和商人的角度不同，商人是要利益最大化的，要挣钱；而艺人则喜欢一场演出自己说了算。

在比郭德纲更有经营意识的钟朝晖看来，当下德云社发展的关键是如何把文化做成产业。比如，通过剧场带动周边餐饮、文化衍生品、演出光盘的销售，但是对于实现的路径，还需要政府政策的支持。钟朝晖说，现在天桥乐剧场周边的环境并不好，没有停车场、马路狭窄、餐厅不卫生等社会问题都是对德云社品牌的损害。

“德云社”历程：路走得还挺顺，就是管不好人

公开资料显示，郭德纲8岁起就投身艺坛。2005年年底，借网络与媒体东风斩获名气；多年来，老郭不仅创作了许多新作品，同时还继承了大量传统节目。2013年蛇年第一次登上央视春晚。

再说他的“德云社”，郭德纲创办的“德云社”和赵本山的“本山大舞台”对应，全称是北京德云社文化传播有限公司，成立于1995年。德云社最响亮的推广是“让相声回归剧场”，做“真正的相声”，号称是力争“弘扬北方民族文化，培养曲艺人才，服务大众”。

郭德纲也曾经是典型的“北漂”，自1995年来到北京，找到搭档开始在京味茶馆、广德楼等地串场演出。直到1998年，演出队伍扩展为十几个人，遂开办了“北京相声大会”；2003年，以天桥乐茶园演出为契机，更名为“德云社”。

而德云社的发展历程，看起来相对顺利，却因数次“成员退出”等事件蒙上一层阴影。2008年首次有成员（徐德亮、王文林）退出；2010年曾以“兄弟单位”身份加盟“德云相声联盟”的“艺馨社”成为历史，合并入德云社；其后何云伟、曹云金、李菁（李菁是郭德纲初到北京时的老搭档）分别退出……这些成员退社事件，在一定程度上反映了内部管理的混乱。

不过，作为国内文化领域的知名产品，德云社“出海”的战略已经初见成效，2013年成立的德云社墨尔本分社，成为中国相声社团跨出国门、在海外建立的首个分支机构。

案例解析

德云社会成为中国相声界当之无愧的头马，如果时光前置20年，长期霸占春晚屏幕的主流相声界完全不会相信这种论调，同样，德云社班主郭德纲先生自己也想不到。由于本书切入方向系IP生态商业，因此并不打算用太多笔墨回溯德云社发展历程中的天桥剧院或湖广会馆或张一元茶馆，也不想将笔墨花在德云社演员们的说学逗唱艺术造诣，我们仅仅只聚焦德云社的商业模式，并寻找IP生态商业法则在其中作用力的痕迹。

德云社的商业模式，早早跨过了传统相声剧场演出的基础套路，虽然德云社演出台上的相声演员仍然长袍马褂，可作为一个商业机构的德云社，已经是一个多线并进的商业综合体，在此商业综合体内，德云社运营机制中出现了太多相声老前辈们想都不敢想的创新。

其一，多点与梯队。郭德纲很早以前就意识到单枪匹马力量有限，如果说德云社尚未走红之前郭德纲就收了几位嫡系弟子，伴随德云社知名度日渐提升，郭德纲广开德云社的门生之路，一则为德云社多剧场轮流演出提供了相对充沛的产能，二则梯队机制中挖掘新兴偶像 IP（岳云鹏、张云雷、郭麒麟、烧饼等，鹤字辈的张鹤伦、孟鹤堂等）助力粉丝持续的热情与黏性；而今的德云社演出剧场数量相当大，北京便有多个剧场，全国各地还有分剧场——多个剧场保障的不仅是商业收入，还提供给新人不断上台的实战机会，进一步促进新人成长。而这一切缘于德云社与郭德纲之外必须存在一定数量能在各个分会场压得住场的“角儿”，即为角色主张型 IP 的存在。

其二，商演从未停歇。剧场模式只是德云社的日常模式，一些曾在张一元茶馆或者德云社本部听过相声的读者，一定相当清楚日常演出根本见不到郭德纲等名角，郭德纲、于谦等人的日常工作是巡回商演、出席电视综艺节目以及接通告拍电影或者影视剧，可凡是德云社每年数次大型商演（开箱、封箱等），郭德纲、于谦等名角 IP 登场，则将赋予商演相当浓郁的仪式感，并出现一票难求的现象。

其三，德云社为 IP 核心的系统产业部署。德云社是相声团体固然不假，德云社旗下产业还有郭家菜（相声 IP 的中式餐饮）、德云华服（中国古风 IP 的服饰品牌）。我们会发现，无论郭家菜还是德云华服，走的都是德云社 IP 的传承，譬如郭家菜餐馆内每一个包房的名称都是传统相声段子名，满足了相声这种艺术形式爱好者的需求，也将 IP 价值横向扩展到表演门票之外。

其四，从未真正禁止过民间传播。现场小剧场相声的录音，在互联网音频平台上随处可见，其中多数的录制痕迹显示，系相声爱好者现场录制后做简单的降噪处理便上传，供相声爱好者共享。从商业模式而言，这似乎将降低德云社剧场的上座率，将对德云社的票房产生威胁，实则不然，没有信息表明德云社真正意义上禁止过民间爱好者对其相声音频的传播使用，相反，至少从表象来看，德云社对于民间爱好者传播其原创的相声表演音频持睁一只眼闭一只眼的态度。这种态度相当神奇，当一家以表演内容，尤其是包袱不可能无限制产生的商业机构来说，默许民间传播的背后，唯一的一种可能性便是从战略上期望从民间传播扩大受众面，扩大用户基数，进而在付费用户中（到现场购票用户）获得更多商业利益（不排除弘扬民族文化等意识形态因素，但本书注重商业利益分析，不可量化的精神文明部分自动忽略）。

其五，公益性与传承性。不可忽视的是，德云社的崛起尽管遭遇到主流相声界代表的一些抵触，可客观而言，相声艺术的陨落已经是不争的事实，真正让相声艺术在21世纪逐步得到公众认可且获取商业化生存空间的居功至伟者，正是德云社为代表的民间相声艺术团体。无论德云社的商业化路径是否受到争议或者主流相声界抨击，可相声作为一项具有极强娱乐性与本土性特质的曲艺形式，正在德云社的努力下，重新复苏，从这个角度来说，德云社比一些长期混迹春晚的“著名”相声艺术家强得多。

综观中国曲艺界，德云社已经可以被称为最强IP，从德云社的崛起之路来说，这并不是纯粹意义的草根艺术团体的神来之笔，操作细则上看得到为数不少的高明商业操作痕迹，这是一件幸事，能让民间艺术寻找到21世纪的全新生存方式，而其在IP生态商业领域带来的标杆效应，更是值得沉淀归纳与系统性应用。